Micha Hilgers

Der authentische Psychotherapeut – Band II

Micha Hilgers

Der authentische Psychotherapeut – Band II

Behandlungstechnik in komplexen Therapiephasen

Dipl.-Psych. Micha Hilgers
Drosselweg 2A
52159 Roetgen-Mulartshütte
sekretariat@michahilgers.de
www.michahilgers.de

Bibliografische Information der Deutschen Nationalbibliothek
Die Deutsche Nationalbibliothek verzeichnet diese Publikation in der Deutschen Nationalbibliografie; detaillierte bibliografische Daten sind im Internet über http://dnb.d-nb.de abrufbar.

Besonderer Hinweis
Die Medizin unterliegt einem fortwährenden Entwicklungsprozess, sodass alle Angaben, insbesondere zu diagnostischen und therapeutischen Verfahren, immer nur dem Wissensstand zum Zeitpunkt der Drucklegung des Buches entsprechen können. Hinsichtlich der angegebenen Empfehlungen zur Therapie und der Auswahl sowie Dosierung von Medikamenten wurde die größtmögliche Sorgfalt beachtet. Gleichwohl werden die Benutzer aufgefordert, die Beipackzettel und Fachinformationen der Hersteller zur Kontrolle heranzuziehen und im Zweifelsfall einen Spezialisten zu konsultieren. Fragliche Unstimmigkeiten sollten bitte im allgemeinen Interesse dem Verlag mitgeteilt werden. Der Benutzer selbst bleibt verantwortlich für jede diagnostische oder therapeutische Applikation, Medikation und Dosierung.
In diesem Buch sind eingetragene Warenzeichen (geschützte Warennamen) nicht besonders kenntlich gemacht. Es kann also aus dem Fehlen eines entsprechenden Hinweises nicht geschlossen werden, dass es sich um einen freien Warennamen handelt.

Schattauer
www.schattauer.de
© 2019 by J. G. Cotta'sche Buchhandlung
Nachfolger GmbH, gegr. 1659, Stuttgart
Alle Rechte vorbehalten
Printed in Germany
Cover: Bettina Herrmann, Stuttgart
unter Verwendung eines Gemäldes von © Eric Peters – www.eric-peters.com
Gesetzt von Lumina Datamatics GmbH, München
Gedruckt und gebunden von Friedrich Pustet GmbH & Co. KG, Regensburg
Lektorat: Dipl.-Psych. Mihrican Özdem, Landau
Projektmanagement: Dr. Nadja Urbani
ISBN 978-3-608-40016-8

Auch als E-Book erhältlich

Vorwort oder der rote Faden

Gelegentlich, so entnahm ich zwei eher wohlwollenden Rezensionen des ersten Bandes, vermisse man den roten Faden meiner Ausführungen. Nach einiger Irritation über diese kritischen Bemerkungen fiel mir plötzlich ein, dass dies eigentlich eine wiederkehrende Frage der Patienten (und manchmal auch der Kollegen in Supervision) ist: Wo ist eigentlich der rote Faden in dieser Therapie? Die Frage geht zumeist mit Unruhe oder Unbehagen einher, begleitet vom Eindruck, dass es nicht schnell oder effizient genug zugehe. Zu Beginn einer interaktionellen analytischen oder tiefenpsychologisch fundierten Therapie- oder Selbsterfahrungsgruppe erfasst dieses Unbehagen oftmals viele Mitglieder, die endlich – eigentlich sofort und von Beginn an – wissen wollen, nach welchen Regeln die Gruppe »funktioniere« und der Gruppenleiter »vorgehe«. Der Anspruch, immer gleich das naheliegende Ufer in Sichtweite haben zu wollen, entspricht einem Kontrollbedürfnis über das Unbewusste, das sich gerade durch jenes Unbehagen bemerkbar macht: Wo komme ich aus oder wo landen wir, wenn wir uns einem Prozess überlassen, dessen Ausgang wenigstens zunächst oder oft auch immer wieder ungewiss ist? Will man sich wirklich der Freiheit eines offenen Prozesses überlassen, in der Zuversicht, man käme schon zu einem Ziel, dessen Beschaffenheit man einstweilen nicht kennt? Die Zumutung, sich auf die Freiheit einer Entdeckungsreise einzulassen, deren Etappen Überraschendes, manchmal Ängstigendes oder Verstörendes zutage treten lassen, ist Kern jeder Psychotherapie, die Aufdeckendes zum Ziel hat. Und dies betrifft keineswegs lediglich psychodynamische Verfahren. Auch systemische oder verhaltenstherapeutische Modelle konfrontieren mit unerwarteten Ergebnissen, die das eigene Leben auf den Kopf zu stellen imstande sind.

Sicherheit bietet lediglich die Zuversicht, dass der rote Faden zwar vorhanden, aber noch nicht bekannt oder erkannt ist. Unsere Psyche, unser Gehirn, kann nicht anders als Sinn zu stiften, auch wenn dieser unbequem oder unkomfortabel erscheinen mag. Um den roten Faden zu finden, bedarf es der Geduld und einer Haltung, die nicht zu sehr mit Suche identifiziert ist. Statt also angestrengt zu suchen, kann man staunend finden, was sich auf dem Weg befindet.

Doch die beschriebene Unruhe angesichts der Frage nach dem roten Faden erfasst uns natürlich auch: Werde ich dem Patienten gerecht, wenn ich die Antwort verweigere (weil ich sie einstweilen auch nicht weiß oder lediglich erahne)? Oder sollte ich entlastende Erklärungen abgeben über den »normalen« Verlauf eines therapeutischen Prozesses, in dem Bewusstsein, dass es diesen normalen Verlauf eigentlich gar nicht gibt? Oder bin ich selbst auch schon beunruhigt ob der verwirrenden Entwicklungen, die zu entgleiten drohen? Wann also ist jene Zuversicht nicht mehr angezeigt oder wann ist sie gerade dienlich? Nach welchen Kriterien entscheide ich das? Wie viel Freiheit und assoziative Lockerung fördert den therapeutischen Prozess und wie viel Struktur benötigt die je individuelle

Entwicklung in der Therapie? Im konkreten Fall helfen Statistiken nicht, Erfahrungen können täuschen, Supervisionen in ihrer Dynamik können eine irrige Richtung einnehmen. Ohne jedes Konzept verlieren wir uns und unsere Patienten, Überstrukturierung kommt einer psychischen Überwältigung gleich.

Sollte ich also meinen Rezensenten und meinen Lesern antworten, dass ich über keinen roten Faden verfüge? Vielleicht wäre die ehrlichste, die »authentischste« Antwort, dass ich ihn immer wieder verliere und darauf neu finde. Bisher jedenfalls. In der Vorläufigkeit, die Psychotherapie oder Erkenntnisprozesse schlechthin ausmachen.

Daher sind die Themen dieser Bände weit gefasst. Denn Psychotherapie ist eine besondere Form angewandter Erkenntnistheorie. Mithin kann sie sich nicht bloß auf umschriebene Krankheitsbilder, die sich ohnehin alle paar Jahre ändern, beschränken. Psychisches Leid ist in gesellschaftliche Prozesse eingebettet, geht aus ihnen hervor und reproduziert sie zugleich (vgl. Dreitzel 1972). Weshalb das Rollenverständnis von uns Psychotherapeuten auch nicht auf den Diskurs über Behandlungstechniken beschränkt sein kann. Gesellschaftspolitische und globale Entwicklungen beeinflussen Stimmungen, Emotionen, Denken und Handeln unserer Patienten – wie auch von uns selbst. Jede Trennung psychotherapeutischen Handelns von gesellschaftspolitischen Entwicklungen ist nicht nur abwegig, sie ist schädlich, weil sie wesentliche Aspekte von Entstehung, Aufrechterhaltung und Auswirkungen psychischen Leids und psychiatrischer Erkrankungen verkürzt und unzulässig individualisiert.

Wir sind gefordert, Stellung zu beziehen, entweder, indem wir schweigen oder unsere Stimme erheben. Beides ist politisch. Und beides beeinflusst unser therapeutisches Handeln wie auch seine Ergebnisse. Leser wie Autor könnten daher immer wieder den roten Faden verlieren – als Teil eines kreativen Prozesses, in dessen Verlauf wir immer wieder zueinander finden.

Bunte Fäden – oder Vorwort Teil II

Beim Schreiben habe ich mit der Genderthematik herumexperimentiert. Abwechselnd die männliche oder weibliche Form bei allgemeinen Akteuren zu wählen, fanden meine Freundinnen (!) und Freunde (!) beim Lesen verwirrend.[1] Dabei fiel mir ein, dass ja eigentlich mindestens auch noch das dritte Geschlecht erwähnt werden müsste. Dies würde zu grotesken Formulierungskünsten führen, die jedes flüssige Lesen unmöglich macht. Der Vorschlag, aus diesem Grund ganz auf Geschlechter zu verzichten (Hornscheidt 2018), also eine Entindividualisierung zu betreiben, erscheint mir therapeutisch absurd und politisch totalitär. Denn Teil jeder Individualität ist eine sexuelle Orientierung, ob sicher oder unsicher, ob homo-, hetero- oder bisexuell. Dazu zählt auch eine sexuelle Zuordnung, die wiederum alle möglichen Formen, auch solche einer uneindeutigen Geschlechtszugehörigkeit, bedeuten kann. Dies aber durch die Formulierung »Person« statt Mann, Frau, Hermaphrodit oder Ähnliches zu ersetzen, leugnet die Rolle von Sexualität gleich welcher Orientierung, Herkunft oder körperlich-uneindeutiger Begründung. Letztlich kommt es auf die persönliche Stellungnahme an, die durch die Formulierung »Person« negiert wird. Der Respekt vor Individualität wird nicht durch die Entindividualisierung gewahrt, sondern durch das Ansehen der Person, die sodann eine Identität erfährt – womöglich erst im Laufe eines längeren Prozesses. Innerhalb dessen wird man gemeinsam um Formulierungen und die persönliche Anrede ringen müssen. Auf diese zu verzichten, würde eine Leugnung der Rolle von Sexualität bedeuten, gleich welcher Art, Orientierung oder körperlicher Begründung sie unterliegt. Deshalb wähle ich im Text durchgehend die männliche Form – in respektvoller Verneigung vor allen Varianten unserer psychischen wie körperlichen Varianz sexueller Individualität.[2]

---

1 Da mir nicht bekannt ist, ob mein Freundeskreis auch divers umfasst, habe ich es – auch hier im Bewusstsein einstweiliger Vorläufigkeit – bei der Nennung von zwei Geschlechtern belassen. Bei mir selbst war ich mir hingegen sicher: Als männlicher Autor habe ich für den Titel des Buches auch die männliche Form gewählt; es käme mir bizarr vor, ein Buch mit dem Titel »Die authentische Psychotherapeutin« zu schreiben.

2 Dieser Respekt endet vor jeder Art von Übergriff, Gewalt oder Demütigung, Unterdrückung oder Ausbeutung.

Abb. 0-1 © 2019 Thomas Plaßmann.

Dank

Gedanken, Ideen und endlich Texte entstehen im Austausch mit anderen, die einen inspirieren, ermutigen, anregen oder mit Rat und Tat zur Seite stehen. Dafür danke ich Julia Beckers, Anna-Lena Borowski, Lukas Hilgers, Sonja Höner, Mihrican Özdem, Monika Huff-Müller, Marion Peters und Christina Regenbogen.

Ganz besonders gilt mein Dank erneut Andrea Gehl, die alle Texte immer und immer wieder gelesen und mir wieder mit ihren klugen und wertvollen Hinweisen geholfen hat. Ich danke ganz besonders auch Thomas Plaßmann für die Überlassung seiner Karikaturen, deren Auswahl für dieses Buch mir schwerfiel, weil er mit so vielen genialen und herzerfrischenden Arbeiten unser Zeitgeschehen auf den Punkt bringt. Eric Peters danke ich ganz herzlich, dessen Bilder ich seit vielen Jahren für die Umschlaggestaltung meiner Bücher verwenden darf.

Verlage haben Designer für ihre Covergestaltung, in die sie sich kaum je reinreden lassen. Ich bin sehr froh, dass ich – wie schon bei Band I – ein Bild des Malers Eric Peters vorschlagen durfte und es der Verlag, namentlich Frau Nadja Urbani, nach – so glaube ich – anfänglichem Zögern akzeptierte, unter der Voraussetzung, dass ich zum Bild etwas Erläuterndes sage. Zugegeben, was *mich* wiederum einen Moment lang zögern ließ. Doch dann fand ich die Bemerkungen zum Cover zunehmend reizvoll und anregend. Für beides, die Akzeptanz der Bildvorschläge und die Forderung, dazu etwas Erklärendes zu schreiben, danke ich Frau Urbani und dem Verlag.

Roetgen-Mulartshütte, im Sommer 2019
Micha Hilgers

Inhalt

1	**Frohgemut in die Altersarmut – Armut und Reichtum in der therapeutischen Beziehung**	1
1.1	Das Elend psychotherapeutischer Rahmenbedingungen	1
1.2	Finanzielle Rahmenbedingungen der Ausbildung und ihre Folgen	3
1.3	Mögliche Folgen des Studiengangs Psychotherapie	4
1.4	Infantilisierende Ausbildungsbedingungen und ihre Folgen für die Übertragungsbeziehung	6
1.5	Die Kosten der Ausbildung	8
1.6	Die Bedeutung der finanziellen Rahmenbedingungen für die therapeutische Beziehung	10
1.7	Übertragungsbeziehung bei reichen Patienten	13
1.8	Übertragungsbeziehung bei prominenten Patienten	17
1.9	Übertragungsbeziehung bei armen Patienten	18
1.10	Übertragungsbeziehung bei Patienten aus der Unterschicht	19
1.11	Fazit	22
2	**Der Bericht zum Antrag des Patienten – oder schreiben Sie doch, was Sie wollen**	23
2.1	Keine Angst vor Bericht und Gutachter	23
2.2	Gründe für das Gutachterverfahren	26
2.3	Abfassen des Berichts	33
2.4	Fazit: Es gibt keinen Grund für Infantilisierung	38
3	**Andere Umstände – Psychotherapie und Mutterschaft**	40
3.1	Umgang mit der Schwangerschaft	40
3.2	Geschlechts- und Altersverteilung der Psychotherapeuten	41
3.3	Die Schwangerschaft der Psychotherapeutin	43
3.4	Ungewünschte Offenbarungen von Intimität	46
3.5	Exemplarische Konflikte während Schwanger- und Mutterschaft	49
3.6	Die Schwangerschaft der Therapeutin als Chance der Entwicklung	55

3.7	Unterschiede zwischen ambulanten und stationären Settings	57
3.8	Therapeutenwechsel oder nicht?	57
3.9	Die Endlichkeit der beruflichen Tätigkeit und die Relativierung ihrer Bedeutung	58
4	**Angst vor Regression?**	59
4.1	Alltägliche Regression	60
4.2	Regression im klinischen Alltag	63
4.3	Maligne Regression	66
5	**Komplexe Therapiesituationen I: Gespräche und Kontakte**	72
5.1	Das späte Gespräch mit den Eltern – sinnlos, zwecklos oder zielführend?	72
5.2	Die Vorbehandlung	73
5.3	Die Sprechstunde beim Kollegen	75
5.4	Der Patient kommt wieder	77
5.5	Gegenübertragungen bei Therapieabbruch	79
5.6	Anreden: Sie, du oder Vorname und Sie?	85
5.7	Das rechtzeitige Gespräch mit den professionellen Eltern	89
6	**Komplexe Therapiesituationen II: Die Unfähigkeit, begrenztes Glück zu ertragen**	91
6.1	Hybris, die Götter der Antike und das verpönte Selbstbewusstsein	91
6.2	Jenseits des Wiederholungszwangs	94
6.3	Die Begegnung mit der Vergangenheit durch die eigenen Kinder	96
6.4	Schweigen	97
6.5	Dauersprecher, Entertainer und Conférenciers	108
7	**Erweiterte Rahmenbedingungen: Psychotherapie im globalen Turbokapitalismus**	112
7.1	Sozialpolitische Rahmenbedingungen der Psychotherapie	112
7.2	Psychotherapie jenseits von Eskapismus	117
7.3	Die ethische Pflicht, sich zu positionieren	118

8	Das Persönliche ist politisch … – der globale Triumph des Irrationalen	123
8.1	Die Renaissance narzisstischer Führungspersönlichkeiten	123
8.2	Das stete Unbehagen in der Kultur	125
8.3	Wir sind Gott	126
8.4	Alternativlos: Die Herrschaft der Sachzwänge	129
8.5	Narzisstisch-totalitäre Entwicklung in Deutschland	132
8.6	Ungerechtigkeit und die Entwicklung von Ressentiments	136
9	Ein unscharfer Tiger – Bemerkungen zum Coverbild	139
Sachverzeichnis		146

1 Frohgemut in die Altersarmut – Armut und Reichtum in der therapeutischen Beziehung

1.1 Das Elend psychotherapeutischer Rahmenbedingungen

Die Abhängigkeitsverhältnisse in der Psychotherapeutenausbildung, ihre hohen Kosten und das Tabu, Machtverhältnisse und Geld zu thematisieren, verhindern, dass Psychotherapeuten angemessen mit ihrer Gegenübertragung bei besonders reichen und mächtigen wie umgekehrt armen Patienten umgehen. Ob und inwieweit das neu einzurichtende Psychotherapiestudium die prekäre Lage von Psychotherapeuten, die oftmals über viele Jahre besteht, ändern wird, ist völlig offen, zumal die Finanzierung angemessener Vergütung während der praktischen Ausbildung bisher ungeklärt ist. Doch selbst wenn Psychologische Psychotherapeuten in Ausbildung ein Gehalt wie Assistenzärzte bezögen, wäre damit ihr finanzielles Elend keineswegs beseitigt. Denn der Kauf eines Versorgungsauftrages (siehe Kasten Praxistipp in Kap. 1.5) ist mit immensen Kosten verbunden, während die Vergütung psychotherapeutischer Leistungen dazu in keinem vernünftigen Verhältnis steht. Bis auf Weiteres häufen daher angehende Psychotherapeuten erhebliche Ausbildungskosten als Schuldenlasten an, deren Rückzahlung oder Amortisation viele Jahre in Anspruch nimmt.

Die gesellschaftliche Wertschätzung, die sich im Kapitalismus zuvörderst durch ihre Honorierung definiert, ist in der Psychotherapie wie bei anderen sprechenden, erziehenden, pflegenden und versorgenden Berufen unverschämt dürftig, verglichen mit Gehältern von Managern, Bankern, Anwälten oder Beamten des höheren Dienstes – ganz abgesehen von anderen Facharztgruppen. Dies trägt weder zu einem gesunden Selbstbewusstsein der Psychotherapeuten bei, noch bleibt die therapeutische Arbeit, namentlich die Übertragungs-Gegenübertragungs-Beziehung, davon unberührt. Während beispielsweise Anwälte ihre Leistungen in der Regel mit mindestens 200,00 Euro (netto) je Stunde liquidieren, erhält ein Psychotherapeut für eine gutachterpflichtige Sitzung mit 50 Minuten (plus Dokumentation) circa 100,00 Euro. Diese Diskrepanzen bleiben weder den Behandlern noch ihren Patienten verborgen, weshalb die therapeutische Beziehung rasch in schwierige, teilweise unbewusste Konflikte mit wechselseitigen Neid- oder Missgunstgefühlen, Mitleid oder Entwertungen entgleisen kann.

Auch hier betreffen gesellschaftliche Entwicklungen und globale Krisen Patienten wie Psychotherapeuten gleichermaßen. Doch der fachliche Diskurs beschränkt sich in der Regel auf die Betrachtung der Patientenseite, etwa bei den Auswirkungen von Arbeitslosigkeit, Mobbing, Migration, Bildungsdefiziten, Traumatisierungen oder Genderfragen. Tatsächlich jedoch verändern sich die

Sozialisations-, Lebens- und Arbeitsbedingungen sowohl von Patienten als auch Psychotherapeuten unter dem Einfluss von Turbokapitalismus und globalen Krisen (zur Ökonomisierung von Psychotherapie vgl. Schmeling-Kludas 2008). Die sich öffnende Schere bei Einkommen und Chancengleichheit führt zum Schrumpfen der ehemals breiten Mittelschicht: Immer mehr Menschen geraten in Armut oder sind von ihr bedroht, während sich eine kleine Oberschicht von der Mehrheit abkoppelt. Psychotherapeuten befinden sich dabei keineswegs in der komfortablen Position des Beobachters mit technischer Neutralität. Ausbildungsdauer und -kosten wie auch die Honorarsituation und die Kosten des Kassenarztsitzes lassen auch Psychotherapeuten zu den Verlierern werden, deren Verbleib in der Mittelschicht bedroht ist.

Doch diese Auswirkungen gesellschaftlicher Entwicklungen werden fachintern kaum reflektiert, obwohl sie das Kernstück psychotherapeutischen Handelns, die therapeutische (Übertragungs-)Beziehung, betreffen. Die Gründe für das Fehlen dieses Diskurses liegen in den Sozialisations- und Ausbildungsbedingungen der Psychotherapeuten und bedingen unerkannte Gegenübertragungsreaktionen bei armen oder besonders reichen Patienten. Die in der Ausbildung weitgehend tabuisierten Bereiche Macht und Geld üben weitreichenden Einfluss auf das spätere Verhalten von Therapeuten aus (vgl. Lohmer und Wenz 2005). Zudem bereiten die psychotherapeutischen Schulen ihre Kandidaten kaum auf die Bedürfnisse und Indikationen bei verelendeten Bevölkerungsschichten vor. Dies gilt umgekehrt auch für die Arbeit mit reichen und mächtigen Patienten (vgl. Cremerius 1984). Ohne dies zu beabsichtigen, aber leider auch ohne dies einem fachlichen Diskurs zuzuführen, bestätigt man so den historischen Vorwurf linker Kritiker, Psychotherapie sei zutiefst bürgerlich und wende sich weder verelendeten Bevölkerungsgruppen zu noch reflektiere sie die gesellschaftlichen Verhältnisse und deren Gewinner, die Reichen und Superreichen.

Doch anders als Verhaltenstherapie oder humanistische Verfahren trat die Psychoanalyse mit dem erklärten Anspruch an, nicht nur ein Behandlungsverfahren zu liefern, sondern auch ein kultur- und gesellschaftskritisches Erkenntnismodell. Bisweilen hochfahrende Selbstansprüche und implizite Heilsversprechungen stehen in merkwürdigem Kontrast zur Abwesenheit kritischer Reflexion eigener Arbeitsbedingungen. Nahezu bewusstlos ignoriert die eigene Zunft die Auswirkungen ihrer beruflichen Sozialisation auf die Übertragungsbeziehungen, das eigene Selbstverständnis und die Ausbildungsverhältnisse. Lange wurden die eigenen Arbeitsverhältnisse und ihre Rahmenbedingungen als selbstverständlich akzeptiert. Erst in jüngster Zeit machen Ausbildungskandidaten auf ihre elenden Arbeitsbedingungen durch Demonstrationen aufmerksam.

Die manische Taktung, mit der Gesundheitsminister Jens Spahn die Telematik und nachfolgend das Terminservicegesetz einführte, hat inzwischen immerhin breiteren Widerstand geweckt. Allerdings fürchten viele Psychotherapeuten bei Verweigerung der sogenannten Konnektorenlösung zur Übermittlung von Patientendaten den Verlust ihres Versorgungsauftrages (Kollegennetzwerk Psychotherapie, z. B. vom 07.06.2019).

Nach wie vor behandeln Psychotherapeuten zwar Angststörungen, zeichnen sich selbst aber durch hohe Ängstlichkeit und Anpassungsbereitschaft aus (ebenda). Ein Patient mit maladaptiven Konfliktstrategien trifft demnach mit nicht geringer Wahrscheinlichkeit auf einen Therapeuten mit maladaptiver Anpassungsbereitschaft und irrationalen Ängsten.

Die Erhöhung der gesetzlich vorgegebenen Praxiszeiten von wöchentlich 20 auf 25 Stunden und die Zwangstermine durch das Terminservicegesetz verschlechtern die Einkommenssituation von Psychotherapeuten noch mehr. Erste Erfahrungen mit aufgezwungener Bereitstellung von Akuttherapien, Sprechstunden und Probatorik zeigen, dass viele Patienten gar nicht erscheinen und die Therapeuten auf den Ausfallkosten sitzenbleiben.

Kurz: Psychotherapeuten tun häufig so, als ob die Bedingungen, unter denen sie arbeiten, nicht maßgeblichen Einfluss auf sie selbst, ihre Leistung und Motivation und umgekehrt auch auf ihre Patienten hätten. Deshalb vermisst man einen Diskurs über die Behandlung von Armen und Reichen und die fast zwangsläufigen Gegenübertragungen unter den sich verändernden Bedingungen von Globalisierung, seit Jahren sinkenden Reallohneinkommen, schwindender Mittelschicht, neuer Armut oder geradezu feudalistischem Reichtum der wenigen Gewinner.

1.2 Finanzielle Rahmenbedingungen der Ausbildung und ihre Folgen

Vor Inkrafttreten des Psychotherapeutengesetzes im Jahr 1999 und der Approbation auch für psychologische Psychotherapeuten mit der Möglichkeit gegenüber der Kassenärztlichen Vereinigung ihre ausreichende Qualifikationen für die Zulassung zur Abrechnung nachzuweisen, mussten sich Kandidaten psychoanalytischer Ausbildung anspruchlichen Aufnahmeritualen unterziehen. Ärzte, die »bloß« für die tiefenpsychologisch fundierte Ausbildung votierten, galten unausgesprochen als Kandidaten zweiter Klasse (»Zusatztitler«). Das neue Gesetz ließ Ausbildungsinstitute für Psychologen, Pädagogen oder Sozialpädagogen aus dem Boden sprießen, wodurch die eingesessenen und saturierten psychoanalytischen Institute in für Bewerber heilsame Konkurrenzbedingungen des Marktes gerieten. Die damit verbundene Einkehr von Respekt und einer gewissen Willkommenskultur war demnach keineswegs tiefer Einsicht und schmerzlicher Reue geschuldet, sondern schnödem Mammon unter dem Druck marktwirtschaftlicher Bedingungen. Nach wie vor kann man ein gewisses Dünkelwesen jener mit »großer Ausbildung« gegenüber tiefenpsychologisch fundiert arbeitenden Kollegen bemerken. Dieser Mangel an Respekt und Solidarität trägt natürlich auch nicht zu schlagkräftigen Organisationen zur Durchsetzung berufsständischer Interessen bei. Eine selbstkritische Reflexion der berufspolitischen Entwicklung, des veränderten Selbstverständnisses von Instituten, Ausbildungskandidaten und jener gegenüber den neuen Kollegen fand nicht statt, was gerade bei Psychotherapeuten verblüfft. Immerhin jedoch begrenzt der wachsende Konkurrenzdruck der miteinander konkurrierenden Ausbildungsinstitute narzisstisches

Kastendenken, da die Kurse je nach Therapierichtung deutlich in den aufzubringenden Kosten differieren: Die Gesetze des kapitalistischen Marktes diktieren selbstverständlich auch die Psychotherapieausbildungen – bloß, dass dies in der Regel nicht Teil des fachlichen Diskurses ist. Dies ist umso erstaunlicher, da allgemeine Einigkeit darüber besteht, dass die Rahmenbedingungen maßgeblicher Teil der Therapie sind.

Mehr oder weniger unbewusst gelten kostspielige Konsumgüter oder Dienstleistungen bei ihren Nutznießern als wertvoller, exquisiter und den Selbstwert positiv stimulierend. Teure Produkte und Dienstleistungen werden so zur sozialen Visitenkarte gegenüber dem sozialen Umfeld. Wenn jedoch psychotherapeutische Leistungen schlecht bezahlt sind, so ist damit auch das Image nicht nur der Therapeuten selbst verknüpft, sondern auch das ihrer Patienten. Und diese Rahmenbedingungen haben unmittelbaren, wenn auch oft unreflektierten Einfluss auf die therapeutische Beziehung. Dass dies wenig ins Bewusstsein der Beteiligten – Patienten wie ihrer Behandler – gerät, liegt nicht zuletzt an einer gewissen Verschämtheit der Psychotherapeuten, wenn es um klare finanzielle Interessen geht. Denn Honorarforderungen bei nicht wahrgenommenen Stunden, Privatliquidationen, Erinnerungen säumiger Schuldner, Rechnungen, Mahnungen oder gar gerichtliche Schritte werden häufig versäumt. Verweise auf den Aufwand, angeblich mangelnde Erfolgsaussicht oder entstehende Kosten rationalisieren die Vermeidung aggressiver Konflikte und die damit verbundene Furcht, als geldgierig oder böse angesehen zu werden.

1.3 Mögliche Folgen des Studiengangs Psychotherapie

Dies alles hat natürlich auch Einfluss auf die Wahl des Ausbildungsverfahrens, das künftige Psychotherapeuten wählen. Beispielsweise könnte man sich fragen, ob nicht der große Zulauf bei verhaltenstherapeutischen Instituten unter anderem der Tatsache geschuldet ist, dass die Ausbildung im Vergleich zu tiefenpsychologisch-analytischen deutlich kosten- und zeitgünstiger ausfällt. Da zudem an vielen Universitäten und ihren Kliniken verhaltenstherapeutische Ausrichtungen dominieren, werden behaviorale Orientierungen begünstigt. Eventuell würden sich noch mehr Interessenten für Verhaltenstherapie entscheiden, wenn die Fokussierung der therapeutischen Beziehung noch mehr als ohnehin schon in der Verhaltenstherapie Beachtung fände.

> **Verhaltenstherapie light**
>
> Tatsächlich führt das besonders in der ambulanten Praxis zu der absurden Situation, dass sich viele Verhaltenstherapeuten von ihrem Verfahren wenig überzeugt zeigen. Stattdessen arbeiten sie »integrativ«, was immer das im Einzelnen bedeutet. De facto üben sie unter dem Label »integrativ« ein psychodynamisches Verfahren aus, für das sie nicht ausgebildet sind, während man als Psychodynamiker für Patienten, bei denen eine Verhaltenstherapie angezeigt ist, oft keine Kollegen findet, die sie dann auch tatsächlich praktizieren. Für die Patienten bedeutet dies eine Versorgung durch einen Therapeuten, der nicht das

1.3 Mögliche Folgen des Studiengangs Psychotherapie

ausübt, wofür er einen Versorgungsauftrag hat; für die Krankenkassen, dass eigentlich ein Leistungsbetrug vorliegt. Das dürfte dort jedoch zu nur geringem Unbehagen führen, weil die Krankenkassen in der Regel froh sind, ihre Patienten überhaupt irgendwo untergebracht zu sehen – von der Kassenärztlichen Vereinigung ganz zu schweigen, die einen gesetzlichen Versorgungsauftrag zu erfüllen hat. Schließlich führt diese Situation auch zu Verzerrungen beim Erfolgsvergleich der Therapieverfahren, sofern man nicht genau überprüft, ob der Therapeut auch dasjenige Verfahren ausübt, womit er mit seinen Behandlungsergebnissen in die Statistik eingeht. Sofern die integrativ arbeitenden Verhaltenstherapeuten einigermaßen erfolgreich arbeiten, würde dies die Statistik zu Gunsten der Verhaltenstherapie verzerren.

Der künftige Studiengang Psychotherapie wird aller Voraussicht nach den Schwerpunkt auf Verhaltenstherapie zu Ungunsten psychodynamischer Verfahren legen, da an fast allen Hochschulen kaum Vertreter von Psychoanalyse oder psychodynamischen Verfahren mehr über eine Lehrbefugnis verfügen und daher meist sehr rudimentär und klischeehaft eine antiquierte Rezeption von Psychoanalyse gelehrt wird. Damit erhalten Studierende ein durch Unkenntnis ihrer Dozenten verzerrtes Bild aktueller psychodynamischer Therapieansätze. Dabei kann an der Überlegenheit verhaltenstherapeutischer Ansätze bei bestimmten Störungsbildern (etwa Phobien oder Zwängen ohne komplexe Persönlichkeitsstörungen) gegenüber psychodynamischen Modellen kein Zweifel bestehen.

Ob überhaupt die Vielfalt der sehr unterschiedlichen Psychotherapieverfahren künftig an den Hochschulen gelehrt wird, wird davon abhängen, inwieweit dies überhaupt gewünscht ist, da eine Hinzuziehung psychodynamischer Vertreter Macht und Einfluss der gegenwärtigen Hochschullehrer schmälern würde. Zudem dürfte bei den gängigen Honoraren für Lehraufträge kaum jemand bereit sein, unter diesen Bedingungen seine Praxiszeiten zu verringern und zu einem noch geringeren Honorar als ohnehin schon zu arbeiten.

Schließlich könnte man sich sowohl unter Marktgesichtspunkten des Kosten-Nutzen-Denkens als auch hinsichtlich des therapeutischen Outcomes die Ausbildung reiner Gruppentherapeuten vorstellen, da Langzeit- wie Kurzzeitgruppen in vielen Fällen mindestens gleich wirksam sind wie einzeltherapeutische Verfahren (vgl. hierzu Tschuschke 2003 und 2010). Doch diese Kompetenz ist bereits an den Ausbildungsinstituten entweder nicht sehr ausgeprägt vorhanden oder wird kaum gelehrt. Hochschuldozenten verfügen in der Regel noch weniger über diese Qualifikation, geschweige denn über langjährige intensive therapeutische Erfahrung in Langzeiteinzel- oder Gruppentherapie. Denn tatsächlich verlassen Patienten sehr rasch die universitären Krankenhäuser unter dem Kostendruck der Krankenkassen und des Medizinischen Diensts der Krankenkassen (MDK) und suchen sich meist ambulante Psychotherapeuten für Langzeitbehandlungen. Fundierte Kenntnisse über die Konflikte, Verstrickungen, Interventionsmöglichkeiten bei Langzeitbehandlungen dürften Hochschullehrer daher in der Regel kaum vermitteln können. Wirklich verblüffend ist, wie sehr sich Psychotherapeuten außerhalb des gesellschaftspolitischen Kontextes wähnen, sobald es um sie selbst, ihre Arbeit, Machtkonflikte und ihre Berufssozialisation geht. Dies bleibt nicht ohne gravierende Folgen auf die therapeutische Beziehung, wie gleich zu zeigen sein wird.

1.4 Infantilisierende Ausbildungsbedingungen und ihre Folgen für die Übertragungsbeziehung

Die infantilisierenden Abhängigkeitsverhältnisse besonders der psychoanalytischen Ausbildung wurden an prominenter Stelle kritisiert, jedoch kaum je von den Jungen, also den Kandidaten oder jenen Absolventen der Institute, die gerade die Ausbildung abgeschlossen haben, sondern zumeist aus der sprichwörtlichen Großvaterperspektive (z. B. 1987 vom bereits emeritierten Johannes Cremerius). In satirischer Form empfahl Kernberg (1998) – damals auch nicht mehr ganz jung – zahlreiche Methoden, die Kreativität und Autonomie von psychoanalytischen Ausbildungskandidaten zu beschneiden. Offenbar erreicht man nach Abschluss einer psychoanalytischen Ausbildung erst nach vielen Jahren jene Autonomie – wenn überhaupt –, die es erlaubt, die eigene Berufssozialisation kritisch zu hinterfragen. Das überrascht auch nicht, wenn man das empörte Echo bedenkt, dass diese beiden sehr prominenten Kritiker durch ihre Beiträge auslösten: Es bedarf eines gehörigen Standings, um sich kritisch mit der eigenen Zunft, ihren Ritualen und Tabus öffentlich zu befassen.

Die zweifellos wirkungsvollsten Abhängigkeitsbeziehungen entstehen durch Enteignung monetärer und zeitlicher Autonomie. Interessanterweise werden beide Bedingungen von den vorgenannten Autoren kaum beachtet. Die stets fortschreitende Hypertrophie des Anforderungskatalogs von Weiterbildungsrichtlinien der Institute und Kammern verschärft die vorgenannte Tendenz und zieht eine Reihe wenig reflektierter Konsequenzen nach sich:

- Neben der oft beschriebenen intellektuell-emotionalen Abhängigkeit gegenüber Institut, Ausbildern und Kammern geraten die Kandidaten in eine finanzielle Abhängigkeit, die sie auch nach Abschluss der Ausbildung kaum hinter sich lassen können: Nicht nur die oft hohe Verschuldung oder bis dato mangelnde Altersversorgung binden Ressourcen. Die umfassenden Abhängigkeitsverhältnisse werden zudem häufig via Identifikation mit dem Aggressor internalisiert – ängstlich-kritiklose Überidentifikation mit den Verhältnissen sind die häufige Folge, die sich in der weitgehenden Abwesenheit kritischer Beiträge zur Ausbildungssituation zeigt.
- Die weitgehende Preisgabe von Selbstbestimmung und Autonomie löst kognitive Dissonanzen (Festinger 2012) aus mit der Folge, den enormen persönlichen Aufwand gegenüber kritischen inneren wie äußeren Stimmen rechtfertigen zu müssen: Es darf nicht sein, dass man in eine zweifelhafte Berufskarriere so viel investiert hat, dabei jedoch der Output eher gering ausfällt und man sich den Verhältnissen obendrein quasi zahlend unterworfen hat.
- Unbemerkt spielt sich zwischen Ausbildern und Kandidaten ein ödipales Drama ab – ebenfalls nicht ohne Folgen für die Patientenversorgung: Weil die Curricula und die Voraussetzungen zur Prüfung ständig ausgeweitet werden,

1.4 Infantilisierende Ausbildungsbedingungen

sind die Kandidaten am Ende formal deutlich höher qualifiziert als ihre Ausbilder. Während für die Kandidaten der Weg in die Autonomie immer länger und beschwerlicher wird, sie also ihre Ausbilder deshalb fürchten und hassen müssen, müssen diese wiederum ihren Nachwuchs und seine Rache fürchten. Starre, Unbeweglichkeit und Ängstlichkeit verhindern bisher den offen ausgetragenen Generationenkonflikt mit der impliziten Chance eines gütlichen Ausgleichs (vgl. Hilgers 2007). Mithin haben Psychotherapeuten einen durch ihre Berufssozialisation bedingten Machtkomplex, der sie in der unbefangenen Thematisierung von Macht- und damit verbundenen Geldfragen gegenüber ihren Patienten behindert.

- Mangelnde Reflexion der Folgen jahrelanger finanzieller Engpässe führt zu einem blinden Fleck bei der Arbeit mit Patienten: Die Erhebung umfassender Sozialanamnesen über Wohn-, Arbeits- und finanzielle Verhältnisse wird häufig versäumt. Fragt man in Supervisionen detailliert nach, reagieren die Supervisanden häufig leicht irritiert, so als ob man sich nach psychodynamisch Unwesentlichem oder von der Sache Wegführendem erkundigen würde: Die Vernachlässigung eigener Vermögens- und Altersplanung korrespondiert mit der Ignoranz realer Lebensumstände der Patienten.
- Gegenübertragungen angesichts besonders wohlhabender Patienten einerseits oder Angehöriger des Prekariats andererseits werden wenig erkannt. Ihre Auswirkungen in der Therapie sind daher umso gravierender.
- Psychotherapeuten tun sich in Folge ihres ausbildungsbedingten, unreflektierten »Geldkomplexes« schwer, angemessene Honorarforderungen zu stellen und vor allem auch durchzusetzen: Rechnungen werden schamhaft per Post versandt, statt sie als Ausdruck der Wechselseitigkeit der Beziehung persönlich zu überreichen, Säumigkeiten nicht angesprochen. Mit Mahnungen wird oft über Gebühr (und ohne eine solche zu erheben) gewartet, der Gang zum Rechtsanwalt gemieden.
- Angesichts von Stundensätzen zwischen 100 (bei gesetzlichen Kassen) und 90 Euro (bei privaten) kann von einer angemessenen Honorierung im Verhältnis zu der lang dauernden und kostenintensiven Ausbildung keine Rede sein. Arbeitsüberlastung, mangelnder Freizeitausgleich und scheiternde Liebes- oder Familienbeziehungen und das bei Angehörigen psychosozialer Berufe besonders verbreitete Burn-out sind häufige Folge. Da ein Alleinverdiener mit den genannten Sätzen eine Familie kaum noch ernähren kann, bestimmen auch hier die realen Umstände maßgeblich über persönliches Leiden (und nicht etwa primär besonderer Neurotizismus der Psychotherapeuten; dieser ist eher in der stummen Leidensbereitschaft zu suchen, mit der die Umstände hingenommen werden).
- Doch dass die finanzielle Berufsperspektive, die ab einem gewissen Grad der Verelendung auch eine gesundheitliche ist, kaum thematisiert wird, die monetären und machtpolitischen Aspekte der Ausbildung immer noch weitgehend tabuisiert sind und die gesellschaftlichen Rahmenbedingungen des (Ausbildungs-)Marktes weitgehend unberücksichtigt bleiben, hat sehr konkrete Hintergründe, die sich bei Betrachtung der Berufsausbildung eröffnen.

1.5 Die Kosten der Ausbildung

Eine realistische Kostenkalkulation der Psychotherapieausbildung findet meist nicht statt – Grund genug, dies eigentlich hier zu versuchen. Allerdings: Die Bedingungen der Ausbildungsinstitute unterscheiden sich teilweise erheblich, ebenso die Kosten für das gewählte Verfahren. Ausfallzeiten durch eigene Krankheit oder die Krankheit naher Angehöriger oder Schwangerschaft sind kaum exakt planbar, ebenso wenig, ob Patienten während der praktischen Tätigkeit unter Supervision vorzeitig abspringen und sich daher unter Umständen die Ausbildungsdauer verlängert. Die sogenannte Praktische Tätigkeit I und II umfassen insgesamt 1.800 Arbeitsstunden, die oft – wegen der prekären Verhältnisse der Ausbildungskandidaten – nicht in Vollzeit geleistet werden, sodass sich der Zeitraum bis zur Aufnahme der Behandlungen unter Supervision verlängert. Die Alternative – die Aufnahme eines Darlehens – verlängert wiederum die Zeitspanne bis zur Amortisation der Schulden- und Kostenlast. Kurz: Allgemeine Aussagen über die Kosten der Ausbildung sind kaum möglich, da sie vielen individuellen Faktoren unterliegen. Dennoch können einige Hinweise etwas mehr Sicherheit bei der Planung der eigenen Ausbildung liefern.

> **Praxistipp**
>
> **Halber Versorgungsauftrag**
> In der Regel werden approbierte Psychotherapeuten einen halben Kassenarztsitz zu erwerben versuchen, da hier die Kosten geringer als bei einem vollen Versorgungsauftrag ausfallen und halbe Sitze häufig angeboten werden, wenn Kollegen ihre Arbeitszeiten reduzieren wollen. Der Erwerb eines halben Versorgungsauftrags ist auch insofern sinnvoll, da die maximale Arbeitsleistung pro Quartal und vollem Versorgungsauftrag bei 780 Stunden liegt. Entsprechend besteht ausreichend Gelegenheit, sich auch mit einem halben Sitz zielstrebig in ein veritables Burn-out zu malochen. Feiertage, Kurzurlaube oder Erkrankungen mitgerechnet kommt man rasch auf Wochenarbeitsstunden, die weit über 30 Stunden liegen dürften. Es macht demnach nur dann Sinn, einen vollen Versorgungsauftrag oder gar mehrere anzustreben, wenn man vorhat, Kollegen anzustellen. Zu Beginn einer Niederlassungstätigkeit steht dies aber sicher nicht an, sodass Kalkulationen zum Erwerb und der Amortisation des halben Sitzes sinnvoll sind.
> Gegenwärtig belaufen sich die Kosten für den Erwerb eines halben Kassenarztsitzes je nach Region auf ca. 40.000,00 bis 80.000 Euro. In den meisten Fällen wird man außerdem Einrichtungsgegenstände erwerben müssen, falls man nicht die Räume des Veräußerers mitnutzt oder in eine Praxisgemeinschaft einsteigt. Selbst dann wird man nicht auf individuelle Noten der Einrichtung verzichten wollen, sodass die Einstiegskosten rasch an die Grenze von 50.000,00 Euro kommen oder noch deutlich höher ausfallen können.
> Es empfiehlt sich, einen Businessplan mit einem Steuerberater zu entwerfen:
> - Welche tatsächlichen Kosten neben dem reinen Erwerb des Versorgungsauftrags (Raumkosten, Versicherungen, Neuanschaffungen) kommen auf mich zu?
> - Was kann ich steuerlich geltend machen? Der »nackte« Erwerb eines halben Versorgungsauftrages hat einen entscheidenden steuerlichen Nachteil: Da sich die Kassenzulassung nicht abnutzt wie etwa bei einem Computer oder Einrichtungsgegenständen, ist eine steuerliche Abschreibung nur möglich, wenn auch Patienten übernommen, Praxisgegen-

1.5 Die Kosten der Ausbildung

stände mit erworben oder Verträge über die Zuweisung von Patienten erstellt werden. Abgeschrieben werden im Grunde diese materiellen Güter und Dienstleistungen, nicht aber der Kassenarztsitz. Grundsätzlich ist die Veräußerung auch umsatzsteuerpflichtig, sofern der Praxisinhaber im Verkaufsjahr Umsatzsteuer zahlt. Im Folgejahr ist er wegen der hohen Einnahme in jedem Fall für nicht-medizinisch-therapeutische Leistungen umsatzsteuerpflichtig. Falls der Erwerber den Kaufpreis mit Umsatzsteuer entrichtet, bleibt er fast immer auf dem Mehrwertsteuerbetrag sitzen.

- Wie viele Wochenarbeitsstunden mit Patienten traue ich mir anfangs zu? Hier ist es wichtig zu berücksichtigen, dass das Erstellen von Berichten an den Gutachter, Reflexionen, Supervisionen und Dokumentationen deutlich länger als bei erfahrenen Kollegen dauern können, da vieles neu ist.
- Welchen Zeitraum muss ich unter Berücksichtigung aller, also auch der persönlich laufenden Kosten, ansetzen, um die entstandenen Kosten zu amortisieren? In der Regel sind dies 3 oder 4 Jahre für den Preis des Versorgungsauftrags.

Bei der Akademie für angewandte Psychologie und Psychotherapie (APP) in Köln als Ausbildungsinstitut belaufen sich die Kosten (Bewerbungsgespräch, Seminargebühren, Lehrtherapie, Selbsterfahrung, Prüfungsgebühren) auf
- 22.300 Euro bei Verhaltenstherapie für Kinder- und Jugendliche oder Erwachsene
- 24.700 Euro bei Tiefenpsychologie (Erwachsene)
- 23.500 Euro bei Systemischer Therapie

In diesen Kalkulationen sind natürlich Ausfallzeiten und Fahrtkosten während circa 4 Jahren bis zur Abschlussprüfung nicht enthalten. Allerdings finden die Seminare bei Verhaltenstherapie und Tiefenpsychologie ausschließlich freitags bis sonntags statt, was Ausfallkosten enorm reduziert. Außerdem ist die gegenwärtig noch skandalöse Ausbeutung während der Klinikzeit zu berücksichtigen und die geringen Einnahmen während der Behandlungen unter Supervision.

Gänzlich schwindelig kann es den Ausbildungskandidaten werden, wenn sie für die Jahre des Darbens in der Ausbildung das Gehalt eines angestellten Psychologen gegenrechnen – ganz zu schweigen von Freizeit und Urlauben, die wegen der Wochenendseminare äußerst bescheiden ausfallen. Das alles bedeutet eine enorme psychophysische Belastung, die in keinem Verhältnis zum Honorar während und nach der Ausbildung steht. Die finanzielle Leidensbereitschaft psychoanalytischer Ausbildungskandidaten ist naturgemäß noch deutlich höher, und da man manche Institute nicht unter 500 Stunden Lehranalyse verlässt, erhöhen sich die Kosten und Ausbildungszeiten exorbitant.

Da niedergelassene Psychotherapeuten meist erst rund um das 30. Lebensjahr beginnen, nicht mehr von der Hand in den Mund zu leben, aber gleichzeitig Kosten der Ausbildung und des Praxiserwerbs abzutragen haben, sind sie geneigt, weniger Urlaub zu machen und mehr zu arbeiten, als es ihrer Gesundheit guttut. Zudem müssen sie sich um ihre Altersversorgung ernsthafte Gedanken machen, während Gleichaltrige bereits seit Jahren in die Rentenversicherung oder in andere Sicherungssysteme eingezahlt haben.

Bei 100 Euro je 50 Minuten antragspflichtiger Psychotherapiesitzung, Dokumentations- und Zertifizierungspflichten, Berichten an die Gutachter, kollegialer oder geleiteter (kostenpflichtiger) Supervision, Verwaltung, Abrechnung und Lohnkosten für Reinigung, Büro und Steuerberatung, dürften deutlich weniger als 80 Euro zu versteuerndem Stundenlohn verbleiben. Geradezu lachhafte Honorierungen stehen hohen Berufsidealen und einer ambitiösen Ethik diametral entgegen. Mit zunehmendem Alter, das der ausgebildete Psychotherapeut alsbald erreicht, wächst die Notwendigkeit von Regenerationszeiten und krankheitsbedingten Ausfällen. Es wundert nicht, dass Therapeuten weniger Urlaub machen, über Belastung und Burn-out klagen. Zudem sehen sie Altersarmut entgegen, da es bei geringem Gewinn und einer Ausbildung, die sich über viele Jahre des Arbeitslebens erstreckt, schwierig ist, ausreichend Rentenkassen oder Alternativversorgungen zu bedienen.

1.6 Die Bedeutung der finanziellen Rahmenbedingungen für die therapeutische Beziehung

Welche Auswirkungen hat nun die lange Unselbstständigkeit der Psychotherapeuten, ihr durch Einschränkungen und Verzicht geprägtes Vorleben[3] auf die Behandlungen? Und wie begegnen sie in ihrer Gegenübertragung besonders armen oder umgekehrt wohlhabenden Patienten? Unter Berücksichtigung der vorgestellten Überlegungen trifft ein Patient mit maladaptiven Anpassungs- oder Konfliktschemata auf einen Therapeuten mit maladaptivem Finanzgebaren: Nicht selten sind Patienten von Schwierigkeiten am Arbeitsplatz betroffen, leben in Scheidung, sind alleinerziehend und aus solchen Gründen von erheblichen finanziellen Schwierigkeiten betroffen. Einen durch relative Armut bedrohten Patienten erwarten demnach Profis, die mit nicht geringer Wahrscheinlichkeit ebenfalls relativ bedürftig sind, es aber so genau nicht wissen wollen. Wegen des bei oberflächlicher Betrachtung deutlich höheren Bruttostundensatzes des Therapeuten scheint nämlich ein deutliches Einkommensgefälle zugunsten des Behandlers zu bestehen. Mehr oder weniger unbewusst einigt sich das Patient-Therapeut-Paar auf eine psychische wie finanzielle Überlegenheit des Behandlers gegenüber dem Patienten.

Bei durchschnittlich zu erwartenden Voraussetzungen (also keinem durch Ehe oder Erbschaft wohlhabenden Behandler) ergeben sich drei mögliche Beziehungskonstellationen:
- Der Patient ist reicher als sein Therapeut, mindestens letzterer realisiert diese Situation jedoch nicht (verzerrte Gegenübertragung).
- Der Patient ist gleich arm oder noch ärmer als der Behandler, man einigt sich aber unbewusst auf einen armen Patienten und einen deutlich besser gestellten Behandler (folie à deux, zu Deutsch: Geistesstörung zu zweit).
- Es bestehen unübersehbare Einkommensunterschiede zwischen dem Patienten und dem Behandler mit entweder

---

3 Die finanzielle Lage der Ausbildungskandidaten und damit auch die Aussicht auf Alterssicherung wird sich jedenfalls auch durch das neue Psychotherapieausbildungsreformgesetz nicht wesentlich ändern.

1.6 Die Bedeutung der finanziellen Rahmenbedingungen

einem mehr oder weniger völlig mittellosen Patienten, demgegenüber sich der Behandler in komfortablem Wohlstand erleben darf. Der Patient kann idealisierende Übertragungen (als Abwehr von Feindseligkeiten) entwickeln oder initial oder nach Entidealisierung mit Missgunst und Feindseligkeit auf den Behandler reagieren. Dieser mag sich zunächst narzisstisch geschmeichelt fühlen, wird aber auch das Ende dieser Übertragung mit nachfolgender Missgunst fürchten und schuldhaft erleben.

– einem reichen und daher potentiell mächtigen Patienten (vgl. Cremerius 1984), auf den der Behandler mit idealisierenden oder neidischen, eventuell missgünstigen Gegenübertragungen antwortet, während der Patient Mitleidsreaktionen, Verachtung oder Parentifizierung in der Übertragung erleben kann. Darüber hinaus könnte ein wohlhabender Patient Peinlichkeit empfinden, wenn er von einem deutlich schlechter gestellten Therapeuten behandelt wird, dessen Ausfall- oder Privathonorar erheblich unterhalb des eigenen Stundensatzes liegt. Umgekehrt könnte sich der Behandler wiederum wegen seiner relativen Bedürftigkeit gegenüber dem Patienten schämen, sodass es zu wechselseitig ansteckenden und sich gegenseitig verstärkenden Schamgefühlen kommt, die eine Bearbeitung in der therapeutischen Beziehung behindern (défense à deux, zu Deutsch: Abwehr zu zweit).

Naive Offenlegung der finanziellen Verhältnisse würde in den meisten Fällen auf beiden Seiten zu Scham-Schuld-Reaktionen wegen der damit verbundenen Grenzverletzungen führen. Zudem würde man fast immer den Übertragungskonflikten ausweichen, statt sie für den therapeutischen Prozess zu nutzen.

Praxistipp

Rahmenbedingungen für die Psychotherapie festlegen
Psychotherapie ist in vielerlei Hinsicht keine Einbahnstraße, was wesentlich auch die Pflichten der Patienten betrifft. Das Beibringen der Versichertenkarte zu Beginn eines neuen Quartals oder zu einem ersten Termin, regelmäßiges und pünktliches Erscheinen, rechtzeitige Absagen von Terminen, Bezahlen von Privatliquidationen oder Ausfallhonoraren sind Bestandteil vertragsähnlicher Verpflichtungen. Es empfiehlt sich, bereits vor Beginn eines ersten Gesprächs Patienten entsprechende Formulare ausfüllen und unterschreiben zu lassen, die diese Rahmenbedingungen festschreiben. Doch hier beginnen oft nicht nur die Schwierigkeiten der Patienten mit sogenannten Sekundärtugenden, sondern auch jene ihrer Behandler, nämlich auf ihren Rechten zu bestehen.
Besteht man auf der Begleichung eines Ausfallhonorars oder lässt man sich auf endlose Debatten ein, dass der Patient ja nicht »schuld« sei, weil er selbst oder seine Kinder erkrankt waren, ein Stau in der Innenstadt das Kommen verhinderte, der Arbeitgeber plötzlich einen wichtigen Termin anberaumte, bei dem man nicht fehlen konnte/durfte/wollte, oder ein Wasserrohrbruch die persönliche Anwesenheit erforderte? Hier besteht die Chance, eine wesentliche und für das Leben und die Konflikte des Patienten unbewusst oft wirksame Verwechslung zu klären: Es geht um den Unterschied zwischen Schuld und Verantwortung. Zwar hat der Patient meist wahrscheinlich keinen schuldhaften Anteil an seinem Versäumnis, ist aber doch für den Schaden verantwortlich. An dieser Stelle könnte man also den Unterschied zwischen

Schuld und Verantwortung fruchtbar, wenn auch eventuell schmerzlich und konflikthaft klären: »Liebe Frau X., ich mache Ihnen gar nicht die Erkrankung Ihrer Kinder zum Vorwurf, und ich weiß, dass Sie daran natürlich keine Schuld haben. Dennoch sind Sie für den versäumten Termin verantwortlich. Denn einer von uns beiden muss für den finanziellen Schaden aufkommen, und ich meine, das sind Sie.« Vermutlich wird die Patientin dies nicht sofort einsehen oder akzeptieren, weshalb man darauf aufmerksam machen kann, was in der therapeutischen Beziehung geschieht, wenn man nicht auf dem Ausfallhonorar besteht: »Nehmen wir einmal an, ich würde Ihnen das Honorar erlassen, dann würde zwischen uns ein Gefälle entstehen, das nicht zwei Erwachsenen entspräche, sondern der Beziehung zwischen einem Elternteil und einem Kind. Ich würde sozusagen vermitteln: ›Weil du nichts dafür kannst, musst du auch nicht dafür geradestehen.‹ Ich verstehe, dass die Ausfallhonorarregelung an dieser Stelle für Sie ärgerlich ist, aber hier geht es ja gerade um die Lösung kindlicher Konfliktmuster. Deshalb wäre es ganz verrückt, wenn ich Sie darin unterstützen würde, in diese zurückzufallen. Außerdem würde ich beginnen, mich zu ärgern und weitere Terminversäumnisse von Ihnen zu fürchten beginnen, was der Behandlung ganz abträglich wäre.« Der eventuelle Protest und das Bestehen auf einer infantilen Position könnte im weiteren Verlauf der Behandlung nutzbar gemacht werden.

Ähnlich verhält es sich mit Privatliquidationen oder eben den Rechnungen für versäumte Termine: Übergibt man diese Kostennoten direkt und persönlich, unterstreicht man die Wechselseitigkeit der persönlichen therapeutischen Allianz, statt auf dem Umweg der Postzustellung eine direkte Konfrontation zu vermeiden. Ebenso sollte man auf nicht rechtzeitig beglichene Rechnungen persönlich aufmerksam machen; bei kostenpflichtigen Mahnungen sind auch diese persönlich zu Beginn der Stunde zu überreichen. Allerdings vermeiden viele Kollegen diese Kontakte ängstlich und versäumen so, ihren Patienten die Gelegenheit zu bieten, sich zu emanzipieren.

Schließlich geht es auch um die Höhe der zu vereinbarenden Honorare bei Privatpatienten, Paarberatung oder -therapie, Coaching und Supervision. Gegenwärtig liegt das Honorar bei Privatpatienten unter dem der Kassenpatienten. Begnügt man sich mit dem Steigerungsfaktor 2,3 oder verlangt man das 3,5-fache, also 140,77 Euro? Wie gestaltet man das Honorar für eine Paarberatung angesichts der Kosten einer eventuellen Scheidung? Wenn man Unternehmen berät oder Institutionen supervidiert, wie berechnet man An- und Abreise und die Leistung an sich? Scheut man sich, für 90 Minuten Supervision einen Betrag von zum Beispiel 300,00 Euro einzufordern und auch Fahrtkosten und die Fahrtzeit, innerhalb derer man ja keine Umsätze machen kann, mit in die Kalkulation einzubeziehen? Erlebt man selbst Schuldgefühle und Scham, wenn man einen kalkulatorisch angemessenen Betrag verlangt? Fürchtet man, als geldgierig in der Szene erlebt zu werden? Oder möchte man ein klares und glaubwürdiges Modell bieten für die Fähigkeit, für sich zu sorgen und einzustehen? Tut man das nicht, läuft man Gefahr, als leidensbereiter guter Mensch Ressentiments aufzubauen, die weder einem selbst noch den Beratungsformaten dienlich sind. Für die Bereitschaft, sich konziliant zu zeigen, gibt es ausreichend Gelegenheit bei sozial bedürftigen Patienten und Ausbildungskandidaten. In jedem Fall bietet man ein Modell für Patienten, die meist auch wenig Kompetenzen zeigen, sich finanziell besser zu stellen, oder für Ausbildungskandidaten, die lernen könnten, ihre Interessen besser und wirkungsvoller zu vertreten. Das allerdings setzt einen Therapeuten voraus, der aufzeigen kann, wie weder rücksichtslos noch masochistisch eigene Interessen in Behandlung, Supervision oder Beratungsformaten Eingang finden.

1.7 Übertragungsbeziehung bei reichen Patienten

In aller Regel »einigen« sich Patient und Therapeut auf eine die Initialübertragung fördernde soziale Konvention, die jedoch im Verlauf der Behandlung zu anhaltenden Idealisierungen führen kann: Der Ältere beziehungsweise Stärkere oder Mächtigere hilft dem Jüngeren, Schwächeren, Machtlosen. Sitzt jedoch ein junger Therapeut einem deutlich älteren Patienten gegenüber, so verletzt diese Konstellation vorurteilsbehaftete soziale Vorstellungen. In diesem Fall spricht Radebold (1992) von umgekehrter Übertragung: Der scheinbar Schwächere, Unerfahrenere, in jedem Fall Jüngere und meist daher auch finanziell schwächer Gestellte begegnet einem älteren, erfahreneren, oft eben auch deutlich wohlhabenderen Patienten. Die milde Anfangsidealisierung unterdrückt aufseiten des Patienten vorzeitige Kritik, Verachtung oder Geringschätzung. Empfindet der Patient zudem Mitleid und schont daher seinen Therapeuten, handelt es sich um eine Parentifizierung. Zumeist werden Therapeuten aufkommende Neidgefühle und den Wunsch, vom Wohlstand des Patienten zu profitieren, leugnen – eine Abwehr von entweder Depotenzierungswünschen im Falle von Missgunst oder Übergriffen bei Bereicherungsbestrebungen.

Diese Überlegungen sind von erheblicher praktischer Bedeutung: Unbewusst werden Patienten vermeiden, zum Beispiel ihren Ärger über Korrosionsschäden an ihrer neuen Segelyacht zu äußern, bestimmte Lebensbereiche herunterspielen und eher Gleichheit mit den Verhältnissen des Therapeuten betonen. Umgekehrt werden sich diese weniger nach aufwendigen Urlauben, Einrichtungen oder Gegenständen erkundigen – oder wenn doch, eher mit Entwertungstendenzen: Häufig trifft der Lebensstil reicher Patienten in Supervisionen auf anscheinend fachlich begründete Kritik, etwa dass innere Leere durch Konsum und Luxus abgewehrt wird. Das mag durchaus so sein, als Supervisor meine ich dabei jedoch gelegentlich eine gewisse Erleichterung der Kollegen zu verspüren, die natürlich ausbliebe, würde man unterstellen, dass der Patient und seine Angehörigen das Leben in vollen Zügen genießen. Ist aber die finanzielle Überlegenheit des Patienten nicht zu leugnen, können sich Therapeuten in diverse Abwehrmanöver flüchten:

- zum Beispiel in Saure-Trauben-Reaktionen nach dem Motto, »reich, aber unglücklich möchte ich nicht sein« oder
- in masochistische Selbstüberhöhungen, etwa »Bescheidenheit ist eine Tugend«;
- Reichtum kann als soziale Ungerechtigkeit entwertet werden, wodurch latente Feindseligkeit gegenüber dem Patienten entsteht.

Die vorgenannten Abwehroperationen verdecken die sozial besonders unerwünschten Gefühle von Neid oder Missgunst. In den meisten Fällen hat der Behandler angesichts der sozialen Vergleichssituation mit Schamgefühlen zu kämpfen, die er sich häufig nicht eingesteht und durch Entwertung des Patienten oder Idealisierung der eigenen Person, der eigenen Wertmaßstäbe oder Lage ins Gegenteil verkehrt. Persönlich förderlich hingegen wäre milde Rivalität: Der Neid des Behandlers würde ihn motivieren, ebenfalls finanziell besser dazustehen und seine Verdienstmöglichkeiten zu optimieren. Doch diese Beweggründe liegen abseits der Behandlung und werden allzu leicht zum Hindernis bei der Analyse der Gegenübertragung.Die Begegnung mit sehr wohlhabenden Patienten kann einen sehr leicht in eine schwierige Gegenübertragung versetzen. Wenn sich der Reichtum des Patienten plötzlich herausstellt, läuft man Gefahr, ebenso plötzlich mit einem Strauß unterschiedlicher Affekte konfrontiert zu sein: Offenbar verdient der Patient sein Geld mit weniger Anstrengung, verfügt über erhebliche Mittel, die Realität zu seinen Gunsten zu beeinflussen oder auch andere (inklusive den Therapeuten) zu manipulieren. Diese Möglichkeit muss der Patient gar nicht strategisch oder willentlich einsetzen; einzig die Erkenntnis, dass er über erhebliche Mittel verfügt, genügt bereits, um eine soziale Sonderstellung einzunehmen. Das jedoch weiß der Patient und es weiß sein Behandler. Und beide wissen, dass es beide wissen.

Praxistipp

Analyse der Gegenübertragung
Die Analyse der Gegenübertragung kann sehr unterschiedliche, teils gleichzeitig auftretende Affekte aufzeigen:
- Man hat das Gefühl, der Boden ginge unter einem weg (das klassische Fahrstuhlgefühl nach unten): War man gerade noch sicher in seiner Rolle, einen neuen Patienten zu begrüßen und professionell ein Gespräch zu eröffnen, so ist diese komfortable Souveränität mit einem Mal einem Gefühl der Verunsicherung gewichen: Der kann an vielen Stellen viel mehr als ich, ist mächtiger, mir finanziell weit überlegen und verdient sein Geld mit viel größerer Leichtigkeit oder ist als Erbe ohnehin von vielen meiner Alltagssorgen befreit.
- Ein Gefühl der Inferiorität kann sich bemerkbar machen: Man fühlt sich irgendwie kleiner, jünger (unabhängig von der Alterskonstellation) und unterlegen.
- Man möchte eventuell rasch seine professionelle Sicherheit wiederherstellen oder gar dem Patienten gegenüber unter Beweis stellen.
- Man ärgert sich über das eigene Honorar, das einem lächerlich gering vorkommt, besonders wenn der Patient gesetzlich versichert ist. Bei Privatpatienten könnte man über einen höheren Steigerungsfaktor nachdenken.
- Man versucht, sich die Situation schönzureden, indem man oben aufgeführte Abwehrmanöver vollzieht, etwa »Geld macht nicht glücklich« oder man selbst wähnt sich auf der politisch korrekten Seite.
- Man findet den Reichtum des Patienten ungerecht angesichts von Armut und Hunger auf der Welt.

Es empfiehlt sich, die in meinem Buch »Der authentische Psychotherapeut – Band I« (Hilgers 2018) beschriebene Haltung des Mr. Spock einzunehmen: Man könnte das eigene spontan einsetzende emotionale Erleben interessant, nämlich »faszinierend« finden, was dabei helfen könnte, statt in Abwehr, Entwertung oder Inferioritätsgefühlen unterzugehen, sich diese Gefühle als Phänomen bewusst zu machen (vgl. auch Habibi-Kohlen 2019).
Die Analyse der Gegenübertragung kann so auf direktem Wege zum besseren Verständnis der therapeutischen Beziehung beitragen:
- Induziert der Patient bei mir Gefühle von Neid oder Missgunst? Um mich zu dominieren?
- Oder fürchtet er umgekehrt gerade Neid und Missgunst? Beides?

1.7 Übertragungsbeziehung bei reichen Patienten

- Fühle ich mich klein oder könnte es sich um ein abgewehrtes Gefühl des Patienten handeln?
- Wer fühlt demnach worüber eventuell Neid und Missgunst?
- Versetzt mich der Patient in eine Lage, die ihn Mitleid fühlen lässt? Wozu?
- Was geschieht eigentlich, wenn ich alle Versuche gegenzuagieren unterlasse? Was, wenn ich also die Haltung freundlichen Staunens aufrechterhalte und mich in die Welt eines eventuell sehr reichen Menschen versetze?
- Ist es wirklich so, dass die innere Welt des Patienten leer ist, oder ist es nur mein Konto?

Während meiner Ausbildung zum Psychoanalytiker suchte mich ein mir völlig unbekannter, jedoch in der Region prominenter Baulöwe auf, der zudem einen – mir ebenfalls zunächst nicht bekannten – zweifelhaften Ruf genoss. Von Anfang an stellte sich eine anhaltende umgekehrte Übertragung (Radebold 1992) ein: Der Patient war deutlich älter als ich und verfügte über ein beträchtliches Vermögen, das mir angesichts meiner alle Gelder verschlingenden Ausbildung als geradezu paradiesisch erschien. Unter den Ausbildungskandidaten war das Thema Geld weitgehend Tabu und seine Thematisierung gegenüber den Lehranalytikern ein Sakrileg.

Recht bald verzögerten sich die Überweisungen des privat versicherten Patienten. Darauf angesprochen winkte er müde ab und erschien nun regelmäßig – je nach Rechnungsbetrag – mit einem 500- oder 1000-Mark-Schein. Ich war jeweils völlig überfordert, größere Geldbeträge herauszugeben, oder besaß nicht ausreichend Wechselgeld (was mir wie ein weiterer beschämender Beleg meiner prekären Finanzsituation vorkam). Mein Patient reagierte »großzügig« mit den Worten »Ach, stimmt so« oder wenn es um größere Summen ging, ich könne das ja schon mal behalten.

Mein Supervisor riet mir, auf einer Barzahlung mit abgezähltem Geld zu bestehen – nicht jedoch die mehr oder weniger offene Entwertung anzusprechen. Wenn ich den Patienten zur nahe gelegenen Bank schickte, damit er passendes Geld beschaffte, ließ er mich fühlen, wie klein-klein mein diesbezügliches Verhalten sei. Noch kleinkrämerischer kam ich mir vor (sozusagen in den Augen des Patienten und mit diesem identifiziert), wenn ich auf Heller und Pfennig herauszugeben trachtete oder auf genau auf den Pfennig abgezähltem Geld bestand. Ich erntete mitleidiges Lächeln und joviale Angebote großzügigen Sponsorentums. Formal wies ich diese Bestechungsversuche zurück, inhaltlich gelang mir aber keine Thematisierung der Entwertungen meiner Person, der Etablierung von Machtverhältnissen und der Demonstration von Reichtum gegenüber meiner schambesetzten Bedürftigkeit. Es gelang mir nicht, mir meine beschämenden Kleinheitsgefühle einzugestehen und den Neid auf den reichen Patienten angesichts meiner eigenen prekären Lage zu realisieren. Wegen des Fehlens aggressiver Bestrebungen in der Gegenübertragung (aus Furcht vor Neid, Scham, Feindseligkeit) standen mir Konfrontation, Nachfragen und Klarifikation nicht zur Verfügung, besonders als sich gleichzeitig destruktive Auseinandersetzungen mit der Lebensgefährtin des Patienten ankündigten. Andeutungen des Patienten auf geschäftliche Schwierigkeiten ignorierte ich. Weil ich die Demütigungen und Korrumpierungsversuche in der therapeutischen Beziehung nicht realisierte und ansprach, übersah ich auch parallele Verhaltensweisen in den außertherapeutischen Beziehungen. Namentlich in der Partnerschaft kam es zu erheblichen, auch gewalttätigen Auseinandersetzungen.

Viel zu spät wurde mir betrügerisches Geschäftsgebaren des Patienten klar, weswegen er schließlich aufflog. Am Ende flüchteten sich Patient und Partnerin ins Ausland, um ihren Gläubigern zu entkommen, und traten bei Scientology ein.

Die Behandlung scheiterte, weil ich
- meine mir unakzeptabel erscheinenden Gegenübertragungen leugnete: Meine Scham über meine mir im Vergleich zu dem Patienten armselige Lage verhinderte das Eingeständnis von Neid und Ärger;
- daher nicht über aggressive Konfrontationsstrategien verfügte;
- die innertherapeutische entwertend-aggressive Beziehungsgestaltung des Patienten nicht angemessen realisierte und nicht thematisierte;
- demzufolge parallele destruktive außertherapeutische Entwicklungen übersah oder in ihrer Schwere nicht erkannte.

Ich bezahlte diese Fehler mit einer scheiternden Behandlung und einem Verlust von 1500 Mark plus Anwaltskosten.

Im Allgemeinen dürfte die psychotherapeutische Behandlung eines Topmanagers oder seiner Angehörigen, die über Jahreseinkommen von über 1 Million Euro oder deutlich mehr verfügen, von vorneherein auf große Schwierigkeiten stoßen, wenn der Behandler nicht ebenfalls über Vermögen verfügt.

Erstens sind die Einkommensunterschiede zwischen Behandler und Patient so gravierend, dass beide vor nahezu unauflösbaren Problemen stehen, die eine Aufnahme eines Vertrauensverhältnisses – Voraussetzung jeder Psychotherapie – erschweren oder unmöglich machen: Der Patient fürchtet zurecht Neid und Missgunst des Therapeuten ebenso wie Verurteilungen angesichts gesellschaftlicher Umverteilungsprozesse und Ungerechtigkeiten (vgl. zum Neid der Psychotherapeuten den ironischen Aufsatz von Sachsse 2005). Der Behandler ist zudem mit Moralismen beschäftigt, die die Aufnahme einer sachbezogenen Behandlung behindern. Der Verlust der technischen Neutralität droht besonders dann, wenn sehr unterschiedliche Werthaltungen aufeinandertreffen oder negative Gegenübertragungen bestimmend werden. Neutralität ist außerdem durch soziale Instabilität und gesellschaftliche Umbrüche infrage gestellt (Kernberg 2000, S. 203f.), die man in Deutschland (und zahlreichen anderen europäischen Ländern) angesichts der gewaltigen Umverteilungsprozesse, der Verarmung großer Bevölkerungsteile und des immensen Reichtums Weniger durchaus feststellen kann.

Zweitens vermischen sich persönliche Konflikte, Haltungen, Werte und Stile des Patienten unweigerlich mit jenen gesellschaftlichen Verwerfungen, die die öffentliche Debatte bestimmen: Beständig steht die persönliche Verantwortung des Patienten zur Debatte, nämlich inwieweit er Entlassungen, Betriebsverlagerungen, Eintreten der öffentlichen Hand für Fehlentscheidungen oder Spekulationen zu vertreten hat. Daran schließt sich die zwangsläufige und urtherapeutische Frage an, inwiefern das berufliche Verhalten oder die persönlichen Werthaltungen mit den zur Behandlung führenden Konflikten korrespondieren (oder in der Übertragungsbeziehung zum Ausdruck kommen). Unweigerlich wird man entweder die soziale Situation des Patienten und seine Verantwortung als Mitglied der Zivilgesellschaft thematisieren müssen oder beides gemeinsam tabuisieren.

Drittens sind es Personen dieser Oberschichteinkommensgruppe gewohnt, nicht sich selbst, sondern die sie umgebenden Umstände zu verändern oder zu manipulieren (Cremerius 1987). Sie begeben sich daher kaum je in psychotherapeutische, allenfalls in psychiatrische Behandlung.

Analoges gilt für die Angehörigen reicher und mächtiger Personen, die direkte oder indirekte Nutznießer sind. Patient oder Angehörige stehen mithin auch in der psychotherapeutischen Situation am Pranger einer moralistischen öffentlichen Kritik, der sich der Behandler kaum zu entziehen vermag. Das verletzte öffentliche Gerechtigkeitsempfinden lässt sich in der therapeutischen Beziehung kaum suspendieren. Denn ähnlich wie bei religiösen oder politischen Grundeinstellungen lassen sich Werte nicht diskutieren – allenfalls kann man untersuchen, welche Ergebnisse sie zeitigen.

Werden wechselseitig Werte, die mit Schichtzugehörigkeiten korrelieren, verletzt, so folgen daraus über kurz oder lang Ressentiments auf beiden Seiten. Hingegen kämen Veränderungsbestrebungen des Therapeuten hinsichtlich der Werte seines reichen und mächtigen Patienten ohne entsprechenden Therapieauftrag einem Übergriff gleich.

1.8 Übertragungsbeziehung bei prominenten Patienten

Auch prominente Patienten können einen Therapeuten leicht aus der gewohnten professionellen Haltung bringen, lösen aber teilweise andere Gegenübertragungsgefühle aus als wohlhabende. Bereits im Vorfeld eines ersten Kontakts können sich starke Gegenübertragungsreaktionen bemerkbar machen, die sich von jenen gegenüber einem »normalen« Erstkontakt unterscheiden. Weiß man nämlich bereits, dass man einen »berühmten« Patienten sehen wird, kann dies besondere Neugierde, Aufmerksamkeit oder die Lust auslösen, mal eben im Internet über ihn zu recherchieren. Die Übertragungs-Gegenübertragungs-Beziehung beginnt dann bereits viel deutlicher und früher, obgleich noch gar kein persönlicher Kontakt stattgefunden hat.

Prominente Patienten (etwa Sportler, Politiker, Künstler, Musiker, Schauspieler) können zwar auch Gegenübertragungen wie bei wohlhabenden Patienten auslösen. Es gibt aber eine Reihe von Besonderheiten, die den Narzissmus betreffen:
- Man kann sich geschmeichelt fühlen, dass der Patient gerade diese Praxis und nicht eine andere ausgesucht zu haben scheint (was bereits eine krasse Täuschung sein kann, weil zum Beispiel der Patient die Praxis wählte, die gerade einen Termin frei hatte).
- Man kann sich Fantasien hingeben, eine »Promipraxis« zu haben und sich so von Kollegen, die lediglich »normale« Patienten behandeln, zu unterscheiden.
- Man kann sich im Glanz des Prominenten sonnen und so quasi etwas von der Berühmtheit auf sich abzweigen.
- Man kann sich dem Gefühl hingeben, am Leben der Prominenten teilzuhaben, indirekt mit im Rampenlicht zu stehen oder gar den Erfolg des Patienten durch eigenes großartiges Können mitzubedingen.
- Man kann fantasieren, wie der Patient mit anderen Prominenten über einen spricht und man so einen Namen in den entsprechenden Kreisen erhält.

Kurz: Der Prominente scheint vom eigenen Durchschnittsleben zu befreien und ganz neue aufregende Perspektiven zu bieten. Damit läuft man Gefahr, sein narzisstisches Gleichgewicht aufzupolieren oder depressiven Tendenzen entgegenzuwirken. Die Verlockung besteht in jenem Glanz und Glimmer, den man andererseits eventuell wiederum verurteilt, aber dennoch reizvoll findet.

> **Praxistipp**
>
> **Der prominente Patient**
> Die Analyse der Gegenübertragung in der Therapie mit prominenten Patienten mag eine Reihe wichtiger Hinweise ergeben:
> - Inwieweit korrespondiert die eigene narzisstische Bedürftigkeit mit jener des Patienten?
> - Wehrt der Patient seine Kränkung über die Notwendigkeit einer Behandlung durch seinen »Auftritt« beim Therapeuten ab?
> - Liefert der Behandler den »Glanz in den Augen der Mutter« (Kohut 1971), den der Patient in Wahrheit nie erlebte?
> - Wenn man sich wie in einer »normalen« Behandlung verhält und fühlt, was geschieht dann mit Therapeut und Patient? Treffen einen Entwertungen des Patienten oder fürchtet man diese? Sind diese Entwertungen eigene, die Ressentiments gegenüber der Welt der Prominenten beinhalten, oder jene des Patienten, der sich damit stabilisiert? Beides?

1.9 Übertragungsbeziehung bei armen Patienten

In den letzten Jahrzehnten hat die Nutzung von Psychotherapie in breiten Bevölkerungskreisen einen selbstverständlicheren Charakter bekommen. Gleichzeitig wächst die Schere zwischen armen und reichen, gebildeten und bildungsfernen Bevölkerungsschichten. Damit droht eine erneute Entfremdung vom selbstverständlichen Zugang zur Psychotherapie und der Nutzung von Psychotherapie von Bevölkerungsschichten, die von der sozialpolitischen Entwicklung abgekoppelt sind. Das Auseinanderdriften gesellschaftlicher Klassen und die Entstehung von Parallelgesellschaften mit je eigenen Wertvorstellungen könnte dem alten Vorwurf gegenüber Psychotherapie, sie sei mittelschichtsorientiert, neue Bedeutung verleihen. Verantwortlich für diese Entwicklung ist jedoch nicht etwa die mittelschichtorientierte Psychotherapie, sondern das sozialpolitische Klima der Ausgrenzung durch marktkapitalistische Zentrifugalkräfte (Marcuse 1973).

Scheinbar sehr anders verhält es sich bei finanziell sehr schlecht gestellten Patienten, die unter den Armutsbegriff fallen. Alleinerziehende, meist Mütter, Arbeitslose, Bildungsschwache oder Behinderte können Rettungs- und Heilsfantasien wecken, die natürlich ebenfalls ihren Ursprung in schlummernden narzisstischen Bedürfnissen des Behandlers haben. Doch anders als bei sehr wohlhabenden oder prominenten Patienten kann man sich hier (endlich!) überlegen und ausgestattet mit zahlreichen Privilegien fühlen:
- Fühlt man sich zu konkreten Hilfestellungen berufen, ist man geneigt, dem Patienten einen kleinen Gefallen zu tun, der einem selbst so leichtfällt (und daher einen selbst oder den Patienten beeindruckt)?

- Wird man großzügiger bei Ausfallhonorarregelungen, Terminvereinbarungen, Zeitüberschreitungen?
- Möchte man am liebsten den Patienten bei Ämtergängen unterstützen oder stellt man gerne Bescheinigungen aus?
- Gibt man im übertragenen Sinne Almosen?
- Findet man den Patienten nicht nur im finanziellen Sinne arm, sondern auch bedauernswert (»Der Arme!«)?

Praxistipp

Der »arme« Patient
Die Analyse der Gegenübertragung bei Therapien mit »armen« Patienten gibt wichtige Hinweise über die unbewusste Dynamik der therapeutischen Beziehung:
- Verharrt der Patient in seiner Position des »Armen«, so mag das Handlungsimpulse wecken, die komplementär die Bedürftigkeit des Patienten fördern, seine Eigenständigkeit behindern, dafür aber (zunächst) Dankbarkeit und Bewunderung des Patienten evozieren (was sich natürlich alsbald rächt).
- Unterstützt man die orale Bedürftigkeit und latente aggressive Anspruchlichkeit des Patienten, deren Vorwurfsseite man einstweilen abwehrt, indem man vordergründig Hilfen anbietet?
- Wehrt man eigene aggressive Impulse ab, indem man per Reaktionsbildung besonders verständnisvoll reagiert?
- Was geschähe, wenn man sich wie bei anderen Patienten neutraler verhielte?
- Könnten erhebliche Konflikte über Gerechtigkeit, Ressentiments und Vorwürfe ausbrechen, wenn man die Bedürftigkeit des Patienten zwar zur Kenntnis nähme, ihr aber nicht eilfertig nachkäme?
- Würde man Schuldgefühle über die eigene bessere gesellschaftliche Position erleben oder Scham, dass unsere Gesellschaft derartige Ungerechtigkeiten zulässt und man selbst quasi als Vertreter dieser Gesellschaft (der Realität) dasteht, auch wenn man mit der Sozialpolitik nicht konform geht?

1.10 Übertragungsbeziehung bei Patienten aus der Unterschicht

In der Bundesrepublik waren nach Angaben des statistischen Bundesamts im boomenden Jahr 2017 19 % der Bevölkerung oder 15,5 Millionen von Armut oder sozialer Ausgrenzung bedroht (zum Vergleich: in der EU sind es 22,5 %). Ähnlich wie bei Angehörigen der reichen und mächtigen Oberschicht laufen Behandler Gefahr, durch teils unbewusste Gegenübertragungsreaktionen Behandlungsziele und Patienten aus den Augen zu verlieren.

Typische Gegenübertragungsreaktionen gegenüber Unterschichtsangehörigen sind:
- Naive Idealisierung: Der Behandler identifiziert sich vorschnell und unter Leugnung destruktiver Sozialisationsschäden mit dem Patienten, übersieht dabei dessen Täterdasein zugunsten einer romantisierten Opferstilisierung.

Unter Vernachlässigung systemischer Gesichtspunkte wird das Umfeld, besonders die Familie und Minderjährige, nicht ausreichend berücksichtigt; eventuelle Verwahrlosung, Übergriffe und Feindseligkeiten gegenüber Minderjährigen und Schwachen können übersehen werden.

- Abwehr von Ohnmacht: Der Behandler erträgt die wenig aussichtsreiche, verzweifelte oder verelendete Lage seines Patienten nicht und macht diesem seine Situation latent oder manifest zum Vorwurf. Auf diese Weise werden identifikatorische Ohnmachtsempfindungen abgewehrt, indem der Patient »selbst schuld« ist.
- Faszination von Entgrenzung, Gewalt und sozialer Randlage: Der bürgerliche Therapeut fühlt sich von der so ganz anderen Situation seines Patienten angezogen, wünscht sich insgeheim mehr Abwechslung, Kicks und »sensations« fürs eigene Dasein, die er beim Patienten zu Recht oder Unrecht vermutet:
  - Der ängstliche, überangepasste Therapeut erfüllt sich aus sicherer Distanz romantische Sehnsüchte nach einem wilden Leben, während der Patient wegen struktureller Mängel Gewaltbereitschaft und Grenzüberschreitungen zeigt. Eventuell kompensiert der Patient auch Leere und Langeweile (die der Therapeut bei ihm nicht sehen kann) und bedient aus der sicheren Distanz unerfüllte Sehnsüchte und romantische Vorstellungen des Behandlers. Speziell im forensischen Bereich machen Therapeuten gelegentlich fälschlich sozialrevolutionäre Tendenzen, die sie sich selbst nicht zu leben getrauen, beim Patienten aus und stilisieren diesen in die Revoluzzerposition.
  - Der narzisstisch-leere Therapeut ist fasziniert von der Fülle der Ereignisse bei entgrenzten Patienten und füllt eigene Leere durch Rettungsfantasien, identifiziert sich mit dem Patienten, der sich nichts gefallen zu lassen scheint und Revanche übt.
- Ekel und Abscheu: Angesichts von Verwahrlosung, Gewalt, Fäkalsprache, ordinärem, lautem oder distanzlosem Gebaren kann umgekehrt Ekel, Abscheu und Verachtung in der Gegenübertragung eine angemessene Herangehensweise unmöglich machen.
- Narzisstische Selbstüberhöhung: Schließlich können verarmte und verwahrloste Patienten gerade die narzisstische Bedürftigkeit ihrer Behandler stimulieren und durch ihr psychosoziales Scheitern die scheinbare Großartigkeit, den beruflichen Erfolg und die demgegenüber relative finanzielle Größe ihrer Behandler spiegeln. Der Patient dient dann in seiner Armseligkeit in den Augen seines Therapeuten als narzisstische Aufwertung, darf also auch niemals seine elende Position qua Therapieerfolg verlassen, da dies dem Behandler die narzisstische Selbstbestätigung entzöge. Der demzufolge ausbleibende Therapieerfolg stellt ironischerweise jedoch ebenfalls die narzisstische Größe des Therapeuten infrage, was dieser nur durch Entwertung des Patienten abwehren kann. Es kann somit zu einer ständigen Verschlechterung des Zustands kommen – wiederum Bestätigung für den Behandler in seiner Größe, der selbst schwierigste aussichtslose Fälle selbstlos (im Gegensatz zu seinen Kollegen) geduldig behandelt und zugleich mit Verachtung auf beide, Kollegen und Patient, schaut.

1.10 Übertragungsbeziehung bei Patienten aus der Unterschicht

- Scham- und Schuldgefühle in der Gegenübertragung: Der Behandler fürchtet den Blick des Patienten auf den eigenen relativen Wohlstand, schämt sich seiner kleinen Bedürfnisbefriedigungen, die auch im Behandlungszimmer oder angesichts von Kleidung, Schmuck oder Auto des Therapeuten sichtbar werden. Er empfindet Schuldgefühle gegenüber dem Patienten und versucht, diese durch die Rolle des »goodguys« zu kompensieren bzw. befürchtete Vorwürfe des Patienten zu vermeiden. Übermäßige Konzilianz in Kernproblembereichen des Patienten (z. B. bei Zuspätkommen, Nicht-Erscheinen, Nicht-Bezahlen der Sitzung im Falle des Ausfalls) in der Folge führt zur Vermeidung von potentiell förderlichen Konflikten.
- Erlösungsideen: Besonders im stationären psychiatrischen oder forensischen Bereich kommt es oft zu einer Identifikation mit einem Hoffnungsträger bei den vielen scheinbar hoffnungslosen Patienten. Diese Erlösungsidee wird genährt durch frustrierende Alltagserfahrungen mit zahlreichen Drehtür- oder Langzeitpatienten einerseits wie die eigenen sich ständig verschlechternden Arbeitsbedingungen andererseits.

> Ein Team einer psychiatrischen Klinik, gebeutelt von Qualitätsmanagement, Dokumentationszwängen und Zertifizierungswahn, unter dem Druck des Medizinischen Dienstes der Krankenkassen, Personalkürzungen und Ärztemangel trifft auf einen Patienten mit Burnout-Syndrom, der als Banker seinen Kunden zweifelhafte Anlagen verkaufen muss, um nicht seinen Job zu verlieren. Es liegt nun nahe, dass sich das Team rasch mit dem Patienten solidarisiert – in der fälschlichen Annahme, man teile das gleiche Schicksal. Eigene Befindlichkeiten verstellen den nüchternen Blick auf den Patienten, den Auftrag, die Ziele und die therapeutische Beziehung. Denn während das Team dem Patienten scheinbar mit großem Mitgefühl begegnet, scheint der Patient Feindseligkeiten zu hegen, weil er insgeheim der Auffassung ist, Psychotherapie sei Firlefanz und in Wirklichkeit leide er an einer unerkannten somatischen Krankheit. Derweil träumt das Team von einem beruflichen Neuanfang des Patienten als selbständiger Finanzberater, was dieser gar nicht anstrebt.

Teams psychiatrischer Einrichtungen zeigen sich häufig bedürftig, wenigstens einen einzigen Patienten vorzufinden, mit dem man sich hinsichtlich der Ziele, Vorgaben und günstiger Prognosen identifizieren kann: Weil immer mehr sozial gescheiterte, an den Rand der Gesellschaft gespülte Personen, Dissoziale und Polytoxikomane Aufnahme finden und die Psychiatrie so zum Auffangbecken der Ellbogengesellschaft mutiert, werden Berufserfolgswünsche frustriert, und es wächst das Bedürfnis nach Erlösung durch einzelne »Erfolgspatienten«. Gegenübertragungen korrespondieren demzufolge umso mehr mit der persönlich geteilten öffentlichen Befindlichkeit: Ressentiments bestimmen das Erleben des Politischen wie des Privaten.

1.11 Fazit

Entscheidend für die therapeutische Beziehung wie den Therapieerfolg ist, ob und wie mit der Abhängigkeit der therapeutischen Beziehung vom gesellschaftlichen und sozialpolitischen Status des Patienten, des Therapeuten oder der Gruppe umgegangen wird. Denn das gehört zur therapeutischen Basiskompetenz aller etablierten Therapieverfahren – oder sollte es zumindest. Dennoch bleiben die gesellschaftspolitischen Rahmenbedingungen von Psychotherapie sowohl der Patienten wie der Therapeuten häufig außer Acht.

Die Hürde zu einer ambulanten aufdeckenden oder verhaltenssteuernden Psychotherapie nehmen meist nur jene, die den Psychotherapeuten und ihrer Schicht potentiell ähnlich sind. Wir behandeln Menschen, von denen wir annehmen, dass sie uns ähneln oder wenigstens potentiell ähneln könnten und die sich daher auch unseren Lebens- und Sozialstandards angleichen könnten oder sollten. Wobei diese Gegenübertragungsprozesse weitgehend unbewusst bleiben. Menschen aus anderen sozialen, kulturellen oder Bildungshintergründen sind und bleiben uns oft fremd. Ohne es genau zu reflektieren, behandeln wir sie nur zu oft mit dem Ziel der Werteangleichung an westeuropäische Mittelschichtsnormen. Das kommt jedoch einem unbewussten Übergriff gleich. Dass sich die Zentrifugalkräfte der Gesellschaft (Marcuse 1973) fatal auf unsere Patienten auswirken, haben nicht wir oder wir lediglich als Souverän zu verantworten. Ebenso wenig dass auch wir von diesen Kräften betroffen sind. Ob wir jedoch diese Entwicklung kritisch reflektieren, uns ihr entgegenstellen und sie mit einer Modifikation unserer Angebote beantworten, liegt allerdings in unserer Verantwortung. Dies bedeutet zugleich klarzustellen, dass selbst modifizierte Therapieverfahren an den Folgen von Untersozialisation, Traumatisierungen durch soziales Elend, Desintegration und Verwahrlosung durch die Bildungsmisere scheitern müssen. Für die fatalen Konsequenzen verfehlter Sozialpolitik gibt es keine Psychotherapie. Dies in das Bewusstsein der öffentlichen Meinung zu transportieren, würde dem Anspruch gerecht, mit dem die Psychoanalyse einstmals aufbrach, nämlich auch Gesellschafts- und Kulturkritik zu sein.

2 Der Bericht zum Antrag des Patienten – oder schreiben Sie doch, was Sie wollen

2.1 Keine Angst vor Bericht und Gutachter

Mit Wirkung vom 01.04.2017 wurde das Antragsverfahren für Psychotherapie erheblich erleichtert und die Anforderungen an den Bericht an den Gutachter deutlich abgespeckt.[4] Dennoch besteht weiterhin eine verbreitete irrationale Angst vor dem häufig so bezeichneten »Gutachten«. Doch tatsächlich handelt es sich lediglich um einen mehr oder weniger schnöden Bericht. Demgegenüber ist ein Gutachten eine wissenschaftliche Arbeit, die umfangreiche Untersuchungen, Interviews, Würdigung von Vorbefunden, Testungen, eventuell ein Aktenstudium und eine genaue Prüfung von Fragestellungen und Auftraggeber voraussetzt. Nach Fertigstellung des Gutachtens ist unter Umständen damit zu rechnen, dieses in der Öffentlichkeit, vor Gericht oder Auftraggeber erläutern und verteidigen zu müssen, wozu auch die Auseinandersetzung mit einem eventuellen Gegengutachter gehören kann.

> **Der Gutachter als selbsternannter Supervisor**
>
> Als Gutachter im Rahmen der sogenannten Richtlinienpsychotherapie ist man gehalten, eine inhaltsbezogene Stellungnahme abzugeben, die sehr oft lediglich formal erfolgt, zum Beispiel: »Es wird eine behandlungsbedürftige Störung im Sinne der Richtlinien geschildert. Indikation erscheint sinnvoll, Prognose ausreichend günstig.« Manche Kollegen zeigen sich darüber enttäuscht, da sie sich »doch so viel Mühe mit ihrem ›Gutachten‹ gegeben« haben. Andererseits werden weitergehende Äußerungen des Gutachters häufig als Übergriff im Sinne einer ungefragten und unerwünschten Supervision empfunden.
> Tatsächlich gab es vor dem 01.04.2017 nur sehr wenige Richtliniengutachter, die ihre Tätigkeit gelegentlich offenbar als besondere Auszeichnung erlebten und sich mitunter herablassend und belehrend äußerten. Das führte zu heftigen Affekten aufseiten der Berichterstatter, was sich bei eventuellen Widerspruchsverfahren keineswegs als hilfreich erwies.
> Aufseiten der Gutachter entsteht das Dilemma, weder durch eigene theoretische Orientierungen dem Behandler reinreden zu dürfen, solange die Orientierung des Berichterstatters wissenschaftlichen Kriterien und den anerkannten Verfahren entspricht. Doch während

---

[4] Der zur Drucklegung dieses Buchs beschlossene Wegfall der Gutachterpflicht als Vorabwirtschaftlichkeitsprüfung ist keineswegs nur Grund zur Freude: Bisher schützte das Verfahren vor nachträglichen finanziell viel gefährlicheren Prüfungen durch den Medizinischen Dienst der Krankenversicherung (MDK).

des Lesens entstehen natürlich unvermeidlich eigene Vorstellungen vom Patienten, Behandler, sozialen Umfeld, möglicherweise auch der therapeutischen Beziehung und ihren Schwierigkeiten und Konflikten. Sich hierzu jeder Äußerung zu enthalten, um nur ja nicht als notorisch-arroganter Besserwisser zu erscheinen, ist genauso abwegig, wie onkelhafte Belehrungen mit Supervisions- oder verspätetem Ausbildungscharakter. Nichts spricht aber gegen freundliche Hinweise auf eigene Einfälle oder mögliche Alternativen zum Vorgehen oder zur Indikation (etwa Einzel- versus Gruppensetting bei einer eventuellen Verlängerung).

Sehr anders verhält es sich jedoch, wenn der Gutachter schwerwiegende Bedenken hat und Behandlungsleitlinien eklatant verletzt werden (siehe Beispiele 1 und 2 in Kap. 2.2).

Nichts von alledem trifft auf den Bericht an den Gutachter zu. Tatsächlich handelt es sich um einen sozialrechtlichen Verwaltungsvorgang. Im Bericht an den Gutachter sind mehr oder weniger frei und nach Orientierung des Behandlers lediglich eine Reihe von Punkten des Formblatts PTV 3 abzuhandeln. Das Formblatt PTV 3 (eher eine Art Kartonblatt) gibt lediglich Hinweise auf Struktur und Inhalt der abzuhandelnden Fragen. Der berichtende Therapeut kann, muss sich aber nicht zwanghaft an den aufgelisteten Punkten orientieren und ist insofern frei in seiner Darstellung. Lediglich biografische Angaben, Psychodynamik beziehungsweise Verhaltensanalyse, Diagnose, Prognose und Angaben zur Struktur des Patienten sind bindend – nicht jedoch die Abarbeitung aller gegebenen Stichwörter. Diese sind eher als Hilfestellung oder Anregung gedacht.

Vielleicht weckt auch diese relative Freiheit der Darstellung Ängste und Hemmungen, zumal der Bericht an eine unbekannte Person ergeht, deren Anonymität gegenüber dem Therapeuten erst durch ihre anschließende Stellungnahme aufgehoben wird. Schreibhemmungen und diverse Ängste nähren sich im Wesentlichen aus drei Motiven:

- Der Bericht wird – wie geschildert – als Gutachten verkannt. Diese irrationale Überhöhung führt zu Schreibhemmungen, Perfektionismus mit unangemessenem Zeitaufwand als Bewältigungsstrategie gegenüber Befürchtungen vor Ablehnung und Kritik. Andererseits macht sich der berichterstattende Therapeut selbst zum Verfasser eines Gutachtens und wehrt so die Tatsache ab, dass sein Bericht begutachtet wird – oder er selbst, wie die oft gekränkten Reaktionen zeigen.
(Diesen Hinweis verdanke ich Monika Huff-Müller in einer persönlichen Mitteilung 2019.)
- Gefürchtet werden Bewertungen des Gutachters, die den Bericht erstattenden Behandler in eine infantile Position des Schülers oder Bittstellers zu versetzen imstande sind (siehe Kasten »Der Gutachter als selbsternannter Supervisor«). Allerdings vermag auch eine simple Befürwortung Verletzungen auszulösen, etwa: »Da habe ich mir solche Mühe gegeben und der Gutachter antwortet einfach nur formal«.
(Auch diesen Hinweis verdanke ich Monika Huff-Müller.)
- Obgleich es sich um einen sozialrechtlichen Verwaltungsvorgang handelt, ist der Berichterstatter gehalten, seine Gegenübertragungen zu offenbaren. Diese

– wenn auch begrenzte und auf den professionellen Umgang bezogene – Selbstäußerung macht den Therapeuten persönlich sichtbar, weshalb Einschränkungen oder Ablehnungen eben auch als persönliche Zurückweisung empfunden werden. Der Bericht an den Gutachter stellt daher eine Ausnahme zu zahlreichen anderen Verwaltungsvorgängen dar, da im Gegensatz dazu der berichterstattende Behandler mit seinen persönlichen Einfällen, emotionalen Befindlichkeiten, Verstrickungen und Schwierigkeiten erkennbar werden kann.[5]

- Die Exegese der gelegentlich bibelartig gehandelten einschlägigen Werke zum Antragsverfahren führt demnach keineswegs zu Erleichterung, sondern erhöht im Gegenteil meist den professionellen, oft auch persönlichen Über-Ich-Druck. Zum Beispiel Jungclausen (2013) führt auf über 328 DIN-A4-Seiten erschöpfend alle erdenklichen Gesichtspunkte des Antragsverfahrens aus. Auf Seite 169 empfiehlt er, »Bleiben Sie entspannt!«, was jedoch angesichts seitenfüllender Tabellen dem Leser nicht ganz leichtfallen dürfte. Solange man die Erläuterungen als Tipps ohne Verbindlichkeitscharakter erlebt, mögen die Ratgeber hilfreich sein. Doch auch hier – wie so oft – gilt die alte Zenweisheit: »Triffst du Buddha unterwegs, töte Buddha!«, was nicht wörtlich-konkretistisch gemeint ist, sondern als Aufforderung zur Emanzipation und zu selbständigem Denken und – im vorliegenden Fall – Schreiben.

Der Gutachter verfasst seinerseits ebenfalls kein Gutachten, sondern lediglich eine gutachterliche Stellungnahme. Eine gewisse Bescheidenheit tut daher den Gutachtern durchaus gut und fördert einen kollegialen Umgang mit Bericht und Berichterstatter. Allemal betrifft dieser respektvolle Umgang die Patienten, die das Recht haben, jederzeit ihre Patientenakte und damit auch den Bericht ihres Therapeuten und die gutachterliche Stellungnahme einzusehen.

Praxistipp

Der journalistische Trick

Vergessen Sie einmal die umfangreiche Literatur zum Bericht an den Gutachter und wenden Sie einen alten journalistischen Trick an, der immer dann wirkungsvoll ist, wenn der Verfasser eines Artikels einen sogenannten »Hänger« hat. Wenn sich der Betreffende nämlich schwertut, einen Einstieg in seinen Artikel zu finden und er sich irgendwann an einen Kollegen wendet, mag der fragen: »Na, was willst du denn eigentlich sagen?« Woraufhin in der Regel die Antwort sehr flüssig, verständlich und ohne Zögern erfolgt. Daraufhin der Kollege: »Dann schreib das doch einfach!«

---

[5] Unter Berücksichtigung dieser Überlegungen kann man sich vorstellen, wie persönlich heikel die Begründung eines Asylantrags sein kann, da hier unmittelbare intime Details geschildert werden müssen, um Chancen auf eine Anerkennung zu erhalten. Der Antragsteller steht sich quasi selbst mit seinen Schamgefühlen im Weg. Hat er diese nicht, dürften zwar seine Chancen steigen, nicht unbedingt jedoch seine Glaubwürdigkeit.

Erzählen Sie dem Gutachter, was Sie über Ihren Patienten denken, weshalb er kommt, was seine Konflikte aktuell und historisch sind und wohin es in der Behandlung gehen soll. Erklären Sie dem Gutachter die Lerngeschichte oder die Psychodynamik. Erwähnen Sie, weshalb Sie glauben, dass die Prognose hinreichend günstig ist, und sagen Sie noch etwas zu Ihrer Gegenübertragung. Das wäre dann im Wesentlichen schon alles, solange die Behandlung einigermaßen wirtschaftlich erscheint. Die Diagnose(n) ergeben sich fast zwingend aus Ihrer Schilderung, und hier wie überhaupt sind Zweifel kein Hindernis, sondern überzeugend, wenn sie Erwähnung finden. Sie könnten dann noch einmal schauen, ob Sie die wesentlichen Punkte des Formblatts PTV 3 erwähnt haben, und sind nach etwa 1,5 Stunden ohne teure Antragssoftware oder unerlaubte Ghostwriter mit der Arbeit fertig, wobei allerdings das Ärgernis der Unterbezahlung fortbesteht (siehe hierzu auch Kap. 1).

Handelt es sich beim Gutachterverfahren also lediglich um eine verdeckte Schikane, die möglichst die Kosten für Psychotherapie eingrenzen und stattdessen die Umsätze von Pharmaindustrie und bestimmten Arztgruppen fördern soll? Ohne Zweifel besteht ja ein Interessenkonflikt zwischen der Pharmaindustrie schlechthin, besonders jener, die Psychopharmaka herstellen, und der Berufsgruppe der Psychotherapeuten. Denn mit unseren Behandlungsverfahren können weder Pharmakonzerne noch Hersteller teurer Medizinprodukte und -geräte Geld verdienen: Während Kongresse vieler Facharztgruppen im noblen Interieur erstklassiger Hotels an begehrten Ferienorten großzügig gesponsert werden, fehlt diese famose Unterstützung selbstloser Konzerne bei Psychotherapietagungen fast gänzlich – allenfalls finden sich im Tagungsprogramm ein paar Annoncen der Industrie, meist jedoch der Verlage, die natürlich nicht über das Budget der Pharmahersteller verfügen.

2.2 Gründe für das Gutachterverfahren

Dennoch gibt es gravierende Gründe für die Beibehaltung des Gutachterverfahrens, das gegenwärtig von einigen Krankenkassen vertragswidrig nicht mehr umgesetzt wird. Denn mit dem Verzicht auf das Gutachterverfahren entfällt die wesentliche Rolle des Controllings durch den Gutachter.
- Der Bericht zwingt den Behandler, sich umfassend und zusammenhängend Gedanken über die geplante oder bereits laufende Psychotherapie zu machen. Damit ist die Psychotherapie ein Verfahren, das seine Indikation und Effizienz vorab individuell auf den einzelnen Patienten darstellt und prüfen lässt. Dieses Qualitätsmerkmal ist einzigartig im Bereich der Heilkunde.
- Supervisionen oder kollegiale Intervisionen können dieses Manko nicht aufheben, da der Bericht an den Gutachter zu Beginn einer Therapie oder einer bereits laufenden Behandlung erfolgt und damit grundsätzlichen Reflexions- und Planungscharakter besitzt.
- Die Kontrolle während der Behandlung durch Fortführungsberichte fordert vom Behandler und Patienten eine Reflexion des laufenden Verfahrens und der noch zu erreichenden und erreichbaren Ziele. Solche Überlegungen mögen für die Beteiligten wegen der sichtbaren Begrenzungen schmerzlich sein, die-

2.2 Gründe für das Gutachterverfahren

nen jedoch der Preisgabe illusionärer Heilserwartungen aufseiten der Patienten und Größenideen seitens ihrer Behandler.
- Die Begründung eines Fortführungsantrags zwingt Patienten und Behandler zur Überprüfung der Ziele, Fortschritte und gemeinsamen Begrenzungen.
- Mögliche destruktive Entwicklungen wie negative therapeutische Reaktionen (siehe Hilgers 2018, S. 32 f.) werden potenziell sichtbar.
- Jeder Bericht nötigt den Therapeuten zu einer Subjekt-Objekt-Differenzierung hinsichtlich Symptomen, Zielen und therapeutischer Beziehung: Entspricht das, was ich hier formuliere, wirklich dem Patienten, oder sind dies meine eigenen Vorstellungen eines gelingenden therapeutischen Prozesses, eines erfüllten Lebens oder befriedigender sozialer Beziehungen? Möchte ich mich im Patienten hinsichtlich von Erfolgs- und Karrierewünschen verwirklichen oder verweigern oder entspricht dies tatsächlich den ausgesprochenen oder bereits erkennbaren Wünschen des Patienten?

Die Chance auf Irrtum

Die Kritik an der als Benachteiligung gegenüber anderen medizinischen Behandlungen erscheinende Einzigartigkeit des Gutachterverfahrens in der Patientenversorgung hat also ihre Kehrseite in der Einmaligkeit des Controllings, das hinsichtlich Transparenz und Überprüfbarkeit Alleinstellungscharakter besitzt. So lästig das Abfassen der Berichte auch sein mag, das Gutachterverfahren ist ein Qualitätsmerkmal, das dem Wohl des Patienten und der Sicherheit seines Behandlers dient. Machen wir uns nichts vor: Allzu leicht geraten wir in Verstrickungen, unterliegen blinden Flecken, übersehen wesentliche Details oder lassen uns vom Charme eines Patienten um den Finger wickeln oder durch seine Übergriffigkeit ängstigen. Dies alles ist allzu menschlich, und es darf bezweifelt werden, ob diese individuellen Schwächen durch jahrelange Selbsterfahrung wirklich grundsätzlich eher behoben oder umgekehrt sogar akzentuiert werden können. Wir bleiben, ob jung und noch mit wenig Berufserfahrung oder gesetzt und eventuell durch eben jene Erfahrungen geblendet, Täuschungen, Irrtümern, Illusionen oder persönlichen Macken unterworfen – wie der Gutachter auch. Im besten Fall handelt es sich also um einen Austausch von zwei Einäugigen, in der Hoffnung, dass nicht beide auf demselben Auge blind sind und im Bewusstsein, dass sich zwei Kollegen lediglich in unterschiedlichen Rollen begegnen.

> **Beschlüsse der Gutachter**
>
> Nach Angaben der Kassenärztlichen Bundesvereinigung durchliefen im Jahr 2017 120.409 Berichte zu psychodynamischen Behandlungen das Gutachterverfahren. Dabei gab es 12 % Teilbefürwortungen und 3,7 % Nichtbefürwortungen. Ähnlich verhielt es sich bei der Verhaltenstherapie mit 149.798 Berichten, von denen 9,8 % teilbefürwortet und auch hier 3,3 % nicht befürwortet wurden. Die Anzahl endgültiger vorgerichtlicher Ablehnungen ist im Obergutachten mit 23,5 % bei tiefenpsychologisch fundierter und analytischer Psychotherapie und 9,8 % in der Verhaltenstherapie deutlich höher als in der ersten Instanz.

Mathestunde für Betriebswirtschaftler der Krankenkassen[6]

Von den psychodynamischen Erstanträgen mit Gutachterpflicht wurden 2017 3,7 % nicht befürwortet, 12 % teilbefürwortet, bei Verhaltenstherapie waren es 9,8 % Teilbefürwortungen, bei 3,3 % gab es keine Befürwortung im ersten Schritt abgelehnt. Im Obergutachterverfahren(ab 2019 Zweitgutachterverfahren) wurden 2017 noch einmal circa 60 % der verhaltenstherapeutischen Behandlungen uneingeschränkt befürwortet, bei den psychodynamischen Verfahren knapp 48 % (vgl. Tab. 2.1).

Tabelle 2-1 Kosten eines Gutachterverfahrens für die Krankenkasse.

Position	Euro
Bericht an den Gutachter durch den Therapeuten	58,33
Gutachterliche Stellungnahme inkl. MwSt.	46,17
Porto: € 1,45 + € 0,70 (Kasse)	2,15
Verwaltungskosten geschätzt pauschal	50,00
Gesamtkosten	154,95

Ein Gutachterverfahren kostet die Krankenkasse 154,95 Euro (siehe Tab. 2-1). Eine nichtindizierte, aber durch die Kasse ohne Gutachterverfahren übernommene zum Beispiel tiefpsychologisch fundierte Langzeitbehandlung mit 60 Stunden kostet demgegenüber 60 × ca. 90,00 Euro = 5.400,00 Euro.

Ist kurzfristige Kostenersparnis oberste Maxime, so rechnet sich der Verzicht auf das Gutachterverfahren. Denn eventuelle langfristige Folgekosten durch Therapieschäden und die hieraus entstehenden Kosten sind angesichts des gewaltigen Budgets sozusagen unsichtbar. Zudem kommen bei Langzeitschäden mit Behinderung oder dauerhafter Arbeitsunfähigkeit andere Kostenträger wie Rentenversicherer, Landschaftsverbände oder die Sozialversicherungskassen auf.

Für Krankenkassen rechnet sich demnach bereits bei mehr als 35 im Jahr anfallenden Berichten (35 × 155,00 Euro = 5425,00 Euro) der Verzicht auf das Gutachterverfahren, selbst wenn fälschlich eine Kostenübernahme zugesagt wird, die durch einen Gutachter abgelehnt würde, jedenfalls solange Kostenersparnis oberste Maxime ist. Bei kleinen Zahlen könnte statistisch natürlich ein höherer Anteil an nicht-indizierten Behandlungen anfallen. Da die meisten Kassen jedoch jährlich mit hunderten oder tausenden Anträgen auf Langzeittherapie konfrontiert sind, ist ein Verzicht auf die zusätzlichen Kosten durch das Gutachterverfahren verlockend. Man geht wohl nicht fehl in der Annahme, dass die

---

6 Stand Januar 2019. Die Angaben zur Statistik in diesem Unterkapitel beziehen sich auf das Jahr 2017 (Kassenärztlichen Bundesvereinigung 2018).

vorgenannten betriebswirtschaftlichen Überlegungen die Beweggründe für den Wegfall der automatischen Gutachterpflicht bei Verlängerungen von Langzeittherapie sind.

Wer hat welche Ziele?

Das Abfassen eines Berichts kann – wie erwähnt – zu Überraschungen führen: Entspricht das, was ich hier schreibe, den Vorstellungen, Wünschen und Zielen des Patienten? Oder handelt es sich um meine eigenen, die ich flugs auf den Patienten projiziere? Da man sich dessen nie sicher sein kann, empfiehlt es sich grundsätzlich, dem Patienten drei Fragen mitzugeben, die dieser am besten schriftlich beantwortet:
- Wo bin ich (noch) krank, wo besteht Behandlungsbedarf, welche Symptome habe ich (noch)?
- Wie ist die bisherige Behandlung/Sprechstunde/Probatorik verlaufen?
- Welche Ziele habe ich in der Behandlung, wo soll es hingehen? Oft ist auch die Frage zielführend, »Wie sähe Ihr Leben aus, wenn Sie diese Symptome nicht hätten?« und »Wie würde Ihr heutiger Tag oder die Woche weitergehen, wenn diese Behandlung bereits erfolgreich verlaufen wäre«?

Geht es um eine Verlängerung oder Umwandlung, kann man von den meisten Patienten mit durchschnittlicher Intelligenz erwarten, Auskünfte zu Symptomatik, ob aktuell oder fortbestehend, Zielen und Behandlungsverlauf zu erhalten. Denn tatsächlich ist es ja der Patient, der den Antrag stellt, weshalb ihm auch eine erhebliche Verantwortung hinsichtlich der Begründung des Antrags obliegt. Die zwischenzeitliche Klärung der Erwartungen, der Ziele, des Verlaufs, der Erfolge oder ihres Fehlens stellt nicht nur ein wesentliches Controlling dar, sondern fordert den Patienten wie Behandler auf, sich offen einer Zwischenbilanz zu stellen. Die sich daraus ergebenden potentiellen Konflikte, die Kritik auf halbem Weg oder der Stolz auf das Erreichte sind wertvolle Inhalte weiterer therapeutischer Auseinandersetzung. Aus diesen Gründen empfiehlt sich dieses Vorgehen, auch wenn inzwischen die meisten Kassen fast ausnahmslos auf das Gutachterverfahren bei Verlängerungen von Langzeittherapien verzichten.

Neben diesen Vorteilen bietet ein Bericht einen weiteren potentiellen Gewinn: Hat der Patient von der Therapie profitiert, so können alte Zielsetzungen obsolet werden, dagegen neue umso drängender in den Fokus geraten. Gerade weil sich der Patient verändert hat, die Behandlung demnach positiv verläuft, ändern sich Symptomatik und Zielsetzungen: Der Bericht an den Gutachter, wenn er in einer laufenden Behandlung erfolgt, kann an sich emanzipatorischen Charakter für den Behandler wie für den Patienten haben: der Patient, das soziale Umfeld und die therapeutische Beziehung sind nicht mehr, was sie einstmals waren. Weder gibt es ein Zurück zu alten, vermeintlich besseren Zeiten, noch ist der Weg in die Zukunft und sie selbst bereits völlig klar. Nicht etwa der Gutachter verlangt eine aktualisierte Darstellung, sondern die inzwischen eingetretenen Veränderungen verlangen nach ihr: der Patient und in gewisser Weise auch der Therapeut sind nicht mehr jene, die sie waren, als sie begannen, und die therapeutische wie die externen sozialen Beziehungen sind es ebenso wenig, was sich günstigenfalls im Bericht an den Gutachter spiegelt.

Weil es zeitlich wie finanziell illusorisch ist, jede laufende Behandlung regelmäßig unter Kollegen zu reflektieren, stellt das Gutachterverfahren, sofern es denn Anwendung findet, ein wichtiges, wenn auch lästiges Kontrollinstrument dar. Das allerdings setzt voraus, dass sich auch der Gutachter die Zeit nimmt und sich die Mühe macht, nicht nur formal Stellung zu nehmen, was zwar in manchen Fällen durchaus angemessen sein mag. Besonders jedoch bei problematisch erscheinenden Darstellungen kann es gutachterlicherseits hilfreich sein, mit eigenen Einfällen, gegebenenfalls Einwänden oder Einschränkungen bis hin zur Ablehnung der Befürwortung zu reagieren.

Schildert der Gutachter eigene Eindrücke, eventuell emotionale Gegenübertragungen, verändert sich das Ungleichgewicht zwischen Berichterstatter und Gutachter. Zwar ändert sich das reale Machtgefälle hierdurch nicht. Doch die gefühlte Distanz zwischen Gutachter und Psychotherapeut gleicht sich an, indem man sich kollegial begegnet: Es gibt keinen rationalen Grund (aber viele irrationale) für eine übermäßige Zurückhaltung des Gutachters angesichts der Forderung an den Behandler, im Bericht Gegenübertragungen zu schildern, dies aber nicht mit eigenen Gegenübertragungseindrücken des Gutachters zu beantworten. Das Fehlen solcher Reaktionen wirkt kalt und letztlich beschämend, unterstreicht ein untherapeutisches Machtgefälle und unterstützt Schreibhemmungen beim Abfassen des Berichts. Dies ist keine Aufforderung, nun wechselseitig in Gefühlsbekundungen zu schwimmen; doch Rationalität und Vernunft sind kalt, wenn emotionale Bewertungen fehlen, Emotionen ohne Vernunft bieten Willkür Tür und Tor.

Im günstigen Fall handelt es sich um ein gemeinsames Nachdenken über einen Patienten, seine Konflikte, Einschränkungen und Möglichkeiten und über die Frage, was den Patienten mit seinen Zielen wohl am besten unterstützen könnte. Auch wenn dieses Nachdenken nicht zeitgleich und in gemeinsamer Gegenwart stattfindet, so bietet diese Sichtweise mehr Raum für Sachlichkeit und wechselseitigen Respekt.

2.2 Gründe für das Gutachterverfahren

```
┌─────────────────────────────────────────────────────────────────────────┐
│                                                                         │
│  ┌──────────────────────────────┐    Mitteilung der Krankenkasse        │
│  │ Name, Vorname des Versicherten│    Anerkennung der Leistungspflicht im│
│  │                       geb. am│    Rahmen der Richtlinien ab 01.04.2017│
│  └──────────────────────────────┘                                       │
│  ┌──────────────────────────────┐    Restkontingent des Anerkennungs-   │
│  │      │                 │     │    bescheides vom 26.04.18            │
│  │      │          Datum  │     │                                       │
│  └──────────────────────────────┘                                       │
└─────────────────────────────────────────────────────────────────────────┘
```

Mitteilung der Krankenkasse
Anerkennung der Leistungspflicht im Rahmen der Richtlinien ab 01.04.2017

Restkontingent des Anerkennungsbescheides vom 26.04.18

Herrn
Dr. Dipl.-Psych. Micha Hilgers
Roonstr. 13a
52070 Aachen

Kassenmitarbeiter

Sehr geehrter Herr Hilgers,

hiermit möchten wir Sie über unsere Bewilligung einer Psychotherapie des obengenannten Patienten informieren.

Betrifft den Antrag vom 11.04.19 – wir erkennen unsere Leistungspflicht in folgendem Rahmen an:

☐ Kurzzeittherapie, 12 Stunden im Rahmen der KZT 1 als Verhaltenstherapie
(EBM   )

☒ Langzeittherapie mit 35405 Stunden als tiefenpsychologisch fundierte Therapie (EBM 35405) als

  ☐ Erstantrag, ☒ Fortsetzungsantrag, ☐ Umwandlung von Kurzzeit- in Langzeittherapie

☐ zusätzlich bis zu   Stunden mit Bezugspersonen (EBM   )
(nur bei Kindern und Jugendlichen möglich)

Diese Erklärung erfolgt unter der Voraussetzung, dass während des Behandlungszeitraumes ein Leistungsanspruch gegenüber unserer Krankenkasse bestehen bleibt.

Die Behandlung ist früher zu beenden, wenn das Behandlungsziel erreicht ist oder der gewünschte Therapieerfolg nicht mehr erwartet werden kann.

Falls eine Fortsetzung der Behandlung über den oben angegebenen Rahmen hinaus notwendig werden sollte, ist diese rechtzeitig während der laufenden Behandlung zu beantragen.

Wir bitten Sie, einen Abschluss oder Änderungen der Behandlung gemäß der Richtlinien mitzuteilen (PTV 12).

Ort, Datum   Unterschrift

Abb. 2-1 Gelegentlich erweisen sich die gesetzlichen Krankenkassen als überraschend großzügig bei der Bewilligung von Psychotherapiesitzungen.

Zwei Beispiele für die Relevanz des Gutachterverfahrens

Ich bin als Gutachter für tiefenpsychologisch fundierte und analytische Einzel- und Gruppentherapie bei Erwachsenen bestellt. Die meisten Berichte, die mich als solchen erreichen, überzeugen durch relative Klarheit der Diagnosen, der Vorgeschichte, Psychodynamik und Behandlungsplanung. Allerdings wird meist nicht die Möglichkeit einer Gruppentherapie erörtert, die nach meinem Eindruck entweder schon zu Beginn oder im weiteren Verlauf sehr hilfreich sein könnte – ob als ausschließliche oder Kombinationsbehandlung. In einigen wenigen Fällen jedoch erweist sich das externe Controlling durch den Gutachter als unverzichtbar.

Die folgenden Beispiele wurden verfremdet, dem Sinn und der Dynamik nach geben sie jedoch den Bericht wieder. Ebenso sind die Fallbeispiele so verfremdet, dass die Patienten nicht erkennbar sind.

> Ein Ausbildungskandidat legt einen Bericht zu einer Anfang 30-jährigen Patientin mit chronischer Anorexie seit dem 12. Lebensjahr vor. Mehrere stationäre Vorbehandlungen erbrachten lediglich eine jeweils lebenserhaltende Gewichtszunahme. Die Patientin möchte laut Bericht ihren erlernten Beruf wieder ausüben, wobei klar wird, dass sie aufgrund ihrer Erkrankung nie dauerhaft im Arbeitsleben stand. Offenbar zählt eine nachhaltige Gewichtszunahme nicht zu ihren Zielen. Mit einem BMI (Body Mass Index) von 15.1, der im Bericht nicht explizit Erwähnung findet, sondern von mir aufgrund von Gewicht und Körpergröße errechnet wurde, steht sie unmittelbar vor einer behandlungspflichtigen stationären Therapie, die mit 15.0 zwingend angezeigt ist. Wegen des Hungers ist sie kognitiv stark eingeschränkt, was im Bericht lediglich durch Erwähnung von Konzentrationsschwierigkeiten berücksichtigt wird, zudem müde und antriebsarm. Insgesamt ist die Patientin mittelgradig bis schwer zum depressiven Pol verschoben. Ein Zusammenhang zur Anorexie wird nicht hergestellt. Offenbar gibt es keinen Behandlungsvertrag über kontinuierliche Gewichtszunahmen, ebenso wenig entsprechende regelmäßige Kontrollen relevanter Parameter, wie zum Beispiel der Elektrolyte oder die Vereinbarung einer stationären Behandlung bei Unterschreitung des BMI, der etwa durch den Hausarzt zu kontrollieren wäre. Eine antidepressive Medikation fehlt. Der Ausbildungskandidat möchte eine tiefenpsychologisch fundierte Psychotherapie durchführen, »im Standardverfahren«.
> Die lebensbedrohliche Erkrankung der Patientin wird nicht realisiert, Leitlinien der Behandlung einer Anorexie vollkommen außer Acht gelassen, Voraussetzungen einer aufdeckenden tiefenpsychologisch fundierten Psychotherapie, wie zum Beispiel eine antidepressive Medikation, Gewichtssteigerung und damit das Erreichen entsprechender kognitiver Fähigkeiten finden keine Erwähnung. Was das »Standardverfahren« im Rahmen einer tiefenpsychologisch fundierten Psychotherapie sein soll, das auch im Rahmen analytischer Psychotherapie in vielen Fällen ohnehin mindestens antiquiert ist, bleibt offen. Wirklich schockierend jedoch ist neben den erwähnten Versäumnissen, dass der akademische Supervisor seinen Ausbildungskandidaten entweder durch Nichtbetreuung oder beeindruckendes Unwissen begleitet.
> Ich erhielt keine Reaktion auf das Gutachten. Offen bleibt also, ob die Behandlung abgebrochen oder ein Obergutachten eingeholt wurde. Ich hatte meine Forderungen nach Behandlungsplan, Gewichtskontrolle, definierten Zielen, Kontrolle körperlicher Parameter wiederum mit der Befürwortung weniger Stunden verbunden. Meine ausführliche Stel-

lungnahme richtete sich an den Therapeuten in Ausbildung, nicht an den Supervisor. Man kann sich allerdings denken, dass meine deutlichen, doch kollegialen Hinweise an den Kollegen in Ausbildung eine gewisse Dynamik zwischen ihm und dem Supervisor in Gang gesetzt haben mögen. Zu hoffen wäre, dass dies im Sinne einer Emanzipation des Ausbildungskandidaten geschah.

Geschildert wird eine depressive Symptomatik einer Frau Ende 50, die sich angesichts eines Übergriffs ihres Stiefvaters reaktualisiert: Dieser hatte in ihrer Anwesenheit mehrfach ihre kleine Enkelin am Po getätschelt. Die Patientin erinnert sich aufgrund der aktuellen Vorfälle an eigene Missbrauchserfahrungen durch den Stiefvater und beschließt mit ihrem Therapeuten, künftig jeden Kontakt zwischen Enkelin und Stiefvater zu begleiten. Zudem möchte sie, sollten sich die Übergriffe wiederholen, sowohl die Kindsmutter, ihre Tochter, als auch ihre zweite Tochter, die gleichfalls kleine Töchter hat, über die Handlungen des Stiefvaters informieren. Der Therapeut erscheint mit diesem Vorgehen völlig einverstanden und ist offenbar mit der schuldbesetzten Hemmung seiner Patientin, aggressiv gegen den Stiefvater vorzugehen, identifiziert.
Ich habe Auflagen gemacht und wenige Stunden befürwortet, damit der Behandler mit der Patientin ein konsequentes Vorgehen gegen den Stiefvater vereinbaren könne. Der Therapeut reagierte sehr positiv und engagiert: Er bedankte sich für meine Hinweise, hatte Kontakt mit der Opferbeauftragten der Polizei, dem Jugendamt und berief eine Familienkonferenz mit der Patientin, den Töchtern und den Ehemännern ein. Bei dieser Zusammenkunft eröffnete die Patientin ihre Missbrauchserfahrungen (sicher unter schmerzlichen Gefühlen von Scham, aber auch stolzen Gefühlen der Verantwortungsübernahme) sowie ihre aktuellen Beobachtungen. Daraufhin wurde seitens der Familie jeder Kontakt zum Stiefvater beziehungsweise Großvater unter Hinweis auf die Gründe unterbunden.
In gewisser Weise kam es zu so etwas wie einer Begegnung zwischen Therapeut und Gutachter: Ich glaube, meine ausführliche Stellungnahme auf einem gesonderten Blatt entbehrte nicht einer gewissen Empörung über die Gefährdung der Enkelin und die Akzeptanz zumindest eines weiteren Vorfalls, bis es zu einer klaren Begrenzung kommen sollte. Ich spürte aber auch die Identifikation des Behandlers mit den Schuldgefühlen seiner Patientin, fand, dass eine bloße Ablehnung keinen Gewinn bringen würde, und eröffnete mittels 5 befürworteten Stunden die Möglichkeit der Korrektur. Offenbar erreichte mein konstruktiver, aber hoffentlich auch respektvoller Zorn den Therapeuten, der daraufhin umfassend mit für alle Beteiligten hilfreichen Interventionen reagierte. Er antwortete mir persönlich mit Reflexion seiner Gegenübertragungen, was offenbart, dass auch in einem sozialrechtlichen Vorgang Intimität und persönliche Begegnung, wenn auch lediglich schriftlich zwischen zwei Fremden, nicht auf der Strecke bleiben müssen.

2.3 Abfassen des Berichts

Deutschstunde oder die Befindlichkeiten des Gutachters

Neben der relativen Freiheit, die der Therapeut beim Abfassen seines Berichts an den Gutachter genießt, ist es doch förderlich, ein paar Regeln zu beachten, die das Lesen des Berichts für den Gutachter erleichtern. Bekanntlich ist man gehalten, den Bericht für eine Langzeittherapie auf ca. 3 Druckseiten zu begrenzen. Gelegentlich erreichen mich 3 oder 4 Druckseiten mit einer Schrifttype Arial 8 ohne jeden Seitenrand. Man macht sich aber als Gutachter gern Notizen an den Rand und liest wohlwollender ohne Uhrmachermonokel. Das Setzen von Interpunktion erleichtert das Verständnis und die Milde des Gutachters, der Sätze nicht mehrfach zum Verständnis lesen muss. Da es bei der Behandlung unserer Patienten ja nicht nur um reaktive psychoneurotische Konflikte, sondern in den meisten Fällen auch um strukturelle Defizite geht, überzeugen Berichte eher, wenn sie ein gewisses Maß an Struktur vorweisen und weder anarchisch Regeln über Bord werfen, noch solche aufstellen, die bisher konventionell unbekannt waren. Das mag man spießig finden, zwanghaft oder der Freiheit des therapeutischen Geschehens zuwiderlaufen. Doch Freiheit existiert immer in schützenden Grenzen, der Therapeut liefert stets ein Modell im Umgang mit Freiheit und Regeln. Ihre Beachtung vermag Konflikte innerhalb der therapeutischen Beziehung auszulösen, wo sie auch hingehören, statt gegenüber dem Gutachter. Der könnte andernfalls den Eindruck gewinnen, dass entweder der Behandler bei der Suspendierung von Grenzen mitagiert oder selbst nicht ausreichend über sie verfügt.

Der Gutachter hat fast immer (ein bisschen) recht

Es ist eigentlich fast immer ärgerlich, wenn der Gutachter Einwände vorbringt oder nicht befürwortet. Merke: Der Gutachter kann gar nicht »ablehnen«; das kann nur die zuständige Krankenkasse. Gutachter befürworten oder befürworten nicht, was eine wesentliche Einschränkung ihrer formalen Macht bedeutet, auch wenn sich die Kassen fast immer an das Votum des Gutachters halten.

Wenn Gutachter Einwände vorbringen oder gar die geplante Behandlung nicht befürworten, macht es Sinn, sich von eigenen Affekten der Frustration und des Ärgers zu distanzieren und sich zu fragen, wo der Gutachter recht haben könnte oder etwas Wesentliches, was einem selbst bisher entgangen ist, erspürt hat.

In diesem Sinn machen direkte Repliken, telefonische oder schriftliche Nachfragen nur Sinn, wenn sie auf einer sachlichen Ebene erfolgen. Das gilt natürlich auch für Ausführungen an den Zweitgutachter[7], der möglicherweise gewisse uneingestandene Befangenheiten gegenüber seinem Kollegen verspürt. Leicht lassen sich diese umgehen, wenn man zunächst versucht, die Berechtigung der Einwände zu würdigen, um sie dann eventuell durch weitere Ausführungen oder Ergänzungen zu entkräften. Das fördert die Erfolgsaussichten im Zweitgutachten.

Wütende oder gekränkte Reaktionen machen daher wenig Sinn, schaden dem Patienten und Therapeuten und übersehen die menschliche Dimension: Gutachter kennen sich, mögen sich oder auch nicht, begegnen sich auf Gutachtertagungen oder in anderen Kontexten. Ein sachlicher Umgang mit den Einwänden des Gutachters mit der Einleitung, wo die Hinweise des Gutachters zutreffend sind,

---

7 Bis Anfang 2019 hieß der Zweitgutachter noch Obergutachter, weshalb in der Statistik der Kassenärztlichen Bundesvereinigung noch von Obergutachtern gesprochen wird.

2.3 Abfassen des Berichts

öffnen Türen, statt sie zuzuschlagen. Was immer im Sinne der Patienten ist, denn für diese – nicht für uns und unsere Eitelkeiten – verfassen wir die Berichte.

Tabelle 2-2 gibt die Anzahl der Gutachterverfahren an.

Tab. 2-2 Gutachterverfahren Psychotherapie/Verhaltenstherapie.
Quelle: Kassenärztliche Bundesvereinigung 2018, S. 106.

Berichts-jahr	Anzahl (Ober-)Gut-achter	Anzahl (Ober-)Gut-achten	Nichtbe-für-wor-tung der Anträge in %	Teilbe-für-wor-tung der Anträge in %
Tiefenpsychologisch fundierte und analytische Psychotherapie				
2013	88 Gutachter – davon 18 für Kinder und Jugendliche	159.035 Gutachten – davon 21.422 für Kinder und Jugendliche	4,0	10,7
	14 Obergutachter	1.824 Obergutachten	24,3	23,9
2014	94 Gutachter – davon 17 für Kinder und Jugendliche	163.478 Gutachten – davon 24.666 für Kinder und Jugendliche	4,0	11,2
	13 Obergutachter	1.624 Obergutachten	24,9	22,4
2015	94 Gutachter – davon 20 für Kinder und Jugendliche	170.957 Gutachten – davon 28.809 für Kinder und Jugendliche	3,9	11,4
	15 Obergutachter	1.805 Obergutachten	24,7	23,2
2016	95 Gutachter – davon 20 für Kinder und Jugendliche	171.373 Gutachten – davon 29.169 für Kinder und Jugendliche	3,4	10,5
	15 Obergutachter	2.296 Obergutachten		
2017	95 Gutachter – davon 20 für Kinder und Jugendliche	120.409 Gutachten – davon 18.983 für Kinder und Jugendliche	3,7	12,0
	15 Obergutachter	1.642 Obergutachten	23,5	29,1
Verhaltenstherapie				
2013	75 Gutachter – davon 14 für Kinder und Jugendliche	172.067 Gutachten – davon 23.577 für Kinder und Jugendliche	3,2	1
	8 Obergutachter	1.029 Obergutachten	19,0	25,4

Berichts-jahr	Anzahl (Ober-)Gutachter	Anzahl (Ober-)Gutachten	Nichtbe-fürwor-tung der Anträge in %	Teilbe-fürwor-tung der Anträge in %
2014	88 Gutachter – davon 14 für Kinder und Jugendliche	187.501 Gutachten – davon 25.663 für Kinder und Jugendliche	3,3	8,1
	7 Obergutachter	1.080 Obergutachten	19,1	44,2
2015	88 Gutachter – davon 18 für Kinder und Jugendliche	202.050 Gutachten – davon 32.664 für Kinder und Jugendliche	3,4	8,2
	7 Obergutachter	1.235 Obergutachten	15,7	41,8
2016	92 Gutachter – davon 18 für Kinder und Jugendliche	216.301 Gutachten – davon 35.157 für Kinder und Jugendliche	3,3	8,0
	7 Obergutachter	1.554 Obergutachten	13,7	8,0
2017	92 Gutachter – davon 18 für Kinder und Jugendliche	149.798 Gutachten – davon 25.618 für Kinder und Jugendliche	3,3	9,8
	8 Obergutachter	1.368 Obergutachten	9,8	30,3

Praxistipp

Checkliste »Bericht an den Gutachter«
Die häufigsten banalen Fehler lassen sich leicht vermeiden:
- Der Konsiliarbericht ist nicht lesbar: Da es sich um eine Durchschrift handelt, ist das Exemplar an den Gutachter oft nur wenig konturiert und daher kaum oder gar nicht lesbar. Korrektur: Senden Sie Ihr Exemplar anonymisiert.
- Unterschriften oder Stempel des Behandlers oder des Konsiliararztes fehlen.
- Das Formblatt PTV 2 fehlt. Bei Kombinationsbehandlungen muss auch der zweite Behandler ein Formblatt PTV 2 ausfüllen.
- Die Differentialindikation wird je nach Behandlungsfall nicht entsprechend diskutiert, also zum Beispiel:
  – Stationäre versus ambulante Behandlung;
  – Verhaltenstherapie oder psychodynamisches Verfahren;
  – bei psychodynamischen Verfahren: tiefenpsychologisch fundiert, analytisch, modifiziert analytisch;
  – Gruppen- oder Einzelsetting.
- Die Anonymisierung wird durchbrochen, weil Entlassberichte nicht an den entsprechenden Stellen geschwärzt wurden.

- Besonderheit bei der Beihilfe: Die Anonymisierung wird durchbrochen, weil die Entbindung von der Schweigepflicht des Patienten gegenüber dem Gutachter nicht an die Beihilfestelle, sondern stattdessen an den Gutachter übersandt wird.
- Hilfreich für die Kommunikation zwischen Behandler und Gutachter: Geben Sie eine Telefonnummer oder Mailadresse an.

Der Hype um das OPD

An manchen Ausbildungsinstituten ist die Diagnostik mittels OPD ein Muss; das vermittelt den Eindruck, jeder Bericht müsse eine Einordnung nach OPD enthalten. Das OPD-Manual gibt wichtige Hinweise zur axialen Diagnostik: Krankheitserleben und Voraussetzungen für eine Behandlung, Beziehung, Konflikt, Struktur und psychische und psychosomatische Symptome. Die exemplarisch geschilderten Konflikte bleiben jedoch im Bericht an den Gutachter oft schablonenhaft und werden dem individuellen Patienten und vor allem der Therapeut-Patienten-Beziehung wenig gerecht, wenn lediglich auf zum Beispiel Autarkie versus Versorgung verwiesen wird. Allzu häufig geht es auch um Autonomie-Abhängigkeits-Konflikte nach OPD I. Dabei handelt es sich – die Autoren räumen das selbst im OPD II ein – um den existentiellen Grundkonflikt allen menschlichen Lebens schlechthin. Jeder menschliche Konflikt bewegt sich auch auf der Achse von Autonomie und Abhängigkeit, ganz gleich, ob wir uns für ein neues Auto entscheiden, die Beziehung zu unseren Liebsten verändern, unseren Arbeitsplatz wechseln oder lediglich unsere Frisur, mutig eine Reise buchen oder doch lieber ängstlich zu Hause bleiben – notabene: Was Mut und Angst angeht, könnte es auch genau umgekehrt sein! Die individuelle Konflikthaftigkeit und ihre Bedeutung für den Patienten erfasst man jedoch viel präziser durch die Beschreibung der antagonistisch wirkenden inneren und äußeren Kräfte.

Beispiel: Ein junger Mann, Student, hat deutliche Schwierigkeiten, sich maßvoll aggressiv abzugrenzen. Sein Vater imponierte durch cholerische Durchbrüche, seine Mutter zelebrierte Duldsamkeit. Beschreibt man nun die Psychodynamik, also die subjektive Bedeutung der inneren Kräfte, so versteht man den Patienten viel besser:
- Aggressiv-selbstbewusstes Verhalten bedeutet ihm eine gefährliche und gefürchtete Nähe zum Vater, dessen ängstigende Aggressivität abgelehnt wird.
- Fehlende Aggression bedeutet Unmannlichkeit, die vom Vater entwertet wurde (unlösbarer intrasystemischer Konflikt).
- Duldsamkeit bedeutet große Nähe zur Mutter, die den Patienten als Selbstobjekt missbrauchte und seine Entwicklung hemmte. Die Abgrenzung von der Mutter bedeutet den Verlust der Sicherheit beim mütterlichen Objekt gegenüber dem bedrohlichen Vater.

Hinzu kommen interpersonale Konflikte, z.B. mit Freunden und Partnerinnen:
- Fehlendes selbstbewusstes Auftreten führt zu Beziehungen zu Partnerinnen, die als verschlingend erlebt werden. Umgekehrt lehnen Partnerinnen das passive Verhalten des Patienten ab, was den Patienten beschämt.

- Aggressives – nämlich maßlos cholerisches Verhalten – führt ebenfalls zu Ablehnung seiner Freundinnen, was den Patienten ebenfalls mit Scham und zudem mit Schuldgefühlen erfüllt.

Diese Darstellung ist natürlich nur exemplarisch gemeint; sie ließe sich durch weitere Konflikte verlängern. Immerhin wird so der Patient unmittelbar vorstellbar und der Therapeut gewinnt Handlungskompetenz wegen der anschaulichen Konflikte. Der Gutachter erhält konkrete Hinweise zur Psychodynamik, die den Patienten in seinem innerpsychischen Erleben erkennbar werden lassen.

Der Verdienst der OPD ist die Differenzierung verschiedener Achsen, auf denen Patienten beschrieben werden können. Hier ginge es also beispielsweise um ein mäßiges Strukturniveau. Genauer könnte man aber die defizitären Ich-Funktionen bei zum Beispiel Affektregulation und Impulskontrolle, eventuell auch Affektwahrnehmung beschreiben, die sich aus der oben angerissenen Psychodynamik ergeben. Erkenntnisgewinn und daraus folgende Handlungskompetenz in der Behandlung sind demnach größer als die schablonenhafte Benennung eines Konflikts nach OPD. Bevor man sich also auf die Suche nach einem passenden OPD-Modell begibt, könnte es viel vorteilhafter sein, die konkreten Konflikte des Patienten zu beschreiben, was dem Bericht wie der Behandlung deutlich zugute käme.

Prophylaxe: Warum wissen Sie das nicht?

Den vielen Rätseln des deutschen Gesundheitswesens fügt das Formular für den Therapeuten ein weiteres hinzu: Bei beabsichtigter Langzeittherapie ist auch die Frage nach einer eventuellen Rezidivprophylaxe zu beantworten. Sollte man jedoch noch nicht wissen, ob eine solche erfolgen soll, muss man das laut Richtlinien begründen. Das entspricht in etwa der bizarren Lage, in der man sich einst als Schüler befand, wenn man eine Frage nicht beantworten konnte, und der Lehrer insistierte, warum man das nicht wisse. Tatsache ist jedoch, dass wohl die meisten Gutachter diesen Passus der Richtlinien schlichtweg ignorieren. Kreuzen Sie also an, was Sie wollen.

2.4 Fazit: Es gibt keinen Grund für Infantilisierung

Auch sehr erfahrenen Kollegen bedeutet das Abfassen des Berichts häufig ein Abrutschen in kindliche Positionen der Abhängigkeit vor übermächtigen und scheinbar allwissenden Autoritäten. Man fühlt sich wie vor einer Prüfung auf persönliche Eignung. Diese Regression hemmt das fröhliche Herunterschreiben eines Berichts, so wie man den Patienten sieht und wie man mit ihm in den ersten Stunden eine Beziehung aufbaute oder sie nach schon beträchtlichen Stundenzahlen erlebt. Der Gutachter ist ein Kollege, der im Zweifel auch nicht viel mehr weiß (wenn überhaupt) als man selbst. Von ihm darf man Bescheidenheit und Respekt im Umgang erwarten und eventuell freundliche Hinweise, die beide –

2.4 Fazit: Es gibt keinen Grund für Infantilisierung

den Patienten wie Therapeuten – auf ihrem schwierigen Weg ein wenig unterstützen könnten. Um mehr geht es nicht. Und auch nicht um weniger: Immerhin ist man nicht allein, sondern berichtet wenigstens einmal zusammenhängend über das, was man über den Patienten, seine Erkrankung, seine Möglichkeiten und Grenzen denkt. Und damit auch implizit über die eigenen, die stets im therapeutischen Prozess mehr oder weniger von Bedeutung sind. So gesehen ist der Bericht an den Gutachter und dessen hoffentlich respektvolle Reaktion eine wiederkehrende Chance für den therapeutischen Prozess – sofern man sich einigermaßen angstfrei und offen auf das Verfahren einlässt.

3 Andere Umstände – Psychotherapie und Mutterschaft

3.1 Umgang mit der Schwangerschaft

Überraschenderweise gibt es nahezu keine Publikationen zur Bedeutung von Schwanger- und Mutterschaft der Psychotherapeutinnen. Während kaum eine Behandlung ohne Reflexion der Mutterübertragung auskommt, der Analyse oraler Versorgungsansprüche und Spiegelung, Halten und Containment einen selbstverständlichen Platz im psychotherapeutischen Diskurs haben, fehlen Überlegungen zur Mutterschaft der Therapeutinnen fast gänzlich. Das ist umso verblüffender, wenn man bedenkt, dass das Thema der Schwangerschaft, des Mutterschutzes oder der Reduktion der Arbeitszeit von größter Bedeutung nicht nur für den therapeutischen Prozess und den Patienten, sondern selbstverständlich auch für die Psychotherapeutin selbst ist:

- Sollte die Schwangerschaft überhaupt eingeräumt werden oder betrifft dies einen unbedingt zu schützenden Intimitätsbereich der Therapeutin?
- Falls die Behandlerin die Schwangerschaft offenbart, wie frühzeitig sollte dies geschehen? Was ist der richtige Zeitpunkt? Informiert sie alle Patienten oder lediglich einen »exklusiven« Kreis?
- Sollte die Therapeutin die mit der Schwangerschaft verbundenen Gefühle der Patienten ansprechen oder sich und das Ungeborene vor ihnen schützen?
- Was ist mit Fragen der Patienten, etwa nach dem Vater oder ob es die erste (geplante?) Schwangerschaft ist?
- Wie mit Gratulationen der Patienten umgehen?
- Sollte die Zeit vor und nach Entbindung mit den Patienten geplant oder in dem Wissen, dass sich Schwangerschaft und Babys der Planung entziehen können, möglichst viel offen gelassen werden?
- Was, wenn es zu einer Fehlgeburt kommt? Das Baby nicht gesund ist oder es Komplikationen gibt?[8]

---

8 Im Grunde hätte das Thema Fehlgeburt und Behinderung eines eigenen Kapitels bedurft. Ich habe hohen Respekt vor den Schmerzen und Konflikten von Mutter und Eltern, die hiervon betroffen sind. Das sehr wenige, was ich hierzu als Supervisor oder Psychotherapeut erfahren durfte, würde der Komplexität und Ernsthaftigkeit des Themas nicht gerecht. Deshalb verzichte ich darauf, einige wenige Bemerkungen hierzu zu machen, die in jedem Fall der Therapeutin und Mutter, dem Kind und den Patienten nicht gerecht würden.

- Und schließlich: Gehen diese Fragen nicht auch und gerade beide, nämlich Mutter und Baby an, weil sich die Therapeutin-Mutter und die Baby-Mutter zwischen den Ansprüchen von Baby und Patienten aufgerieben fühlen könnte (vgl. Besch-Cornelius 1987)?

3.2 Geschlechts- und Altersverteilung der Psychotherapeuten

Das Thema gewinnt noch mehr an Relevanz, wenn man sich vor Augen hält, dass die Anzahl der Frauen in den Heilberufen, besonders in Medizin und Psychotherapie, rapide zunimmt. Bundesweit waren zum Stichtag des 31.12.2017 nach Angaben der Kassenärztlichen Bundesvereinigung 23.040 Psychologische Psychotherapeuten und Kinder- und Jugendlichentherapeuten und 5761 Ärztliche Psychotherapeuten in der vertragsärztlichen Versorgung tätig. Zwar macht bei männlichen wie weiblichen Therapeuten die Altersgruppe der 50- bis 59-Jährigen noch den größten Anteil aus; auffallend ist jedoch die Zunahme weiblicher Therapeuten bis 39 Jahre, also jener, für die die Familienplanung noch nicht abgeschlossen ist, die sich in Mutterschutz befinden oder wegen Kindern in Teilzeit arbeiten. Natürlich sind dabei jene noch nicht erfasst, die gegenwärtig ihre Ausbildung zur Psychologischen Psychotherapeutin absolvieren. In den von mir geleiteten Seminaren finden sich kaum noch männliche Kollegen: Psychotherapie wird eine weibliche Domäne. Deshalb sind die potentielle Schwangerschaft der Therapeutin, Mutterschutz und Teilzeitarbeit von größter Bedeutung für beide – Patient wie Therapeutin. Und nicht zuletzt sind auch die wenigen männlichen Kollegen betroffen, die sich als Väter ebenfalls mit speziellen Konflikten in der Behandlung konfrontiert sehen können.

Die Abbildungen 3-1 bis 3-3 geben Statistiken zum Alter und Geschlecht der Psychotherapeuten wieder.

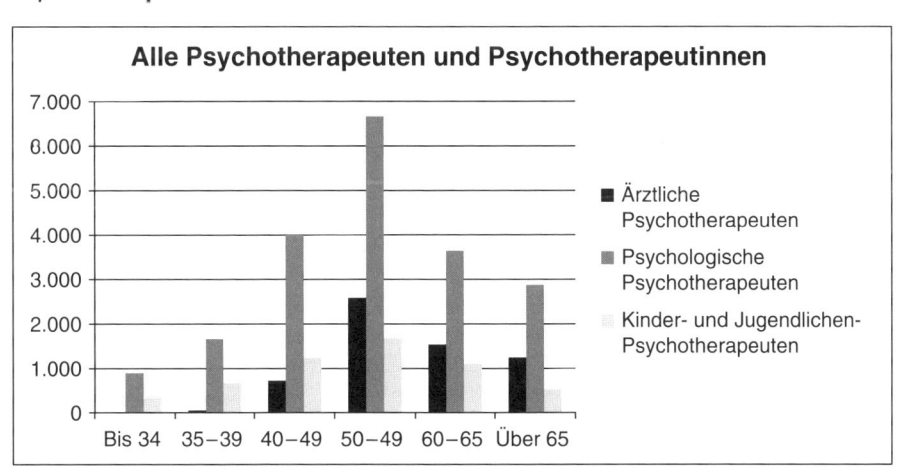

Abb. 3-1 Bundesarztregister 31.12.2017. Alle Psychotherapeuten und Psychotherapeutinnen (mit freundlicher Genehmigung der Kassenärztlichen Bundesvereinigung).

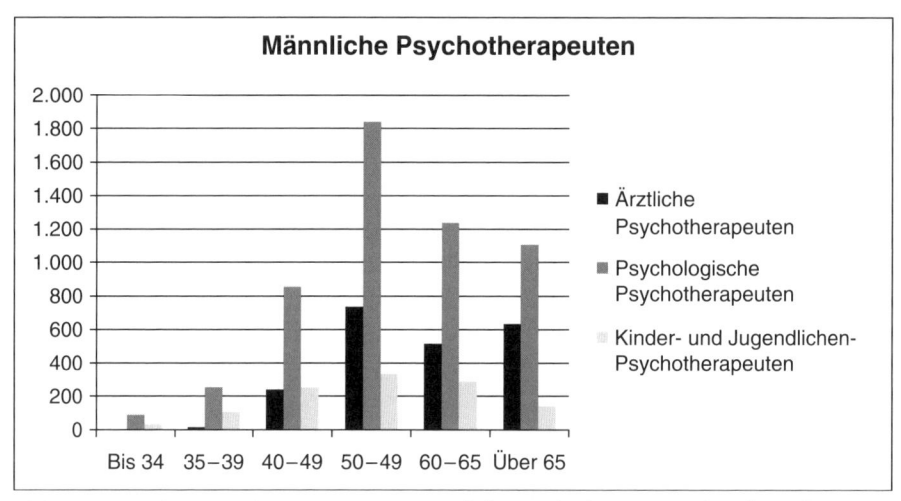

Abb. 3-2 Bundesarztregister 31.12.2017. Männliche Psychotherapeuten (mit freundlicher Genehmigung der Kassenärztlichen Bundesvereinigung).

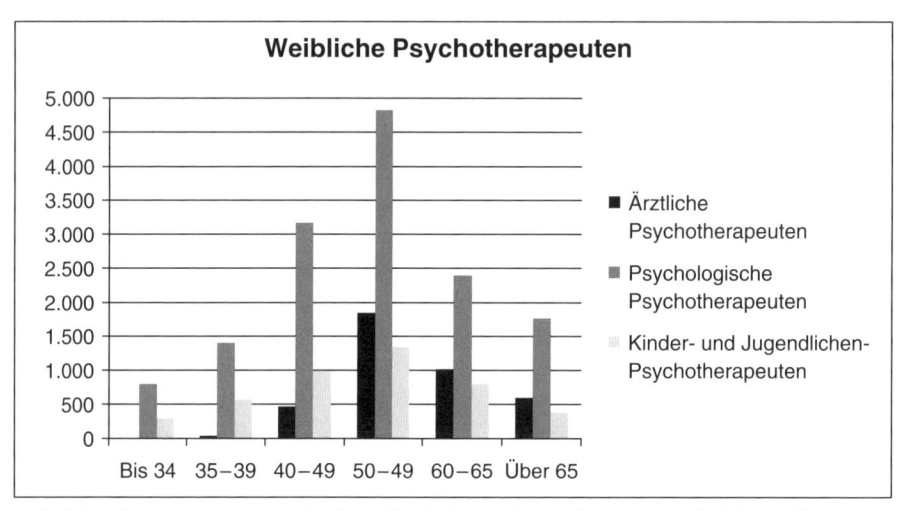

Abb. 3-3 Bundesarztregister 31.12.2017. Weibliche Psychotherapeuten (mit freundlicher Genehmigung der Kassenärztlichen Bundesvereinigung).

Auch die Altersverteilung der Psychotherapeuten ändert sich. Kurz: Psychotherapeuten werden immer jünger und die unter 40-Jährigen sind meist weiblich, Tendenz steigend. Die Zahlen der Kassenärztlichen Bundesvereinigung (KBV) geben diesen Trend nur unvollständig wieder, da es sich hier lediglich um Vertragspsychotherapeuten handelt. Die statistischen Angaben der KBV hinken also dem aktuellen Trend hinterher. In den Ausbildungsinstituten für Psychologische Psychotherapeuten wächst der Anteil von weiblichen Ausbildungsteilnehmern dramatisch, so zum Beispiel bei der Akademie für angewandte Psychologie und Psychotherapie (APP) in Köln (siehe Tab. 3-1):

Tab. 3-1 Anteile männliche/weibliche Ausbildungskandidaten bei der Akademie für angewandte Psychologie und Psychotherapie (APP) in Köln im Mai 2019 in Prozent (APP Jahreszahl).

	KJP-VT	PP-VT	PP-TP	Insgesamt
Frauen	78,50 %	93,30 %	78,30 %	84,20 %
Männer	21,40 %	6,70 %	21,70 %	15,80 %

3.3 Die Schwangerschaft der Psychotherapeutin

Schwangerschaft und Geburt bedeuten für viele Frauen einen emanzipatorischen Schritt in ihrer Entwicklung der Ablösung von ihrer Herkunftsfamilie. Sie begegnen dabei noch einmal – ob noch in Ausbildung oder danach – ihrer eigenen Kindheit und Jugend. Ebenso die werdenden Väter, wenn sie aktiv an der Schwangerschaft, Geburt, Stillzeit und den ersten Abenteuern der Babys in der Welt teilhaben dürfen, wollen und können. *Dürfen*, indem die werdenden Mütter ihre Partner nicht von ihrer körperlichen wie emotionalen Entwicklung ausschließen. *Wollen*, indem sich die werdenden Väter auf ihre Rolle als Väter, Liebhaber und mütterliche Männer einlassen. Und schließlich *können*, da viele Arbeitsbedingungen – auch jene der Psychotherapeuten – die aktive Teilhabe der Väter an der Schwangerschaft, Geburt und Entwicklung ihrer Kids aus finanziellen und strukturellen Gründen nicht eben leicht machen.

Diese Begegnungen mit eigenen kindlichen Erfahrungen, Erinnerungen, besonders jenen, die zunächst im Unbewussten schlummern, machen uns für projektive Identifizierungen mit den Inhalten von Patienten besonders empfänglich. Diese »Aufnahmebereitschaft« für Anteile der Patienten, mit denen wir uns identifizieren können, birgt Risiko und Chance zugleich, wie Delaram Habibi-Kohlen in einem durch ihre Offenheit beeindruckenden Aufsatz (2019, im Druck) schildert. Um nämlich nicht in eine antiquierte Ein-Personen-Psychologie zu verfallen, sondern Psychotherapie als interaktiven, interpersonellen Prozess zu verstehen, ist es notwendig, die eigenen Gegenübertragungen – positive wie negative – nicht nur mit Schilderungen und Biografien der Patienten zu verknüpfen, sondern auch mit eigenen persönlichen Erinnerungen, Erlebnissen und Vulnerabilitäten in Beziehung zu setzen. Das jedoch ist, wie Habibi-Kohlen zu Recht feststellt, mit Scham und Schmerz, emotionalem Aufwand und einer erheblichen Offenheit sich selbst und gegebenenfalls auch intervenierenden Kollegen gegenüber verbunden. Leichter mag es da sein, »wenn die Asymmetrie der Behandlung möglicherweise so verstanden wird, dass der Patient der Kranke und der Analytiker der Gesunde ist, muss dies auch so bewahrt werden« (Habibi-Kohlen, im Druck).[9]

---

9 Nichts spricht dagegen, doch alles dafür, dieses Verständnis nicht nur auf die analytische Psychotherapie anzuwenden, sondern auf alle Psychotherapieschulen.

Gerade die existentiellen Erfahrungen der Behandlerin wie Schwangerschaft und Geburt, Mutterschaft und Erziehung ihrer Kinder machen sie für solche Verstrickungen besonders anfällig, was auch für männliche Kollegen, wenn auch in geringerem oder anderem Ausmaß gilt: Die persönliche Erfahrung, sich von Schwangerschaften der eigenen Mutter ausgeschlossen oder bedroht gefühlt zu haben, mag sich in der Gegenübertragung anders äußern. Männliche Therapeuten mit einer schwangeren Partnerin können Neid, Missgunst, Angst, aus der Beziehung herauszufallen, Rivalität und kompensatorische Suche nach einem neuen Liebesobjekt in der Therapie verdeckt agieren. Hier beschränke ich mich auf die Darstellung typischer Probleme und Konflikte weiblicher Therapeutinnen.

Exkurs

Warum wird die Schwanger- und Mutterschaft von Psychotherapeutinnen ignoriert?
Die Psychoanalytikerin Julia Besch-Cornelius machte 1987 auf die große Bedeutung von Schwangerschaft und Mutterschaft für den therapeutischen Prozess aufmerksam. Doch das Buch ist vergriffen und nicht wieder aufgelegt. Besch-Cornelius erläuterte detailliert, wie die psychoanalytische Literatur historisch geprägt war von Idealisierungen und Entwertungen der Mutterschaft (ebenda S. 7), haarsträubend reaktionären Beschreibungen weiblicher Sexualität (z. B. bei Helene Deutsch 1948 und 1954, Zusammenfassung bei Besch-Cornelius, 1987, S. 23–26) oder der Unkenntnis weiblicher Sexualfunktionen. »Weiblichkeit« war für Freud ein »dark continent« (1926, S. 303), »über das die Menschen [vermutlich eher der männliche Teil der Menschheit, M. H.] zu allen Zeiten gegrübelt haben« (Freud, 1933, S. 545). Der sogenannte Penisneid sollte quasi naturgesetzlich weibliche Sexualität determinieren – dabei alle soziokulturellen Benachteiligungen, die erst zu einem solchen Neid auf männliche Bevorzugungen führen könnten, ignorierend. Die frühen psychoanalytischen Theorien enden in ideologischen Überlegungen zu sogenanntem klitoralen und vaginalen Orgasmen, dabei die prinzipielle orgiastische Überlegenheit der Frau dem Mann gegenüber geflissentlich ignorierend. So gesehen ist der angebliche Penisneid der Frau zwar eine sozialpsychologische Gegebenheit, wenn es um reale Benachteiligungen der Frauen in nahezu allen Gesellschaften geht, dabei jedoch eine unverschämte Umdeutung männlicher Unterlegenheit hinsichtlich weiblicher sexueller Erlebnisfähigkeit einerseits und ihrer Gebärfähigkeit andererseits (siehe hierzu Hilgers 2007, umfassend zur Kritik der psychoanalytischen Literatur zur weiblichen Sexualität siehe Besch-Cornelius 1987, Mitscherlich-Nielsen z. B. 1978).

Die biologisch bedingte psychosexuelle Überlegenheit der Frau erfährt gesellschaftliche Sanktionierungen durch berufliche Benachteiligungen, die aus Schwangerschaft und Mutterschutz erwachsen. Denn obwohl die medizinischen Berufe immer weiblicher werden, dominieren Männer die Chefetagen: Mutterschaft ist eine wesentliche Benachteiligung in der Karriere von Frauen und eine ernsthafte Bedrohung ihrer wirtschaftlichen Existenz im Alter[10]. Diese struktu-

---

10 Die männliche Dominanz in den Chefetagen von Krankenhäusern oder Wirtschaftsunternehmen (in letzter Zeit verschwimmt der Unterschied zunehmend ...) ist vermutlich auch der größeren Skrupellosigkeit der Männer geschuldet, die weniger das Allgemeinwohl als das der eigenen Person im Auge haben.

3.3 Die Schwangerschaft der Psychotherapeutin

relle Gewalt gegenüber Frauen zeigt sich natürlich auch in der thematischen Vernachlässigung von Schwanger- und Mutterschaft in der therapeutischen Beziehung. Dem emanzipatorisch-aufklärerischen Anspruch der Psychoanalyse steht die konsequente Ignoranz dieser Genderkonflikte gegenüber. Mit Schwangerschaft und Geburt ist zudem menschliche Endlichkeit angesprochen: Krankheit, Sterben und Tod. Denn niemals sind wir in unserem bewussten Erleben Transzendenz und Sterblichkeit näher als angesichts eines Neugeborenen – oder könnten es jedenfalls einen Moment lang sein. »Das Andersartige und Besondere an Schwangerschaft, Geburt und Stillen ist jedoch die Tatsache, dass diese Bereiche mit einer Vielfalt von gesellschaftlichen Vorurteilen und Tabus behaftet sind und dass sie durch ihre direkte Verbindung zum Unbewussten und zur archaischen Urgeschichte des menschlichen Seins primitivste Ängste, Neid- und Verlassenheitsgefühle auslösen in einer sonst, abgesehen vom Reich des Todes, nicht erlebbaren Intensität« (Besch-Cornelius 1987, S. 41).

Abb. 3-4 © Thomas Plaßmann.

Die Zeit der Schwangerschaft geht einher mit ambivalenten Gefühlen der Zuversicht und Freude einerseits, des Bangens und der Unsicherheit andererseits. Die Therapeutin ist mit den Möglichkeiten und Ergebnissen der Pränataldiagnostik konfrontiert, deren Nutzung nicht selten mit Aufregungen verbunden ist, die sich zwar oft, aber eben auch nicht immer wieder auflösen: Ist das Wachstum des Fötus normal, gibt es Auffälligkeiten, sogenannte Anomalien (was als Anomalie zu gelten hat, geht weit in den Bereich der Ethik), welche Diagnostik möchte sie sich zumuten und welche nicht?

Auch die unbeschwerteste Schwangerschaft geht nicht ohne einschießende

Nöte und Ängste einher, kommt nicht ohne Zweifel und Verunsicherungen über die Zukunft aus: Die Zeit nach der Entbindung bleibt ungewiss, ebenso wie die berufliche Perspektive – je nach dem, was für ein Mensch geboren wird und wie die Passung zwischen Mutter, Baby, Vater, Patchworkvater oder Wohngemeinschaft ist. Sind bereits Kinder in der Familie, so geht es auch um das künftige Zusammenspiel zwischen allen Beteiligten.

Mithin begegnen Patienten einer Therapeutin, die mehr als sonst – außer vielleicht in Phasen der Verliebtheit, zerbrechender Liebesbeziehungen oder der Trauer – von eigenen Gefühlen geschüttelt sein mag, abgelenkter sein kann oder umgekehrt in Momenten des Einverständnisses in tiefer Ruhe reagiert. Die Schwangerschaft der Psychotherapeutin betrifft mitnichten nur sie selbst, das Ungeborene und den Vater, sondern auch die Patienten, die sich mit den anderen Umständen ihrer Behandlerin auseinandersetzen müssten.

Inwieweit und ob dies überhaupt geschieht, hängt einerseits maßgeblich von den Konflikten, Nöten und der Vorgeschichte der Patienten ab. Andererseits bestimmt die Haltung, die die Therapeutin einnimmt, ob und inwieweit die beiden – Therapeutin und Patient – in konflikthafte, schmerzliche oder zielführende Konflikte eintreten und von ihnen profitieren. Die Analyse dieser sehr speziellen und individuellen Reaktionen gegenüber der schwangeren Therapeutin könnten die Patienten in ihren Konflikten weiterbringen. Voraussetzung ist allerdings, dass die schwangere Therapeutin ihre Gegenübertragung immer wieder analysiert (vgl. Habibi-Kohlen im Druck). Die Betrachtung der jeweils sehr persönlichen Geschichte ihrer Schwangerschaft würde den vorliegenden Rahmen sprengen. Exemplarisch untersuche ich daher typische Übertragungs-Gegenübertragungs-Konflikte und die möglichen Konsequenzen für die Behandlungstechnik.

3.4 Ungewünschte Offenbarungen von Intimität

Es versteht sich von selbst, dass man seine Praxis- oder Institutsräume nicht mit für Patienten sichtbaren Familienbildern ausstattet, die äußere Gestaltung dezent ist und beispielsweise keine Urlaubsfotos oder Sportabzeichen enthält. Wer und was man privat und in der Freizeit ist, mag man gelegentlich dann mitteilen, wenn die Beantwortung einer Patientenfrage den Prozess fördert oder ihre Nichtbeantwortung den Patienten schädigen mag. Wo man in Urlaub war oder ob man schöne Ferien hatte, sind häufig gestellte Fragen, deren Nichtbeantwortung in aller Regel Scham auslöst, denn Schweigen kann sogar als Demütigung empfunden werden (vgl. Stone 1973, Hilgers 2013, S. 168–171).

Schweigen oder Verschweigen erweist sich jedoch dann als obsolet, wenn äußere Hinweise offenbar werden lassen, was in einem geschieht oder vor sich geht. Das betrifft deutlich erkennbare Anzeichen schwerer Krankheit, beispielsweise der Verlust der Haare wegen Strahlen- und Chemotherapie, starken Gewichtsverlust oder Veränderung des Gesichts durch Kortisontherapie. Alkoholsucht mag sich äußerlich offenbaren, ebenso wie Entzugserscheinungen.

3.4 Ungewünschte Offenbarungen von Intimität

Trauer und Schmerz über den Verlust von Angehörigen, ob durch Tod oder Trennung, zeichnen die Züge, wie umgekehrt es erfreuliche Ereignisse zu tun in der Lage sind. Frische Verliebtheit, Freude über eigene Erfolge oder jene von Kindern und Angehörigen bleiben Patienten ebenso wenig verborgen wie die erwähnten schmerzlichen Erfahrungen. Ob man es will oder nicht, Patienten reagieren empathisch, was eigentlich ein direkt oder indirekt erwünschtes Therapieziel ist (hierbei handelt es sich um so genannte erwünschte Nebenwirkungen; Kächele und Hilgers 2013). Sich gegen die Eindrücke, Bemerkungen und Fragen der Patienten zu verwehren, kann schädigend wirken, wenn es den erklärten Therapiezielen widerläuft (ausführlich hierzu Hilgers 2013).

Was gegenüber Patienten gilt, wenn es um das Sichtbarwerden eigener Befindlichkeiten geht, betrifft in gleicher Weise Vorgesetzte und Arbeitgeber: Mit innersten Empfindungen, Freuden und Nöten möchte man meist für sich und im Kreise der Liebsten bleiben, nicht aber öffentlicher Zurschaustellung preisgegeben sein. Manches mag man verbergen können und abwarten, bis das Ärgste vorüber oder die Gewöhnung an das neue Glück ein wenig Alltag geworden ist. Anders jedoch bei einer Schwangerschaft, deren Verlauf sich geradezu antizyklisch zur Adaption innerer Vorgänge verhält: Denn die Schwangerschaft wird immer sichtbarer, ist alsbald nicht mehr zu leugnen oder wird besten- oder schlimmstenfalls kurzfristig als kulinarische Exazerbation verkannt.

Das eigene Privatleben wird erkennbar, unkontrolliert und nicht beabsichtigt: Dass Therapeutinnen Sex haben, mag einem als Patient vage bewusst sein. Die Schwangerschaft der Behandlerin lässt jedoch keinen Zweifel an einem intimen Privatleben, von dem die Patienten ausgeschlossen sind. Diese Erkenntnis stellt die ohnehin illusionäre Vorstellung der Exklusivität der therapeutischen Beziehung infrage.

Für die Therapeutin stellt sich die Frage, wann sie Patienten oder eventuell Arbeitgeber und Kollegen in Kenntnis setzen will oder muss. Eine arbeitsrechtliche Verpflichtung, dem Arbeitgeber die Schwangerschaft mitzuteilen, besteht in Deutschland nicht. Ab dem Zeitpunkt, wo der Arbeitgeber von der Schwangerschaft weiß, ist er jedoch – je nach Arbeitsplatz – verpflichtet, bestimmte Schutzmaßnahmen für die Schwangere zu ergreifen.

In den ersten Wochen einer Schwangerschaft besteht große Unsicherheit darüber, ob es zu einem spontanen Abgang kommt, eventuelle Missbildungen oder Anomalien festgestellt werden, die zur Option eines Schwangerschaftsabbruchs führen können. Häufig besteht zusätzlicher diagnostischer Abklärungsbedarf, der wiederum mit Wartezeiten verbunden ist. Die in diesen Fällen zwangsläufige Verunsicherung und die damit verbundenen teils heftigen emotionalen Zustände – ganz abgesehen von hormonellen Umstellungen – tragen nicht eben dazu bei, sich Patienten oder Arbeitgebern bereitwillig zu offenbaren. Der mit einer Entscheidung für oder gegen eine Schwangerschaft verbundene Prozess kann jedoch einige Wochen in Anspruch nehmen und somit zu einer Belastung führen, die die irgendwann anstehende Offenlegung der Schwangerschaft zusätzlich deutlich erschwert. In dieser Phase befinden sich werdende Mütter und Paare in einer besonders schamsensiblen Phase, die es eigentlich verbietet, sich Außenstehenden zu öffnen und diese von der Schwangerschaft, deren Verlauf ja noch unklar ist, in Kenntnis zu setzen. Ohnehin stellt sich die heikle Frage, wann denn der »richtige« Zeitpunkt sein könne, nicht nur Angehörigen, sondern auch Arbeitgebern und Patienten die Schwangerschaft mitzuteilen. Vermutlich dürften die meisten Schwangeren die ersten Wochen der relativen Unsicherheit abwarten, bis sie das Gespräch mit dem Arbeitgeber suchen.

Praxistipp

Die Mitteilung gegenüber Patienten
Nach Verstreichen einer Karenzzeit, die den anfänglichen oben geschilderten Unsicherheiten geschuldet ist, empfiehlt sich eine sachliche Tatsachenerklärung, z. B.: »Ich werde voraussichtlich am 31. Juli in Mutterschutz gehen. Ab dem 30. April werde ich nach und nach wieder mit der Praxisarbeit beginnen.« Jede emotionale Beitönung kann schuldhafte Verstrickungen mit den Patienten eröffnen. Nachteilig wäre, dass dann nicht mehr erkennbar ist, von wem initial Rechtfertigungsdruck oder latente Vorwürflichkeit ausging. Stattdessen wäre ein freundlich-neutrales Abwarten nach der Deklaration ratsam, um der emotionalen Reaktion des Patienten Raum zu geben. Überraschung, Enttäuschung, Bestürzung, Verärgerung oder euphorische Glückwünsche wollen zunächst ausgehalten und dann sanft hinterfragt werden. Bleibt die Schwierigkeit, dass sich die Therapeutin – anders als zumeist – mit einer einschneidenden Veränderung ihres eigenen Lebens präsentiert, die erhebliche Auswirkungen auf die Befindlichkeit des Patienten und seine Behandlung hat. Denn nie werden wir so sichtbar wie in den existentiellsten Momenten unseres Lebens: Geburt, Krankheit und Sterben.
Von großer Bedeutung ist die Notwendigkeit, sich vorab darüber klar zu werden, welche Patienten man nach der Unterbrechung keinesfalls weiterbehandeln möchte, welche unter noch zu klärenden Umständen und bei welchen ganz sicher die Therapie wieder aufgenommen werden soll. Ist sich die Therapeutin darüber im Unklaren, besteht die Gefahr, dass sie aufgrund der Offenbarung der Schwangerschaft Druck fühlt, Zugeständnisse zu machen, die sie nicht einhalten kann oder will. Dabei muss die Schuldspannung keineswegs vom Patienten ausgehen. Und die Behandlerin muss auch nicht unbedingt auf einem verfolgenden Über-Ich hocken, um sich über das künftige Schicksal ihrer Patienten betroffen zu fühlen. Das Gefühl der Verantwortung für ein Schicksal reicht völlig aus, um vor sich selbst und anderen in Rechtfertigungsnot zu geraten. Ob diese jedoch einer eher rationalen Analyse der Gegenübertragung zugänglich ist, verarbeitet und dann an den Patienten als Intervention zurückgegeben werden kann, hängt wiederum stark von der Vorgeschichte der Behandlerin ab.
Es versteht sich, dass die Mitteilung erfolgen sollte, bevor sie sich durch ihre Offensichtlichkeit erübrigt hat. Planbarkeit und Kontrolle ist für beide Beteiligten von großer Wichtigkeit. Langzeitpatienten, die am ehesten von Unterbrechungen betroffen sind, laufen Gefahr, dass sich negative Vorerfahrungen oder Traumatisierungen von Verlassenheit reaktualisieren. Dies bedeutet jedoch nicht, dass man in vorauseilendem Gehorsam, der eher einer Schuldvermeidung gehorcht und aggressiven Reaktionen der Patienten auszuweichen geeignet ist, vorschnell mit Selbstoffenbarungen vorprescht. Eigentlich gäbe es für jedes Patient-Therapeutinnen-Paar einen individuellen Zeitpunkt und eine ebenso individuelle Form der Mitteilung und nachfolgend des Gesprächs über die Konsequenzen der Schwangerschaft. Allerdings ist dies in vielen Fällen, besonders bei stationären Behandlungen, kaum realisierbar, weil Patienten miteinander sprechen und sich natürlich über die Schwangerschaft und ihre Folgen ihrer gemeinsamen Behandlerin austauschen.

Die Alternative zu dieser Vorgehensweise wäre das kommentarlose Geschehenlassen, ohne überhaupt eine Mitteilung zu machen. Allerdings ist in jedem Fall eine endgültige mittel- oder langfristige Unterbrechung der Therapie anzukündigen, die ja nicht vom Patienten ausgeht oder seiner Kontrolle unterliegt. Für die Rahmenbedingungen, mithin auch für Therapiepausen oder -beendigungen, ist in jedem Fall die Therapeutin verantwortlich, daher auch für rechtzeitige Ankündigungen. Den Grund nun tunlichst angesichts eines anwachsenden Bauchs zu verbergen, scheint mir bizarr, ein Schweigen angesichts von Fragen oder ein Verschweigen des sichtbaren Grundes verrückter, als es die Patienten in der Regel sein können und wollen.

3.5 Exemplarische Konflikte während Schwanger- und Mutterschaft

Grundsätzlich kann für männliche wie weibliche Psychotherapeuten die Entscheidung für oder gegen eigene Kinder erheblichen unbewussten Einfluss auf die Behandlung ihrer Patienten haben: »Je nachdem, ob wir zu einer befriedigenden Lösung unserer generativen Möglichkeiten kommen oder nicht, ob wir zum Beispiel Kinder haben oder nicht, besteht eine größere oder kleinere Gefahr, unbefriedigte oder enttäuschte Bedürfnisse an unseren Patienten als Ersatzkinder zu befriedigen oder mit den Eltern der Patienten beziehungsweise mit den Patienten als Eltern zu rivalisieren« (Besch-Cornelius 1987, S. 44 f.). Ohnehin besteht eine Parallele zwischen dem Wunsch, eigene Kinder zu haben und in ihnen mit Gedanken, Handlungen oder Haltungen über den eigenen Tod hinaus fortzuleben, und der Fantasie, Patienten etwas für deren Leben mitzugeben, das einen ebenfalls quasi verewigt.

Mit der Entscheidung, eine Schwangerschaft auszutragen, zieht die Therapeutin einen Teil dieser Unsterblichkeitsprojektionen von ihren Patienten zugunsten des Ungeborenen ab. Das eigene Erbe ist – jedenfalls zunächst – primär auf das tatsächlich erbtragende Baby gerichtet, das nun einen zentralen Platz in den Versorgungsfantasien der Schwangeren einnimmt, was zu einer verringerten Besetzung der Patienten mit solchen Fantasien führt – von ihren Patienten unbewusst sicher nicht unbemerkt. Ob dieser Abzug der Besetzung von Patient auf das eigene Baby jedoch günstigen oder eher negativen Einfluss auf den weiteren Verlauf des therapeutischen Prozesses hat, bleibt der Analyse von Gegenübertragung und aktueller Symptomatik vorbehalten.

Schuldzentrierte Gegenübertragungen

Die Aufmerksamkeit der Schwangeren richtet sich auf ihr Ungeborenes mit Wünschen, Hoffnungen, Ängsten und Visionen von einer gemeinsamen Zukunft – ob mit oder ohne Kindsvater. Zugleich sind diese Zukunftsentwürfe auch Vorboten des eigenen Endes wie auch seiner Transzendenz. Die Therapeutin verteilt ihre emotionale Zuwendung neu: Bereits während der Schwangerschaft benötigt sie selbst und ihr Ungeborenes viel Aufmerksamkeit; nach der Entbindung und während der Stillzeit gilt die Hauptaufmerksamkeit dem Baby

– und nicht primär den Patienten. In der Gegenübertragung kann dies erhebliche Konflikte um schuldbehaftete Zerrissenheit auslösen:

Wird die Schwangere oder junge Mutter dem Baby ausreichend gerecht? Und ihren Patienten? Wie sich aufteilen? Wie mit den entstehenden Schuldgefühlen um mangelnder (oraler) Versorgung von Baby und Patienten umgehen? Widmet sie sich während des Mutterschutzes ausschließlich ihrem Baby, entzieht sie zugleich ihren Patienten ihre Versorgung in Gänze. Im Falle einer langsamen Wiederaufnahme der Arbeit zieht es die Mutter potentiell zurück zum Baby, gleichzeitig ist sie vermutlich froh, wieder ein teilweise eigenständiges Leben zu führen. Zugleich ist sie innerlich immer wieder auch bei ihrem Kind. Damit wird sie ihren Patienten nicht mehr wie vor der Schwangerschaft gerecht. Die grundsätzliche Empfehlung Habibi-Kohlens (2019), sich der genauen Analyse unbewusster Gegenübertragungen zuzuwenden, steigert womöglich die intrapsychische Spannung, ohne jedoch direkte Entlastung zu gewährleisten: Denn an den Brüsten der Therapeutin befinden sich nunmehr zwei oder mehr Bedürftige, deren Bedürfnissen sie immer nur bedingt gerecht werden kann.

> Eine Anfang 30-jährige angehende Psychoanalytikerin steht angesichts ihrer Schwangerschaft vor einer Reihe von sie verunsichernden Fragen. Neben dem Zeitpunkt der Eröffnung ihrer Umstände gegenüber den Patienten ist klar, dass sie nicht alle bisherigen Patienten nach der Entbindung würde weiterbehandeln können. Sie plant, zunächst eine Pause zu machen und dann nach und nach Behandlungen wieder aufzunehmen, wenn es die Befindlichkeit ihres Babys und ihr eigenes Befinden gestatten. Doch wie soll sie entscheiden, welche Behandlungen sie später wiederaufnehmen möchte und welche nicht? Bei der sehr begrenzten Stundenzahl, die sie durch Abpumpen vom Baby getrennt sein kann, fallen einige wenige Nachmittagsstunden an, an denen ihr Mann das Kind versorgt. Und wie rasch diese Zeiten ausgedehnt werden können, ist zum Zeitpunkt der frühen Schwangerschaft nicht planbar. Die Entscheidungsfindung ist mit erheblichen Schuldkonflikten verbunden, der Furcht vor den Reaktionen der vom Behandlungsende betroffenen Patienten und zunächst diffusen Ängsten vor aggressiven Attacken ihrer Patienten.
> Die Analyse der Gegenübertragung lässt manche Not verständlicher erscheinen: Soll die Therapeutin ihre »Lieblingspatienten« in jedem Fall weiterbehandeln? Und wieso sind sie überhaupt ihre »Favoriten«? Verstößt sie die schwierigen mit quasi verbotener Erleichterung? Oder sollte sie nicht gerade diese weiterbehandeln, um quälenden Schuldgefühlen auszuweichen? Schließlich stellt sie im engen Kontext mit ihrer erwünschten Schwangerschaft fest, dass die Beendigung von Behandlungen in ihr die Assoziation von Abtreibung oder von Abreißen von der versorgenden Brust auslöst.
> Im weiteren Verlauf der Schwangerschaft, die zu diesem Zeitpunkt allen Patienten bekannt und auch deutlich sichtbar ist, nehmen die Fantasien über aggressive Attacken der Patienten konkretere Formen an: Sie hat das Gefühl, ihren Bauch vor Angriffen mancher Patienten schützen zu müssen, wobei sich die Fantasien nicht nur auf männliche Patienten beziehen, hier aber besser fassbar sind. Letztlich fürchtet sie sich vor körperlichen Angriffen auf ihren Bauch und das Ungeborene, das dadurch Schaden nehmen oder spontan abgehen könnte.
> Und tatsächlich schildert ein männlicher Patient wütende Fantasien, die Schläge gegen den Bauch der Therapeutin zum Inhalt haben, da ihm das Ungeborene den sicheren Platz in der Analyse raube.

3.5 Exemplarische Konflikte während Schwanger- und Mutterschaft

In der Supervisionsgruppe bestärken und ermutigen die anderen Mitglieder ihre Kollegin, die Behandlung bei diesem Patienten in jedem Fall enden zu lassen und nicht in einer Mischung aus Reaktionsbildung und realer Angst kontraphobisch mit ihm weiterzuarbeiten. Natürlich berührt dies wiederum Abtreibungsfantasien, vordergründig gegenüber dem Patienten, eventuell jedoch nicht realisierten Abtreibungsideen gegenüber dem eigenen Baby. Denn jede Schwangerschaft ist nicht nur freudig begrüßt, sie ist nicht ausschließlich Erfüllung des Mutterglücks, sondern eben auch mit sehr realen Einschränkungen verbunden. Die Therapeutin könnte sich also – auch unabhängig vom vorliegenden Fall – fragen, ob sie nicht einen vorgeblich lästigen, unangenehmen Patienten »abtreibt« und damit auch fantasierte Anteile des lästigen, unangenehmen Ungeborenen. Solche verwirrenden und tief irritierenden unbewussten Fantasien könnten den therapeutischen Prozess bereichern, die Therapeutin jedoch auch – gerade in der sensiblen und vulnerablen Zeit der Schwangerschaft – überfordern. Was letztlich nicht nur sie, sondern auch Ausbilder, Supervisoren, Lehrtherapeuten und -analytiker betrifft. Denn im Wesentlichen könnten diese ebenfalls von dieser Dynamik betroffen sein, jedoch vermeintlich geschützt durch ihre Qualifikation.

Angst in der Gegenübertragung

Die gerade beschriebenen zunächst diffusen Ängste der Psychotherapeutin spiegeln umfassende, aggressive Versorgungswünsche der Patienten wider, die sich durch die Schwangerschaft in ihrem Zugriffsrecht auf ihre Behandlerin bedroht sehen. Die französische Psychoanalytikerin Janine Chassequet-Smirgel behauptete die Existenz einer – wie sie es ausdrückte – »archaischen Matrix des Ödipuskomplexes« (1988, S. 88–111). Für deutsche Psychotherapeuten ist die blumige, symbolträchtige Sprache französischer Psychoanalytiker etwas gewöhnungsbedürftig, zumal sich Chassequet-Smirgel teilweise auf so zweifelhafte Quellen wie die Melanie Kleins bezog. Der Kern ihrer Hypothese vermag dennoch die Ängste der Therapeutin zu erklären und kann Schwangeren sehr konkret begegnen, wie übrigens ihre Theorie auch beim Verständnis von Paraphilien (»Perversion«) und narzisstischen Phänomenen hilfreich sein kann:

»Die Hypothese, die ich aufstellen möchte, lautet, dass es einen primären Wunsch gibt, eine Welt ohne Hindernisse, ohne Unebenheiten und ohne Unterschiede wiederzuentdecken, eine völlig glatte Welt, die mit einem seines Inhalts entleerten Mutterleib identifiziert wird, einem Innenraum, zu dem man freien Zugang hat. Hinter der Phantasie, den Penis des Vaters, die Kinder und die Exkremente im Mutterleib zu zerstören oder sich anzueignen – einer Phantasie, die Melanie Klein herausgearbeitet hat und die ihr zufolge für die frühen Stadien des Ödipuskonflikts spezifisch sind –, lässt sich ein noch grundlegenderer und archaischerer Wunsch feststellen, dessen Repräsentanz die Rückkehr in den Mutterleib ist. Letztlich geht es darum, auf der Ebene des Denkens ein psychisches Geschehen ohne Barrieren und mit frei fließender Energie wiederzufinden. Der Vater, sein Penis, die Kinder repräsentieren die Realität. Sie müssen zerstört werden, damit die dem Lustprinzip eigene Art des psychischen Geschehens wiedererlangt werden kann. Die Phantasie, die Realität zu zerstö-

ren, verleiht der Phantasie, den Mutterleib zu leeren, ihre überragende Bedeutung. Es sind die Inhalte (des Bauches), die der Realität gleichkommen, nicht der Behälter selbst. Der leere Behälter repräsentiert die ungehemmte Lust.« (Chassequet-Smirgel 1988, S. 91 f.)

Zweifellos sind einige einfließende entwicklungspsychologische Konstrukte problematisch oder unter dem Eindruck der Säuglingsforschung unhaltbar, etwa die Unterstellung primärer oral-narzisstischer Wünsche, die demzufolge »wiederentdeckt«, »wiedergefunden« oder »wiedererlangt« werden sollen, oder der Penis des Vaters als Repräsentanz der Realität. Sieht man von solchen Einwänden einmal ab, so beschreibt Chassequet-Smirgel aggressive Wünsche mancher Patienten, die ärgerlich-frustrierende Realität zu beseitigen und sich quasi totaler, ungehemmter und durch keine Einschränkungen der Realität behinderter Versorgung zu versichern. Alle Hindernisse, die dieses Ziel bedrohen, trifft demnach die mehr oder minder offen geäußerte, eventuell auch ausgelebte Wut der Patienten.

Die schwangere Therapeutin sieht sich daher mit aggressiven Fantasien, Wünschen und eventuell auch Impulsen ihrer Patienten konfrontiert. Der von Chassequet-Smirgel formulierte Wunsch des ungehinderten und durch keine Hindernisse eingeschränkten Zugangs zur Behandlerin greift damit unmittelbar ihre Schwangerschaft (und spätere Mutterschaft) ebenso an wie die Tatsache, dass sie vermutlich einen Partner hat, dem sie ihre Liebe, Aufmerksamkeit und Versorgung zuwendet.

Rivalität und in der Gegenübertragung gefühlte Attacken der Patienten als »Kinder« ihrer Behandlerinnen enden natürlich nicht mit der Geburt. Die Konkurrenz um Zuwendung und Zeit, Aufmerksamkeit und Empathie kann sich nach der Geburt noch verschärfen, weil man als Patient spätestens jetzt spürt, nicht mehr und wohl auch niemals an vorderster Stelle der empathischen Aufmerksamkeit gestanden zu haben. Die Existenz eines Liebespartners, Liebhabers und einer Nummer eins im Leben der eigenen Therapeutin kann so lange erfolgreich verdrängt werden, wie sie sich nicht durch eine Schwangerschaft manifestiert. Zudem hat man es als Patient nicht mehr nur mit einem Konkurrenten zu tun, sondern mit einem weiteren, eventuell sogar mit einer ganzen Familie, die aus mehreren Kindern und Patchworkkindern bestehen kann.

Die Angst der Therapeutin in der Gegenübertragung ist vielleicht am besten verstanden, wenn man sich die teilweise massiv aggressiven Übergriffe psychotischer Patienten in der Psychiatrie vor Augen hält, vor denen Schwangere durch Versetzung in »ruhigere« Stationen geschützt werden sollen. Meist jedoch geht es im ambulanten Rahmen um aggressiv-feindselige Übertragungsphänomene, die latent die Übertragungsbeziehung beeinflussen und Schutzimpulse bei Therapeutin, Kollegen und Supervisoren auslösen.

Gefühle latenter Bedrohung und Angst können sich jedoch auch auf sehr reale, strukturelle Arbeitsbedingungen beziehen. Denn die Schwangerschaft einer angestellten Ärztlichen oder Psychologischen Psychotherapeutin in einer Institution, wie zum Beispiel einer Klinik, Justizvollzugsanstalt, Beratungsstelle, Praxis

3.5 Exemplarische Konflikte während Schwanger- und Mutterschaft

oder einem Medizinischen Versorgungszentrum (MVZ) verursacht finanzielle Einbußen, organisatorischen Aufwand und meist auch nicht zu ersetzende Ausfälle. Der in den letzten Jahren immer größer werdende Mangel an Ärzten, teilweise auch Psychologischen Psychotherapeuten, macht es den Leitungen von Institutionen und Kliniken nicht leicht, für Ersatz zu sorgen. Offiziell wird – ähnlich wie bei den Patienten selbst – die Schwangerschaft zwar mit Glückwünschen begrüßt. Klar ist aber auch für alle Beteiligten, dass die Freude über die schwangere Kollegin nicht ungetrübt ist, was in Zeiten der Emanzipation nicht mehr offen geäußert wird – dafür aber umso wirksamer unterschwellig die Schwangere treffen kann.

Doch nicht nur die Leitungen unterschiedlicher Institutionen können aversiv auf Schwangerschaften und Mutterschutz reagieren, da sie in reale Schwierigkeiten mit der Versorgung ihrer Patienten geraten. Auch die Kollegen werden unter Umständen von Mehrbelastungen betroffen, wenn sich nicht sofort oder ausreichend eine Schwangerschaftsvertretung finden lässt. Diese strukturell bedingten, meist unterschwelligen negativen Reaktionen bleiben natürlich den betroffenen Frauen nicht verborgen, weil sie die entstehenden Schwierigkeiten aus der umgekehrten Position häufig schon kennen oder zumindest leicht erahnen können.

Scham in der Gegenübertragung

Scham ist die Hüterin der Selbst- und Intimitätsgrenzen, sie reguliert unser narzisstisches Gleichgewicht ebenso wie unsere sozialen Beziehungen (Hilgers 2013). Schwangerschaft und Geburt sind äußerst sensible, schamempfindliche Prozesse, denn sie betreffen unsere intimsten Wünsche und Ängste, unser Bedürfnis nach Weiterleben und die Konfrontation mit Begrenzung, Endlichkeit und Sterben. Deshalb glaube ich, dass es kein Zufall ist, dass dieses Thema so wenig Beachtung findet.[11] Denn eigentlich wäre es doch naheliegend, dass sich gerade Kolleginnen äußern, die entweder direkt oder indirekt die damit verbundenen Übertragungskonflikte erleben. Doch weil die Schwangerschaft die im günstigsten Fall bezaubernsten Momente zwischen einer Frau und einem Mann – sexuelle Erfüllung und ihr buchstäblich sichtbarstes zartes Weiterleben – betrifft, mag man, ob Therapeut oder Therapeutin, zunächst damit nur im engsten Kreis sichtbar werden.

> Meist mit einer gewissen Befangenheit berichten mir Kolleginnen im Rahmen von Supervision oder Lehrtherapie und Lehranalyse, dass sie schwanger sind. Während ihnen die Tatsache an sich erfreulich ist, fragen sie sich vermutlich, was zum Teufel das eigentlich ihren Supervisor oder Lehrtherapeuten angeht. Eine erwünschte Schwangerschaft bedeutet erst einmal großes Glück für das Paar, das es einerseits zu zweit zu feiern gilt, andererseits auch Stolz und die unbedingte Freude, dies mit anderen, jedoch ausgewählten Personen

---

11 Abgesehen davon vergeben die meisten Forschungsaufträge immer noch Männer in Karrierepositionen, die sich eher weniger mit dem Teilen von Schwangerschaft, Elternzeit und Mutterschutz »aufhalten«.

zu teilen. Zu diesem erlesenen Personenkreis gehören primär nicht die Ausbilder und erst recht nicht die Patienten. Kurzum: Bereits sehr früh im Verlauf ihrer Schwangerschaft erleben die Kolleginnen nicht nur die weiter oben beschriebenen Schuldgefühle, Verlegenheit und Schamgefühle: Wie oder ob überhaupt sich den Patienten offenbaren? Und den Ausbildern? Meine Supervisandinnen und Kolleginnen in Selbsterfahrung lassen mich teilweise wissen, dass sie schwanger werden möchten, andere erwähnen ihre Schwangerschaft freudig, wieder andere wie nebenbei oder manche auch, um zu vermeiden, dass ich mir über Gewichtsprobleme Gedanken machen könnte. Eine etwas resolute Kollegin ging mit ihrer Gegenübertragung eher kontraphobisch um, indem sie beschloss: »So, Schluss jetzt, jetzt sag' ich es allen!« Um es dann doch nicht allen Patienten mitzuteilen, es aber bei jenen zu unterlassen, bei denen die Beziehung schwierig war und sie Gefühle von Missgunst oder Feindseligkeit fürchtete. Eigentlich handelte es sich nicht um eine Fehlleistung, denn ihr war der Hintergrund ihrer Diskriminierung klar und sie war mit sich und ihrer Entscheidung »aus dem Bauch« einverstanden.

Angst vor Rivalität, Neid oder Missgunst in der Gegenübertragung

Offenheit der Patienten und ihre Schilderungen über ihre aktuelle Situation und ihre Lebensgeschichte machen es der Therapeutin zumeist leicht, sich in ihre Lage und Emotionalität einzufühlen. Diese Empathie und das wachsende umfassende Verständnis der Konflikte der Patienten bringen es andererseits mit sich, dass sich die Therapeutin vorzustellen versucht, wie ihre Patienten auf ihre Schwangerschaft reagieren. Weiß die Therapeutin von erfüllten oder unerfüllten Kinderwünschen? Hat sie Kenntnis davon, ob der Kinderwunsch für immer unerfüllt bleiben wird oder das Thema – jedenfalls zunächst – erledigt schien? Kennt sie Schilderungen der Patienten über Schwangere in ihrem Umfeld oder Paare, die Kinder haben oder bekommen? Plötzlich ist die Therapeutin nicht mehr nur Begleiterin, nicht mehr nur Übertragungsobjekt, sondern die Übertragungen betreffen – vielmehr als ohnehin schon – ihre ganz reale Lebenssituation. Die Übertragungskonflikte können demnach eine sehr reale Note erhalten: Neid oder Missgunst betreffen nicht mehr Personen im Umfeld, sondern sind Inhalt der therapeutischen Beziehung und betreffen das Innerste, nämlich den Bauch der Therapeutin. In dieser Situation fällt es deutlich schwerer, die Äußerungen von Patienten lediglich als Ausdruck von Übertragung zu verstehen, was sie ohnehin nie in Gänze sind. Doch nun steht der Zustand der Therapeutin im Mittelpunkt, kann von Neid oder Missgunst betroffen sein.

Neid wäre Ausdruck des Wunsches, es der Therapeutin gleichzutun, des Wunsches, ebenfalls schwanger zu sein oder zu werden – so dies Alter und Lebenssituation der Patientin oder indirekt eines männlichen Patienten überhaupt zulassen. Missgunst könnte entstehen, wenn das erstrebenswerte Ziel eigener Schwangerschaft oder Kinder nicht oder nicht mehr realisierbar erscheint, was von Neid unterschieden ist: Missgunst bezieht sich auf aggressive, die Erfolge eines anderen potentiell vernichtende Impulse, während Neid ein motivierender Affekt ist, der anspornt, in die gleiche Lage wie die Behandlerin zu kommen. Da beide Affekte häufig verwechselt werden, wird beidseits bereits Neid gefürchtet, anstatt ihn als Motivation zur Veränderung zu begrüßen.

Doch Neid kann natürlich auch entstehen, ohne dass es zu Missgunst kommt: Wie schön wäre es gewesen, mag eine Patientin denken, wäre ich beizeiten schwanger geworden. Die begleitende Trauer verhindert Missgunst, lässt jedoch Neid zu. Denn der Neid ist nicht vernichtend, nicht tödlich gegenüber dem Ungeborenen, sondern hat etwas von einer kinderlosen Tante, die mit Bedauern und gleichzeitiger Freude das werdende Leben begrüßt.

Missgunst hingegen betrifft erneut die Attacke auf den Bauch der Therapeutin oder seinen Inhalt und ruft Schutz-, Vermeidungs- oder Fluchtimpulse auf den Plan, eventuell auch manifeste Aggression in der Gegenübertragung. Demgegenüber kann eine postadoleszente Rivalität zwischen Patientin und Psychotherapeutin, wer denn nun als erste schwanger wird, zwar eine kompetitive Aggression beinhalten, meist jedoch begleitet mit einer eventuell spielerischen Note, solange der »Siegerin« des Wettbewerbs gegönnt ist, vor der Patientin niederzukommen und damit auch ein Modell für die eigene Schwangerschaft zu liefern.

Aggression in der Gegenübertragung

Aggressive Gegenübertragungen können sich als Lustlosigkeit (»kein Bock«) latent oder offen als Ärger manifestieren, und zwar auf imaginierte wie tatsächliche Reaktionen der Patienten auf die Schwangerschaft der Therapeutin. Eine weitere aggressive Reaktion ist das sogenannte »Genervtsein«, was Ablehnung und latente Aggression verdeckt. Wieder ist die Analyse der Gegenübertragung wichtig, um herauszufinden, was genau die Aversion auslöst und wie sie konstruktiv in den therapeutischen Dialog eingebracht werden kann. Alle gerade beschriebenen Übertragungs-Gegenübertragungs-Dynamiken können solche aggressiven Haltungen der Therapeutin auslösen.

3.6 Die Schwangerschaft der Therapeutin als Chance der Entwicklung

Schwangerschaft und imaginierte spätere Mutterschaft sind Herausforderungen für die Identitätsentwürfe der Psychotherapeutin (vgl. Besch-Cornelius 1987). Die körperlichen Veränderungen müssen integriert werden und stehen potentiellen Idealen von Schlankheit und Jugendlichkeit entgegen. Ob und wie Rückbildungen mancher, nicht erwünschter körperlicher Veränderungen der Schwangerschaft möglich sind, hängt nicht nur von der Disziplin bei Rückbildungsübungen ab. Auch wenn dies aus unterschiedlichen Gründen keine so große Rolle spielt, so weicht die Jugendlichkeit der Therapeutin in ihrem Selbstbild zugunsten ihrer Fraulichkeit, was nicht ohne weiteres auf freudige Akzeptanz stoßen mag. Ihr eventueller Partner mag dabei hilfreicher Begleiter oder nölender Kritiker sein, der seinerseits Schwierigkeiten mit der Frau und Mutter an seiner Seite haben kann: Fühlt sich die Psychotherapeutin weiterhin als begehrenswerte Frau (so sie dies je so erlebte), oder erlebt sie sich auf die Rolle als Mutter»tier« reduziert? Kann sie die unterschiedlichen Rollen als Mutter, Frau, Weib,

Liebhaberin und intellektuelle Behandlerin integrieren? Gelingt es ihr, sich gegenüber ihren Patienten in der Diversität dieser Rollen zu erleben und zu zeigen?

Unabhängig von ihrem tatsächlichen Alter ist die Psychotherapeutin nahezu plötzlich keine junge Frau mehr, sondern mit ihrer Endlichkeit in der Generationenabfolge konfrontiert. Das relative Einverständnis mit dieser sehr persönlichen und konflikthaften Entwicklung hängt nicht nur von historischen Lebenserfahrungen mit den primären Bezugspersonen ab, sondern auch von der aktuellen Lebenssituation: Ist die Schwangerschaft überhaupt erwünscht und ereignet sie sich in einer mehr oder weniger gelingenden Partnerschaft? Sieht sich die Therapeutin damit konfrontiert, ihre kommende Mutterschaft allein, ohne den Vater oder ohne Partner, schultern zu müssen? Ergeben sich daraus große Schwierigkeiten bei der Behandlung ihrer Patienten einerseits und der Sicherstellung ihres Lebensunterhalts andererseits?

Im Gegensatz zu hasserfüllt-feindseligen Fantasien von der Vernichtung des Ungeborenen zugunsten eigener Befriedigung, wie in Anlehnung an Chasseguet-Smirgel (1988) beschrieben, können jedoch auch Identifikationen mit der werdenden Mutter, ihren körperlichen Veränderungen, idealisierende Bewunderung ihrer Gebärfähigkeit Wachstumspotentiale oder konstruktive Trauerreaktionen wecken. Wird das Eigenleben der Therapeutin jenseits der Therapie realisiert und akzeptiert, ermöglicht dies die Auseinandersetzung mit existentiellen Lebensfragen, was wiederum die Therapeutin herausfordert, sich diesen Themen zu stellen.

Und einmal mehr kann sich auch die Absurdität des Konstrukts des Penisneids in der therapeutischen Beziehung mit männlichen Patienten erweisen: Diese werden nämlich mitnichten ihren Phallus angesichts der Schwangerschaft ihrer Therapeutin triumphal erleben – und sollten sie es so darstellen, dann überkompensatorisch und entwertend als Reaktion auf die Realisierung der Gebärfähigkeit von Frauen schlechthin und ihrer Therapeutin im Besonderen.

Voraussetzung hierfür ist die Bereitschaft der Therapeutin, ihre eigenen körperlichen und psychischen Veränderungen zu akzeptieren und in ihr Selbstbild als Weib, Frau und Mutter zu integrieren. So gesehen handelt es sich – wenigstens bei der ersten Schwangerschaft der Therapeutin – um eine parallele Entwicklungschance von Behandlerin und Patienten.

Weibliche Patienten könnten sich mit Mutterschaft und körperlicher Veränderung der Therapeutin identifizieren und sie als Modell für eigene potentielle Entwicklungen nutzen. Ist die Therapeutin mit ihrer körperlichen Veränderung einverstanden, vermittelt sie ein positives Bild als Frau und Mutter, deren essentieller Teil auch eine Schwangerschaft sein kann.

3.7 Unterschiede zwischen ambulanten und stationären Settings

Deutliche Unterschiede zwischen Praxispatienten und solchen in Institutionen ergeben sich aus den strukturellen Bedingungen: Während Patienten in der ambulanten Behandlung meist über einen längeren bis langen Zeitraum behandelt werden und damit potentiell von einer Schwangerschaftsunterbrechung betroffen sind, gilt dies für stationäre Patienten häufig nicht: Wegen den immer kürzeren Verweildauern in psychiatrischen Stationen sind stationäre Patienten von einer Schwangerschaftsunterbrechung oftmals gar nicht betroffen. Anders verhält es sich lediglich bei Akutpatienten, da Schwangere aus arbeitsrechtlichen Gründen meist sofort nach Offenlegung auf offene, ruhigere Stationen versetzt werden. Ähnlich wie bei ambulanten Patienten ist die Situation in Langzeit-Reha-Maßnahmen, bei denen ebenfalls mehr Patienten mit einem Therapeutenwechsel konfrontiert sind. In allen diesen Fällen ist es ratsam, sehr frühzeitig das konkrete Datum des Beginns des Mutterschutzes (oder wenigstens der Therapieunterbrechung bzw. ihres Endes bei der aktuellen Behandlerin) anzugeben. In der ambulanten Situation sollte es sich von selbst verstehen, dass nicht noch Patienten angenommen werden, die absehbar keine längere Behandlungsperspektive haben.

Allerdings ergeben sich interessante Möglichkeiten für Kurzzeittherapien, sofern die Indiktion tatsächlich passend ist und sich nicht doch eine Langzeittherapie – wie nicht eben selten – anschließt. In diesen Fällen sollte die Schwangere definitiv klarstellen, dass eine Umwandlung in eine Langzeittherapie bei ihr nicht möglich ist.

3.8 Therapeutenwechsel oder nicht?

In manchen Fällen wird es notwendig, gemeinsam mit dem Patienten über einen Behandlerwechsel nachzudenken. Das betrifft jene, die ohnehin für eine Anschlussbehandlung nach Ende des Mutterschutzes nicht infrage kommen, oder Patienten, für die eine langere Unterbrechung aus therapeutischen Gründen nicht ratsam ist. In der Regel entsteht ein gewisser Beratungs- und Lösungsdruck: Wenn frau schon nicht selbst die Behandlung weiterführen kann oder möchte, sollte sie doch zumindest passende Alternativen zur Hand haben! Allenfalls kann man sich – und zwar unabhängig von der Schwangerschaft, sondern auch, weil man keine Kapazitäten hat oder die Passung nicht stimmt – vorstellen, wer eventuell eine günstige Behandlungsalternative darstellen könnte.

Doch tatsächlich müssen grundsätzlich Patient und Behandler selbst herausfinden, ob es mit ihnen klappt, ob man sich auf Behandlungsziele einigen kann und ob überhaupt die angebotenen Verfahren dem Störungsbild angemessen erscheinen. Das kann niemand aus der Ferne beurteilen, und es kommt Übergriffen gleich, wenn man Kollegen mit eigenen Patienten quasi zwangsbeglückt. In vielen Fällen wird man also keine Alternative aus dem Hut zaubern können, und es ist die therapeutische Aufgabe, sich dieser eigenen Ratlosigkeit und der unbefriedigenden Situation des Patienten mutig zu stellen.

3.9 Die Endlichkeit der beruflichen Tätigkeit und die Relativierung ihrer Bedeutung

Schwangerschaft und die nachfolgende Unterbrechung durch die Elternzeit führt uns – Vätern wie Müttern – die Relativität unserer Bedeutung als Therapeuten vor Augen – oder könnte es zumindest, wenn wir uns nicht für unersetzlich (und damit gegenüber Kolleginnen und Kollegen für weit überlegen) halten. Wir entlassen Patienten aus einer Behandlung, zeitlich begrenzt oder dauerhaft, ohne dass ihnen umfassendes Heil zuteil wurde. Und wir beschränken uns auf unsere Rolle als ganz normale Menschen, die ihre Kinder großziehen und langsam aus dem Leben treten werden. Damit ist die Elternschaft für uns als Therapeuten eine Entwicklungschance: Wir realisieren, dass wir ersetzbar sind, Patienten (und unsere Kinder) eine Zeit lang begleiten, um sie dann ins Leben zu entlassen oder – drastischer – damit sie uns verlassen. Weder sind wir unersetzbar, noch einzigartig in unserer Kompetenz – allenfalls einzigartig in unserer Persönlichkeit. Das ist das, was bleibt. Unseren Kindern wie unseren Patienten. Wir sind uns in unserer individuellen Einzigartigkeit begegnet und haben uns, so der Verlauf günstig war, etwas gegenseitig schenken können. Um dann auseinanderzugehen.

4 Angst vor Regression?

Nur die Oberflächlichen kennen sich selbst.
Oskar Wilde

Sigmund Freud führte den Begriff der Regression im Jahr 1900 in seinem Werk »Die Traumdeutung« ein. In Träumen können wir – quasi halluzinatorisch – Phänomene erleben, die unter normalen Umständen (also ohne Drogen- oder Medikamentenintoxikation oder psychotisches Erleben) allenfalls bei Meditation, hohem Fieber oder starker Übermüdung auftreten. Träumend werden die Gesetze der Logik und der Physik außer Kraft gesetzt, Widersprüche treten nebeneinander auf, Personen vermischen sich, Szenen gehen rasch in scheinbar andere über, Monster und Fabelwesen können uns erscheinen; die zeitliche Chronologie spielt keine Rolle. Verstorbene begegnen uns, oft ohne dass wir uns wundern, wir selbst oder andere sterben, wir fliegen oder erleben triebhafte Wunscherfüllungen. Daneben können wir mit Seiten von uns selbst konfrontiert werden, derer wir im Wachzustand lieber nicht gewahr werden wollen, seien sie aggressiver oder sexueller Natur. Die schlimmsten Befürchtungen können sich in Träumen ebenso realisieren wie die größten Sehnsüchte. Träume können uns unsere ungelebten oder ungeliebten Seiten spiegeln. Je mehr wir uns tagsüber über unsere negativen Seiten hinwegtäuschen, unsere Eitelkeiten pflegen und unsere Schattenseiten verdrängen, desto mehr mögen sie uns des nachts verfolgen und quälen. Es ist wie mit dem Bildnis des Dorian Gray, das immer abscheulicher wurde, je mehr die porträtierte Person ihren Eitelkeiten und Gemeinheiten frönte.

Müssen wir also Regression fürchten? Oder kann sie auch eine bezaubernde, kreative Seite haben, von der Michael Balint (1988) glaubte, sie erst ermögliche einen Neubeginn bei seelischer Grundstörung?[12] Jenseits der Psychotherapie erleben wir Regression, wenn wir uns auf das Spiel von Kindern einlassen und aus der Erwachsenenwelt in die Fantasien des sich selbst genügenden Spiels eintauchen. Die Suspendierung der Realität übt ihren Reiz bei Brett- und Bettspielen, bei Internetgames oder mittelalterlichen Rollenspielen aus: Regression und Sucht liegen eng beieinander. In diesem Kapitel geht es um die prozessfördernde, hilfreiche wie bedrohliche und potenziell destruktive Rolle der Regression.

---

12 Balint unterschied in seinen Arbeiten zwei Grundstörungen: Oknophile, Menschen, die anklammernd sind und Trennendes als bedrohlich erleben, und Philobaten, die gegenteilig die »freundlichen Weiten« suchen, um der Anklammerung durch andere zu entgehen. Beide Wörter sind Neologismen, Kunstwörter, die Balint kreierte.

4.1 Alltägliche Regression

Regression ist ein alltägliches Phänomen. Besteht jemand eine Prüfung, so mag er vor Freude Luftsprünge machen, zu viele Freunde bei zu viel Alkohol bewirten oder in großartigen Fantasien vom eigenen Erfolg schwelgen. Verliert jemand eine Liebesbeziehung oder erhört der oder die Angebetete das Werben nicht, weinen viele Menschen, ziehen sich zurück oder ergehen sich in selbstmitleidigen Ideen, wie sehr man verkannt wurde oder die Verschmähung beim anderen zu einem späteren Zeitpunkt zu – natürlich vergeblicher – Reue führen wird. Stirbt ein nahestehender Mensch, versagen gewohnte Ich-Funktionen, hemmungsloses Weinen, Schreien, in manchen Kulturen auch das Zerreißen von Kleidung begleiten den Schmerz, der über Monate anhalten und die Arbeitsfähigkeit wie das Funktionieren im Alltag erschweren bis unmöglich machen kann. Siege wie Niederlagen, Errungenschaften wie Verluste können zu Regression führen, die wiederum beflügeln oder behindern, passager oder anhaltend sein kann.

Kennzeichnend ist, dass man vorübergehend oder dauerhaft nicht mehr ist, der man eben noch war, was besonders bei Trauerreaktionen imponiert: Die Affektregulation versagt, die Impulskontrolle ist reduziert, Liebes- und Arbeitsfähigkeit können zum Erliegen kommen. Die Persönlichkeitsorganisation verschlechtert sich, indem man zum Beispiel von einem gut integrierten Niveau bei der Arbeit, im Alltag oder in sozialen Beziehungen, bei Interessen und langfristigen Zielen punktförmig auf den aktuellen Moment reduziert ist und wesentliche Ich-Funktionen kurzfristig oder dauerhaft versagen.

Noch elementarer geht es bei körperlichen Erkrankungen zu: Plötzlich einsetzender Zahnschmerz suspendiert die Bedeutung aller bestehenden Interessen. Aktivitäten und Verpflichtungen erscheinen mit einem Mal unwichtig, einzig Wünsche nach Ruhe (den freundlichen Weiten Balints), Versorgung durch Angehörige und einem raschen Termin beim Zahnarzt sind zentral. Deutlich dramatischer sind regressive Vorgänge bei ernsthaften, lebensbedrohlichen Erkrankungen und im Prozess des Sterbens.

Wilhelm Busch hat den Prozess der Regression, ohne Kenntnis des Begriffs, in seinem Gedicht über den Zahnschmerz auf den Punkt gebracht:

Das Zahnweh, subjektiv genommen,
ist ohne Zweifel unwillkommen;
doch hat's die gute Eigenschaft,
dass sich dabei die Lebenskraft,
die man nach außen oft verschwendet,
auf einen Punkt nach innen wendet
und hier energisch konzentriert.
Kaum wird der erste Stich verspürt,
kaum fühlt man das bekannte Bohren,
das Zucken, Rucken und Rumoren,
und aus ist's mit der Weltgeschichte,
vergessen sind die Kursberichte,

4.1 Alltägliche Regression

die Steuern und das Einmaleins,
kurz, jede Form gewohnten Seins,
die sonst erscheint real und wichtig,
wird plötzlich wesenlos und nichtig.
Ja, selbst die alte Liebe rostet,
man weiß nicht, was die Butter kostet,
denn einzig in der engen Höhle,
des Backenzahnes weilt die Seele,
und unter Toben und Gesaus,
reift der Entschluss: Er muss heraus!

Regression bedeutet
- eine Entdifferenzierung von Affekten und Kognitionen;
- das Vorherrschen von Affekten gegenüber der Realitätswahrnehmung;
- einen Abzug von Besetzungen (Interessen und Liebe);
- eine Konzentration auf einen oder wenige Foki;
- den Verlust wesentlicher Ich-Funktionen wie Gedächtnis, logisches Denken, Realitätsprüfung und Realitätsanpassung;
- den Rückfall der Ich-Organisation auf kindliche Muster;
- der Wunsch nach einfachen, sofortigen Lösungen ohne Aufschub bei reduzierter Frustrationstoleranz (und Einbuße von Sekundärtugenden schlechthin).

Vielleicht zeigen uns erkrankte Kinder am deutlichsten, was Regression bedeutet. Bei Zahnung oder Infekten verlieren sie mit einem Mal bisher sicher oder gerade neu gewonnene Fähigkeiten und Differenzierungen und fallen auf ein früheres Funktionsniveau zurück: War der 3-jährige Sohn inzwischen trocken, so nässt er wieder ein; die weniger von Wutanfällen geschüttelte 5-jährige Tochter scheint plötzlich wieder alle jene Eigenarten zu haben, die man mit ihr erfolgreich überwunden zu haben glaubte, die Frustrationstoleranz scheint um Jahre reduziert, Aufschub fast unmöglich oder motorische Fähigkeiten wie verloren. Doch zum Glück kehren sie nach überwundener Erkrankung zurück, und vielleicht können wir erstaunt feststellen, dass das Funktionsniveau sogar besser zu sein scheint als vor dem argen Rückfall in frühere Zeiten. Regression ist in solchen Fällen funktional, also nicht dauerhaft, sie steht offenbar im Dienste höherer Ziele, nämlich der Gesundung. Ernst Kris (1936, S. 290) nannte das »Regression im Dienste des Ichs«, also zur Förderung von Entwicklung.

Die allgemein anerkannte Definition von Regression lautet so: Unter Regression ist ein Prozess zu verstehen, bei dem das Ich bereits erworbene Fähigkeiten der Persönlichkeitsorganisation vorübergehend oder dauerhaft aufgibt oder verliert und auf Erlebens- und Verhaltensweisen und das Funktionsniveau früherer Entwicklungsstadien hinsichtlich Komplexität, Struktur und Differenzierung zurückfällt. Entscheidend ist,
- ob Regression durch das Ich bewusst herbeigeführt oder zugelassen und wie bei der Freude oder im Spiel genossen wird (lustvolle Regression);
- ob Regression Reflexions- oder Erlebnisprozesse (zum Beispiel Psychothera-

pie, Unfälle, Katastrophen, Verluste, Übergriffe) begleitet, dabei aber zunächst oder über einen begrenzten Zeitraum nicht vom Ich gesteuert werden kann, wobei das Ich bemüht ist, die Kontrolle wiederzuerlangen (schmerzliche Regression) – dies kann beispielsweise geschehen, wenn das Ich von Affekten überschwemmt wird;
- ob bei psychotherapeutischen Prozessen begrenzte Regression im Sinne der Zielsetzungen genutzt werden kann und sie auch lustvollen Charakter besitzt (etwa im Rahmen von Running Gags, beim Humor oder auch bei der Übertragungsliebe) oder
- ob das Ich dauerhaft oder auf unbestimmte Zeit die Kontrolle verloren hat, wenig oder keine Bemühungen erfolgen, die Regression zu stoppen, und der Regressionsprozess eventuell von einer destruktiven Lust begleitet wird (maligne Regression).

Balint (1987) beschreibt, in Anlehnung an Freud, vier Funktionen der Regression: »Sie wirkt: a) als Abwehrmechanismus; b) als pathogener Faktor; c) als eine sehr effektive Form des Widerstandes, und d) als wesentlicher Faktor in der analytischen Therapie« (S. 137). Hier fehlt jedoch die lustvolle, spielerische und jenseits von Therapie ausgelöste oder herbeigeführte Regression, der sich Balint in seinem Buch »Angstlust und Regression« (1988) ausführlich widmet. Hier geht es um sehr lustvolle, mit einer Portion Angst durchsetzte Regression. Kicks und Thrills des Alltags beinhalten Nervenkitzel, der kleine Fluchten aus dem grauen Alltagsleben ermöglicht. Balint kannte noch nicht die kürzeste Rückfahrkarte moderner Mobilität (wenn alles gut geht), nämlich das Ticket für einen Bungeesprung. Hier verdichtet sich der Nervenkitzel mit der Lust, die Gefahr zu bewältigen, wohingegen der sonntägliche Tatort-Krimi nur ein müder Abklatsch ist. Je gefährlicher die Sportart oder Freizeitaktivität, desto größer der begleitende Nervenkitzel, der am Ende zeigt, dass man die Herausforderung bestanden hat. Die Regression in existentielle Ängste, bewusst und willentlich herbeigeführt, wird durch die eigene großartige Leistung oder Meisterung der Angst bezwungen. Horrorvideo oder Krimi vor dem Zubettgehen stimulieren Ängste, die man – anders als bei Risikosportarten – lediglich identifikatorisch mit den Protagonisten erlebt. Die lustvolle Erleichterung besteht darin, dass am Ende alles gut ausgeht (abgesehen von ein paar Toten, versteht sich) und man deshalb beruhigt einschlafen kann.

Das aufgesuchte Angstniveau ist allerdings persönlichkeitsspezifisch sehr unterschiedlich: Dissoziale Persönlichkeiten langweilen sich oder fühlen sich subdepressiv, wenn sie nicht ausreichend Kicks und Thrills aufsuchen können, weshalb ihr Verletzungs- und Unfallsrisiko deutlich höher ist als bei der Normalbevölkerung.

Der Übergang von mehr oder weniger normaler Reizsuche zu pathologischer Sucht nach Aufregung ist fließend. Robert Stoller (1998) erläutert in seinem Werk über Perversion, wie Menschen mit Paraphilien oder bizarr anmutenden sexuellen Verhaltensweisen ihre ursprünglichen traumatischen, angstbesetzten Erlebnisse durch endlose Wiederholungen immer wieder zu überwinden trachten, indem sie ursprüngliche angstvolle Szenen aufsuchen oder herstellen und sie dann scheinbar bewältigen. Auch hier geht es also um Regression, die mit Angst, Lust und einer Bewältigungsstrategie verknüpft ist. Ein Mann, der beispielsweise nur in Frauenkleidern mit einer Frau Verkehr haben kann, überwältigt in dieser Szene seine ursprüngliche Angst vor der kastrierenden und ihn als kleinen Jungen überwältigenden Mutter, indem er selbst durch die Kleidung zum mächtigen Weib wird, dabei aber sein Geschlecht schützt und behält und so eine Frau (eventuell mit begleitenden sadistischen Praktiken oder Fantasien, also der Umkehr der historischen Verhältnisse) penetrieren kann. Zudem erlebt der Cross-Dresser durch die scheinbare Überwindung der Geschlechtergrenzen einen narzisstischen Triumph über die begrenzende Festlegung auf »nur« ein Geschlecht.

Die Unterscheidung zwischen pathogen wirkender Regression auf der einen Seite und solcher, die dem Ich dient, es stützt, entertaint oder nützlich für das soziale Umfeld ist, bleibt schwierig. Eine vielbeschäftigte Bankerin mag als Ausgleich täglich eine Stunde joggen, wovon sie entspannt zurückkehrt und sich ihren Liebsten widmet. Wird das Laufen zur Sucht, sodass entzügige Unruhe entsteht, wenn der Sport ausfällt, so geht es nicht mehr (nur) um eine entspannende Freizeitaktivität mit Lustcharakter, ebenso wenig, wenn die Joggingzeiten ständig erweitert werden, zwanghaftes Zocken im Internet kurzweilige Spiele ersetzt oder Beruf und Beziehungen unter den Tätigkeiten leiden.

4.2 Regression im klinischen Alltag

Regressive Prozesse sind oft bestimmender Teil beginnender Psychotherapien, nicht selten kehren sie immer wieder und werden oft erst im weiteren, teils späten Verlauf deutlich seltener. Weinende, verängstigte, von Flashbacks geplagte oder vorwürflich-aggressive Patienten machen nicht nur den therapeutischen Alltag aus. Sie sind auch wesentlicher Teil der emotionalen Berufsbelastung der Psychotherapeuten. Regressive Patienten, von Schmerz, Trauer, Ohnmacht oder überwältigenden Bildern gequält, reißen ihre Therapeuten mit in ihre emotionalen Qualen. Andererseits ist die therapeutische Anstrengung für den Erfolg der Behandlung entscheidend, sich wieder aus dem regressiven Sog zu befreien und eine Position außerhalb der emotionalen Überwältigung einzunehmen. Weder stoische Unberührtheit noch der gemeinsame Untergang im Sturm der Affekte ist hilfreich und therapeutisch förderlich. Vielmehr ist es die Fähigkeit, zwischen Identifikation und Distanzierung zu oszillieren, die eine hilfreiche therapeutische Haltung kennzeichnet und sie zugleich zu einer erheblichen emotionalen wie intellektuellen Belastung macht.

Die Auffassung, ein Patient regrediere, entspricht der alten Ein-Personen-Psychologie, die die Rolle des Analytikers oder Psychotherapeuten als rein beobachtend begreift. Balint (1987) betonte, »dass Regression nicht nur ein intrapsychisches, sondern auch ein zwischenmenschliches Problem ist; hinsichtlich der therapeutischen Nutzbarmachung sind die zwischenmenschlichen Aspekte sogar ausschlaggebend« (S. 158). Auch glaubte Balint,

»dass die Form, in der sie auftritt, nur zum Teil vom Patienten, seiner Persönlichkeit und seiner Krankheit abhängig ist. Zum Teil hängt sie auch vom Objekt ab. Sie muss folglich als eines unter mehreren Symptomen der Interaktion zwischen Patient und Analytiker angesehen werden. Diese Interaktion hat mindestens drei Aspekte: Die Art und Weise, a) wie die Regression vom Objekt anerkannt wird; b) wie sie vom Objekt angenommen wird und c) wie das Objekt darauf reagiert«. (ebenda)

Tatsächlich kann ein Patient nur konstruktiv, also im Dienste des Ichs, regredieren, wenn sich sein Therapeut dafür zur Verfügung stellt und mit ihm regrediert: Patient wie Therapeut regredieren und erleben dabei günstigenfalls eine therapeutische Ich-Spaltung: Beide – Patient wie Therapeut – arbeiten also in einem gelingenden Arbeitsbündnis mit therapeutischer Ich-Spaltung (Sterba 1934). In den meisten Fällen wird der Therapeut jedoch in emotionale Stürme geringeren Ausmaßes geraten als sein Patient und seine Ich-Spaltung gelingt zwar nicht zeitgleich, aber doch zeitlich weniger verzögert als beim Patienten. Mithilfe seiner Ich-Spaltung verhilft der Therapeut seinem Patienten dazu, ebenfalls die Ich-Spaltung wiedereinzunehmen, falls sie verloren ging, oder zu besserer Einsicht und Kontrolle, falls der Patient am therapeutischen Bündnis festhalten konnte.

Praxistipp

Reflexion der Gegenübertragungs-Übertragungs-Beziehung
Die Begleitung regressiver Patienten stellt eine enorme intellektuelle wie emotionale Leistung dar. Der Wechsel zwischen Identifikation und Distanzierung kann gelegentlich sehr schwierig werden, wenn man – teils wegen persönlicher Hintergründe – den Patienten emotional besonders gut versteht, deshalb aber die Herstellung der Metaebene und die Reflexion der Gegenübertragungs-Übertragungs-Beziehung erheblich erschwert ist. An dieser Stelle kann man sich verschiedener Hilfsmittel bedienen. Von großer Bedeutung ist die Unterbrechung und Nutzung der Regression des Therapeuten durch zum Beispiel folgende Fragen:
- Was fühle ich gerade? Welche Bilder oder Einfälle habe ich?
- Und wozu fühle ich gerade das, fallen mir gerade jene Bilder oder Szenen ein? Wohin führt das (mich, den Patienten, den therapeutischen Prozess)?
- Bin ich mit den Bildern, Affekten oder Einfällen mit dem Patienten identifiziert oder gerade nicht und lehne ich ihn oder sein Erleben ab? Oder mich? Seine aktuellen oder historischen Angehörigen?
- Welche historische Rolle nehme ich gerade ein? Die des Patienten, seiner historischen oder aktuellen Interaktionspartner? So, wie er sie erlebte oder gern erlebt hätte?
- Nehme ich die Rolle des Patienten ein, die er gern gehabt hätte oder jetzt gern leben würde? Die er ablehnt, hasst oder liebt?
- Wie sähe eine bisher unerlebte Position aus, die ich einnehmen könnte, die der Patient so nicht kennt, kennen will oder die ihn aus seinen bekannten, eingefahrenen Mustern herausbringt? Und weshalb nehme ich sie nicht ein?

Um diesen Prozess der Selbstreflexion angesichts der eigenen Gegenübertragung zu erleichtern, kann man sich scheinbar banaler Hilfsmittel bedienen, die auch Patienten, wenn auch unbewusst, einsetzen: Man wechselt die Sitzposition von einer zur anderen Seite im Sessel

4.2 Regression im klinischen Alltag

und leitet so motorisch den Wechsel zwischen den Funktionsmodi ein, der zugleich mit einer gewissen Perspektivänderung und einer Veränderung des Körpergefühls einhergeht. Bewegliche Sessel (mit Rollen) erleichtern dieses Vorgehen für beide Beteiligten.

Das intrapsychische interaktionelle Geschehen beim Patienten kann man häufig nach dem gleichen Muster sehr gut beobachten. Der Patient löst sich zum Beispiel von seiner strengen Über-Ich-Identifikation durch das Verrutschen im Sessel oder eine Umlagerung auf der Couch. Strenge innere Stimmen lokalisiert der Patient durch Blicke zum Beispiel nach links oben, die Rückkehr der Herrschaft des Ichs signalisiert der erneute Blickkontakt mit dem Behandler. Ist die innere Autorität irgendwo oben in den Lüften verortet, so kann man dem Patienten nach und nach diesen Blickwechsel »nach ganz oben« vermitteln, sodass die Möglichkeit der Infragestellung oder Empörung gegen die innere Strenge entsteht. In ähnlicher Weise mag ein Patient seine eigene Sichtweise gegenüber jener von Angehörigen diskutieren. Je unbeweglicher ein Patient bleibt, desto weniger flexibel dürfte er auch über unterschiedliche Perspektiven oder Beziehungsmuster sich selbst und anderen gegenüber verfügen.

Einerseits stellt der Therapeut also einen Raum zur Verfügung, in dem der Patient die Möglichkeit hat, zu Gunsten seiner Therapieziele zu regredieren. Andererseits muss der Behandler darauf achten, dass diese Regression tatsächlich den vereinbarten Zielen dient. Die Differenzierung wird im Einzelfall schwierig ausfallen. Denn welche Kriterien entscheiden darüber, ob die Regression im Dienste des Ichs erfolgt und der Entwicklung dient oder umgekehrt einer dauerhaften Flucht aus Verantwortungsübernahme oder einem Triumph über Therapie und Therapeut?

Balint (1987) macht noch auf ein weiteres Problem aufmerksam, das zu Beginn und im Verlauf der Therapie zu erheblichen Schwierigkeiten führt. »Eine der Gefahren besteht darin, dass der Therapeut sich durch die endlosen Leiden des regredierten Patienten verführen lässt, die Verantwortung für die Schaffung von besseren Lebensumständen zu übernehmen, damit ihm weitere Leiden erspart werden« (S. 121). Sind kleinere Tipps und Hinweise gegen Ende der Behandlung mitunter tatsächlich förderlich, wenn der Patient im Wesentlichen seinen autonomen Weg geht und tiefere Regression nicht mehr vorkommt, so behindern solche Ratschläge den therapeutischen Prozess in der Regel zu Beginn und im weiteren Verlauf. Denn der Patient wird meist

- auf weiterer Bedürfnisbefriedigung bestehen, diese als selbstverständlich ansehen und Versagungen erst recht als weitere Kränkung erleben, während der Therapeut gegen das Abstinenzgebot verstößt;[13]
- mit Vorwürflichkeit und Hass auf Versagungen reagieren und damit mit weiterer Regression;
- die Bestätigung erleben, dass die »böse« Umwelt für sein Leid verantwortlich zu machen ist, was eigene Verantwortungsübernahme erschwert bis unmöglich macht.

---

13 Man kann es nicht oft genug betonen: Das ursprüngliche Verständnis von Abstinenz bezog sich darauf, dass die Behandlung »in der Abstinenz durchgeführt« werden müsse beziehungsweise in der »Entbehrung«, wobei sich beide Begriffe auf den Patienten und seine Wünsche, nicht etwa auf Begehrnisse und Übergriffe des Therapeuten beziehen.

Andererseits gehört es zu den Selbstverständlichkeiten menschlicher Gesten, einem zum Beispiel durch Staus genervten und ermüdeten Patienten ein Glas Wasser oder einen Kaffee anzubieten, sofern er nicht regelmäßig in dieser Verfassung erscheint, oder ein Handtuch, wenn er aus einem Platzregen zur Stunde kommt und durchnässt ist und friert. Natürlich handelt es sich hierbei um unmittelbare Bedürfnisbefriedigung, die aber im Gegensatz zur Förderung nicht produktiver Regression hier dem therapeutischen Prozess dient, der sonst äußerst erschwert oder unmöglich ist.

4.3 Maligne Regression

Einer der häufigsten vermeidbaren Fehler scheint mir die Aufnahme von Einzeltherapie bei Patienten zu sein, die sozial weitgehend isoliert sind und daher die Therapie oder Analyse als Realbeziehung erleben. Selbstverständlich erwartet man in Realbeziehungen, also solchen außerhalb eines therapeutischen Settings und jenseits der Als-ob-Ebene der therapeutischen Übertragungsbeziehung, auch reale Befriedigung durch den Interaktionspartner. Je geringer die soziale Vernetzung des Patienten jedoch ist, desto größer ist die Wahrscheinlichkeit, dass der Patient die Erfüllung seiner Wünsche innerhalb der Therapie durch ein Gegenüber erwartet, das er als psychosexuellen Partner erlebt. Und je weniger der Patient sehr unterschiedliche soziale Kontakte hinsichtlich der Rollen und Bedürfnisbefriedigungen unterhält, desto größer wird seine Neigung sein, alle seine erotischen, zärtlichen, emotionalen wie intellektuellen Wünsche auf den Behandler zu richten. Im ungünstigsten Fall kann der Patient in der Behandlung sozusagen auf der Berechtigung seines Verlangens bestehen und mehr und mehr in eine Parallelwelt abgleiten, innerhalb derer er ein Leben mit seinem Therapeuten ausfantasiert. Um nicht in diese oft kaum auflösbare und hartnäckige Verstrickung zu geraten, die zu Nötigungen mit suizidalen Krisen führen kann, wäre also eine Gruppentherapie indiziert.

> Eine Anfang 40-jährige Bibliothekarin und Germanistin suchte mich (ich war etwa gleich alt) wegen depressiver Episoden, unerfülltem Partner- und Kinderwunsch, Konflikten mit den Eltern und der Frage nach einem Zukunftsentwurf auf. Sie hatte noch nie eine Partnerschaft oder Geschlechtsverkehr, sehnte aber beides herbei, ohne eine Vorstellung von konkreten Umsetzungen zu haben oder sich aktiv für neue Bekanntschaften einzusetzen. Kleidung und Frisur waren unvorteilhaft. Sie hatte lediglich sporadischen Kontakt zu zwei Freundinnen, von denen sich herausstellte, dass sie sich ebenfalls im Leben mindestens sehr schwertaten. Kontakte zu Männern bestanden nur beruflich.
> Im Laufe der analytischen Langzeittherapie, die sie keinesfalls im Liegen durchführen wollte, begann sie, mehr und mehr ein Leben mit mir zu imaginieren. Zum damaligen Zeitpunkt war ich verheiratet, hatte zwei kleine Kinder, was die Patientin zwar in Erfahrung gebracht hatte, aber in ihren Fantasien zunächst keine Rolle zu spielen schien. Im weiteren Verlauf der Therapie, in der sie ihre Rückzüglichkeit aufrechterhielt, breiteten sich ihre Fantasien in einer für mich beängstigenden Weise aus, indem sie mir montags erzählte, wie wir in ihren Tagträumen die Wochenenden verbracht, Ausflüge gemacht oder Zärtlichkeiten auf einer

4.3 Maligne Regression

grünen Wiese ausgetauscht hätten. Je intimer unsere von ihr imaginierten Kontakte wurden, desto mehr empfand ich in der Gegenübertragung Ablehnung und Ekel, erlebte es aber als sehr schwierig, diese emotionalen Reaktionen therapeutisch zu nutzen. Interpretationen, ihre Fantasien dienten lediglich dem Ziel, ihre Rückzüglichkeit aufrechtzuerhalten und sich realen Kontakten und den damit verbundenen Herausforderungen zu entziehen, schienen an ihr abzuprallen. Daneben stellten sich auch aggressive Entwertungen gegenüber meiner damaligen Frau ein.

Schließlich, wir befanden uns bereits jenseits der 200. Stunde, fasste ich mir mit Unterstützung meines Supervisors ein Herz (anders kann ich das nicht beschreiben) und forderte von der Patientin einen Eintritt in ein reales Leben und die Aufgabe ihrer ausgedehnten Tagträumereien. Sie quittierte dies mit Suiziddrohungen, die mich erneut ängstigten, die ich aber zugleich als unverschämten Übergriff und Nötigung erlebte. Wiederum mit Unterstützung meines Supervisors setzte ich der Patientin einen Termin zur Beendigung der Therapie. Auch diese Grenzsetzung beantwortete sie mit dem Schwelgen in Suizidideen. Inzwischen war ich in der Lage, ihre Beziehungsgestaltung deutlich robuster zu kommentieren und ließ mich nicht mehr von meinen Ängsten leiten, wiewohl sie weiterhin bestanden. In gewisser Weise hatte ich eine parallele Fantasiewelt aufgebaut: Ich stellte mir vor, wie ihre Eltern mich aufsuchen würden, wenn sich die Patientin suizidiert hätte, was die Staatsanwaltschaft für Fragen stellen und wie ich mich nach ihrem Tod und den Anschuldigungen fühlen würde. Mein Supervisor verhalf mir zur radikalen Akzeptanz ihres möglichen Suizids in meiner Imagination. Daraufhin konnte ich der Patientin und ihren nötigenden Bemerkungen mit dem Hinweis begegnen, es sei ihre Entscheidung, sich zu suizidieren. Ich jedenfalls würde die Therapie, die offenbar mehr und mehr schädliche Wirkung hätte, unter diesen Umständen keinesfalls fortsetzen. Indem ich diese innere Freiheit in mir spürte, konnte ich noch einen weiteren wesentlichen Schritt machen, der mich endgültig aus der Zange der bedrängend-nötigenden und mich zugleich abstoßenden Beziehungsfantasien der Patientin entließ. Spontan – in gewisser Weise, ohne dass ich wusste, was ich da sagte – erklärte ich ihr, dass ich die Therapie bis zum von mir festgesetzten Zeitpunkt nur dann fortsetzen würde, wenn sie sich währenddessen nicht verschlechtern würde. Andernfalls müsste ich die Behandlung, die sich ja als schädlich erweisen würde, natürlich früher abbrechen. Es fühlte sich wie ein Befreiungsschlag an. Tatsächlich hatte ich damit das Beziehungsmodell umgedreht, indem ich die Patientin endlich wörtlich nahm: Was schädlich ist, darf man nicht fortsetzen, statt die Dosis beizubehalten oder zu erhöhen. Sollte sie jedoch, so erklärte ich ihr, von den restlichen Stunden erkennbar profitieren, so könnten wir die Behandlung bis zum festgesetzten Termin fortsetzen. Mit einer gewissen großzügigen Attitüde erklärte sie mir daraufhin, dass sie sich allenfalls nach Verstreichen einer gewissen Zeit suizidieren würde, damit ich keinen Ärger zu erwarten hätte. Damit versuchte sie noch einmal zu unterstreichen, wer über Macht und Kontrolle in unserer Beziehung verfüge.

Welche Fehler hatte ich gemacht?

- Bei der Indikation hätte ich mich für Gruppentherapie entscheiden müssen – unabhängig davon, ob die Patientin das akzeptiert hätte. Dies hätte mich aus dem Zentrum des Übertragungsgeschehens zugunsten einer mehr kommentierenden Rolle gebracht. Ihre dem Liebeswahn ähnelnden Gefühle hätte die Patientin so niemals in einer Gruppe nur auf mich oder einen Patienten konzentrieren können, ohne nicht recht bald von anderen Gruppenmitgliedern konfrontiert zu werden, was gelegentlich eine Entlastung für den Therapeuten darstellt.
- Ich hätte sehr frühzeitig – wenn schon im Einzeltherapiesetting – meine aggressiven, aversiven Gegenübertragungen bewusst reflektieren und damit auch einbringen müssen. Das

hätte mich in die Lage versetzt, die anwachsenden Nötigungen der Patientin zu thematisieren.
- Ich hätte meine Ekelgefühle als solche akzeptieren und sie als Reaktion auf die Übergriffe der Patientin verstehen müssen, um sie sodann zu nutzen, indem ich ihre Übergriffe hätte ansprechen können.
- Doch dazu hätte ich meine Aggression in den therapeutischen Prozess einbringen müssen, die ich mir jedoch nicht vollständig eingestand. Der britische Kinderanalytiker Donald W. Winnicott sprach in diesem Kontext von »Hass in der Gegenübertragung« (1997). Es fällt häufig schwer, sich Hass gegenüber dem Patienten einzugestehen, der zunächst meist nicht die gesamte Persönlichkeit betrifft, jedoch alle Bereiche nach und nach zu kontaminieren droht, wenn man seinen Hass nicht in Form konstruktiver Aggression in den therapeutischen Prozess einbringt.
- Und schließlich gibt es noch so etwas wie einen General- oder ubiquitären Fehler, der uns ständig unterläuft, der menschlich ist und auch grundsätzlich dazu dient, eben weniger Fehler zu machen: Ich wollte möglichst keinen Fehler machen. Die Patientin hielt mich so lange gefangen, wie ich bemüht war, keinen Fehler zu machen. Die radikale Akzeptanz meiner Fehlerhaftigkeit befreite mich aus dieser Zwangsjacke, indem zwar Fehler unerwünscht, aber eben auch nicht unvermeidlich erschienen.

Regression im Dienste der Therapie und maligne Regression ist nicht immer leicht zu unterscheiden. Die Kriterien, die für eine Regression im Dienste des Ichs, also des therapeutischen Prozesses, sprechen (in Anlehnung an Balint 1988):
- Es besteht gegenseitiges Vertrauen, anknüpfend an frühere Erfahrungen des Patienten.
- Die Regression ermöglicht neue Möglichkeiten, Erfahrungen, Perspektiven.
- Die Regression dient dem Erkanntwerden; der Patient möchte mit seinen Problemen gesehen werden, was ihn entlastet und bestärkt.
- Forderungen, Erwartungen und Bedürfnisse erreichen nur mittlere Intensität.
- Es fehlen Anzeichen schwerer Hysterie oder des unmittelbaren Wunsches nach sexueller Befriedigung.

Demgegenüber kennzeichnet maligne Regression, ebenfalls in Anlehnung an Balint:
- Der Patient ist initial misstrauisch oder feindselig. Eventuell ist auch der Therapeut dem Patienten gegenüber von vornherein von Misstrauen oder Ablehnung erfüllt. Unter Umständen versucht der Patient dies durch Anklammern zu kompensieren. Hierzu gehören auch initiales massives Rivalisieren und die Inszenierung von grenzüberschreitenden Machtkämpfen.
- Forderungen mit Unbedingtheitscharakter zum Beispiel nach Vertrauensbeweisen, Bedürfnisbefriedigungen, Veränderungen des Settings oder der Rahmenbedingungen setzen bereits in den ersten Stunden ein, führen aber auch bei Nachgiebigkeit des Behandlers nicht zu Zufriedenheit.
- Schweres, auch sexuelles Agieren innerhalb wie außerhalb der Therapie.

4.3 Maligne Regression

Praxistipp

Prophylaktische Maßnahmen gegen maligne Regression

Rechnet man mit der Möglichkeit maligner Regression, empfehlen sich folgende Maßnahmen:
- Wöller und Kruse (2010, S. 300) empfehlen teilstationäre Behandlung, wenn der Patient im vollstationären Setting zu maligner Regression neigt. Dies kann zum Beispiel eintreten, wenn Patienten zu aggressiver oraler Versorgungshaltung neigen.
- Die Autoren plädieren für tiefenpsychologisch fundierte Psychotherapie, wenn analytische Therapie zu einer weiteren Schwächung der ich-strukturellen Defizite führen würde (Wöller und Kruse 2010, S. 17).
- Zu hohe Frequenz kann ebenfalls regressives Verhalten fördern, wohingegen eine niedrigfrequente Behandlung Ressourcen und Eigenverantwortung betont. Dies empfiehlt sich im Übrigen auch bei Paarbehandlungen. Bei zu hoher Frequenz besteht die Neigung, Konflikte weiter zu betreiben, weil man ja alsbald einen weiteren Termin beim Therapeuten hat, wo man alles glaubt klären beziehungsweise dem Partner sein Fehlverhalten nachweisen zu können.
- Zeitliches Überziehen der Stunden fördert regressive Versorgungswünsche und die Illusion der Grenzenlosigkeit und Verfügbarkeit des Therapeuten. Allenfalls als Ausnahme sollte man eine Stunde nicht pünktlich beenden, dieses Vorgehen benennen und dabei eine Begrenzung vorgeben, etwa: »Wir können die Stunde ausnahmsweise um fünf Minuten überziehen.«
- Anrufe, Briefe, Mails oder SMS zwischen den Sitzungen sind zu begrenzen beziehungsweise man macht darauf aufmerksam, dass schriftliche Mitteilungen in der Stunde vom Therapeuten gelesen werden können, wenn dies der Patient wünscht. Kann oder will sich der Patient nicht an die Abmachung halten, dass Dialoge nicht außerhalb der Stunden geführt werden können, ist er darauf aufmerksam zu machen, dass die Einhaltung dieser Regel Voraussetzung für eine ambulante Therapie ist. Gleiches gilt auch für häufige Wünsche nach Terminverschiebungen oder -absagen.
- Autodestruktives Verhalten zwischen den Sitzungen, wie etwa exzessiver Suchtmittelkonsum, Gebrauch illegaler Drogen, autodestruktives Ess- oder Trinkverhalten, Schlafentzug oder -mangel oder Selbstverletzungen sind zu begrenzen und die Einstellung des Agierens zu verlangen. Gegebenenfalls ist eine Einweisung in eine Klinik nötig oder nach vorherigem Hinweis und bei weiterem destruktiven Agieren ist die ambulante Behandlung zu beenden. Dies betrifft besonders anwachsende Selbstmordfantasien und Suizidimpulse.

Allerdings kann auch fehlerhafte Behandlungstechnik iatrogen maligne Regression auslösen. Besonders anhaltendes Schweigen des Behandlers oder die Nichtbeantwortung von Fragen kann bei Patienten mit geringem Strukturniveau sehr schnell zu malignen Prozessen führen. Diese Art von Gesprächsführung verbietet sich ohnehin bei Patienten mit desintegriertem Strukturniveau. Tatsächlich geht es ja hier um eingeforderte Bedürfnisbefriedigung durch den Patienten, nämlich nach einer Antwort, deren unkommentiertes Ausbleiben eine schwere narzisstische Zurückweisung und umgangssprachlich eine grobe Unverschämtheit darstellt. Anhaltende Passivität des Behandlers, Nondirektivität (besonders in Gruppen) und hohe Intransparenz fördern Misstrauen, Ängstlichkeit und Dependenz des Patienten, was zu malignen Prozessen beitragen oder sie auslösen kann. Man kommt demnach nicht umhin, sich zu fragen, ob eine flexible Handhabung der Technik nicht im Einzelfall mit welchen Modifikationen sinnvoll ist oder umgekehrt die Pathologie fördert. Das Verständnis der Pathologie bezieht sich dabei grundsätzlich zunächst auf das Hier und Jetzt der therapeutischen Beziehung, innerhalb derer sie sich aktuell abspielt, lindert oder verschlechtert. Die Zumutung besteht somit nicht nur durch eine latente Aufforderung an den Patienten, gefälligst Verantwortung für sein Verhalten zu übernehmen, sondern zuvörderst darin, dass dies selbstverständlich für den Therapeuten und sein Verhalten in der Therapie gilt, seine flexible Handhabung der Technik, sein Auftreten und sein wohlwollendes, freundliches Verhalten, gekoppelt mit Grenzziehungen bei Rahmenbedingungen. Wie dies zu geschehen hat, ist jeweils im Einzelfall zu überlegen und gegebenenfalls mit dem Patienten zu erörtern. Hierin zeigt sich nicht nur die Menschlichkeit des Behandlers, sondern auch exemplarisch sein Modellverhalten für den Patienten.

Ein weiterer Fehler, der zu malignen Regressionsprozessen führen kann, ist die etwas alternativ angehauchte Therapeutenhaltung des »Lass es raus!«, die unterstellt, jede Art von Regression sei per se förderlich, wirke gegenüber Hemmungen und Verboten befreiend und sei daher unbedingt zu unterstützen. Dies stellt eine Flucht aus der therapeutischen Verantwortung dar, die in diesem Fall durch eine verquaste Ideologie unterstützt ist und den therapeutischen Prozess auf ein Entweder-Oder von Hemmung oder Befreiung reduziert. Es sei daran erinnert, dass man bei Patienten mit dissozialen, histrionischen oder Borderline-Anteilen gerade darum bemüht ist, Impulskontrolle und Affektregulation zu fördern, statt jede Hemmung niederzureißen. Treffend formulieren dies Thomä und Kächele: »Im allgemeinen werden durch Regression weder Kunstwerke noch Heilungen hervorgebracht. Sonst gäbe es viel mehr Künstler und weit weniger seelisch Kranke« (1985, S. 286).

> **Praxistipp**
>
> **Begrenzung regressiven Verhaltens in Krisensituationen**
> Bei Krisen mit hilflos-regressivem Verhalten empfehlen Wöller und Kruse (2010, S. 318 f.) die Exploration bisheriger Bewältigungsstrategien. Dies beugt der Neigung vor, sich selbst zum Retter aufzuschwingen, was Patienten einem oft nahelegen oder geradezu verlangen. Daneben empfehlen die Autoren die eventuell deutliche Begrenzung generalisierter Hilflosigkeitsbekundungen.
> Der oftmals auch demonstrative Charakter der Not verführt dazu, entweder zu viel Verantwortung zu übernehmen oder sich rasch entnervt abzuwenden und so die Not des Patienten abzutun. Die Schwierigkeit besteht darin, die Balance zu halten und beide Anteile der Einlassungen zu realisieren. Zeigt sich der Patient generell überfordert und hilflos, so raten die Autoren eine genaue Exploration dessen an, was den Patienten gerade jetzt überfordert, und eine Hierarchisierung der Probleme oder Überforderungsmomente (ebenda).
> Schließlich ist auch eine Tagesstrukturierung hilfreich, also Fragen nach dem weiteren Verlauf des Tages oder wie der Patient den Abend zu gestalten gedenkt (ebenda). Im Rahmen der Notfallpsychotherapie befragt man Opfer nicht etwa nach dem genauen Hergang des Unfalls, der Gewalterfahrung oder der Katastrophe, sondern fragt, wie eigentlich die Tagespla-

4.3 Maligne Regression

nung war, welche Aktivitäten angestanden hätten oder anstehen oder welche Angehörigen die Opfer später treffen könnten. Dies führt aus dem punktförmigen Ohnmachtserleben hinaus und weitet die Perspektive, die bei Krisenpatienten auf den Moment eingeschränkt ist.

5 Komplexe Therapiesituationen I: Gespräche und Kontakte

5.1 Das späte Gespräch mit den Eltern – sinnlos, zwecklos oder zielführend?

Wer mich beleidigt, entscheide immer noch ich.
Klaus Kinski

Viele Patienten berichten von Versagungen, Enttäuschungen oder Misshandlungen durch ihre Eltern, von denen sie sich nicht wahrgenommen fühlten oder die einfach zu sehr mit sich selbst beschäftigt waren. Väter mögen sich durch die wachsenden Kompetenzen ihrer Söhne bedroht gefühlt und ihrer Entwicklung Steine in den Weg gelegt haben, sie fürchteten sich vor ihren schönen und klugen Töchtern, die sie daher mit Entwertungen belegten, Mütter rivalisierten mit ihren Töchtern oder generalisierten ihren Hass auf Männer, indem sie ihre Söhne depotenzierten.

Je klarer solche oder andere Konflikte durch die Therapie in der Lebensgeschichte werden und je mehr sich Patienten von ihrer Geschichte befreien können, desto häufiger entsteht das Bedürfnis, mit den Eltern, sofern sie noch leben, über die Vergangenheit zu sprechen, falls dies nicht schon des Öfteren – meist mit enttäuschendem Ergebnis – geschehen ist. Dabei bezieht sich die Enttäuschung auf die mangelnde Einsicht der Eltern, ihren Unwillen, über die Vergangenheit zu sprechen, oder ihre komplette Negation bestimmter Geschehnisse. Es sei daher völlig sinnlos, mit den Eltern zu sprechen.

Tatsächlich jedoch kann man Patienten in diesem Moment darauf aufmerksam machen, dass es ja nicht um die Eltern und deren späte Einsicht gehe, sondern um den eigenen Emanzipationsprozess. Dass hinsichtlich der Befreiung aus den elenden Verhältnissen, die ja äußerlich meist nicht mehr existieren, sondern vielmehr als strukturelle Defizite, Introjekte, neurotische Beziehungsmuster oder verfolgende Über-Ich-Inhalte ihr inneres Eigenleben führen, noch Luft nach oben ist, zeigt sich an dem Beharren auf der Anerkennung durch die primären Bezugspersonen. Insofern ist ein Gespräch oftmals tatsächlich zwecklos, solange es letztlich auf Harmonisierung der historischen Konflikte in der Gegenwart abzielt, auf Entschuldigungen, Schuldeingeständnisse oder ehrliche Betroffenheit seitens der Eltern. Meist setzen Patienten dieses vorweggenommene Ergebnis eines Gespräches, das keine Einigkeit erzielen wird, mit Sinnlosigkeit gleich. Möglicherweise erwartet der Patient – durchaus realistisch – Affektdurchbrüche eines oder beider Elternteile, die er oder sie als Kind und Jugendliche so sehr fürchtete. Der Sinn des Gesprächs kann also nicht in einem Ergebnis bestehen, das die historischen Verletzungen wiedergutmacht, was an sich schon illusorisch ist, selbst wenn sich Eltern einsichtig zeigen.

Damit stellt sich in der Therapie die Frage, wozu ein solches Gespräch dienen soll und welches Ergebnis der Patient erzielen möchte. Letztlich bewertet der Patient das Ergebnis selbst und entscheidet darüber, ob er sich beleidigt, enttäuscht oder eben befreit fühlt. Dann liegt der Sinn der Aussprache nur in der Aussprache selbst, nicht etwa in den Reaktionen und Antworten, die der Patient erhält. Er erzählt seine Version der Geschichte und befreit sich damit von der Abhängigkeit von seinen Eltern und ihren Antworten, die er für die Authentizität seines Auftritts und seiner Darstellung nicht mehr benötigt. Der Sinn liegt in der Selbstäußerung, die unabhängig von antizipierten oder realisierten Reaktionen erfolgt. Das Ziel ist die Befreiung von der historischen Abhängigkeit durch die aktuelle Autonomie in der Gesprächssituation. Nur dieses Ziel kann wirklich von den kindlichen Bedürfnissen erlösen. Gelingt dies, erlebt sich der Patient als wirklich erwachsen und seine Eltern als gefangen in ihren Mustern. Die Abhängigkeiten verkehren sich: Nicht mehr der Patient ist es, der sich auf eine bestimmte und ersehnte Antwort angewiesen fühlt, sondern die Eltern sind es, die unfrei und abhängig von ihren inneren Konflikten agieren. Dann ist auch ein eventueller Affektdurchbruch eines oder beider Elternteile nicht mehr, was er einst war, nämlich Quelle der Angst und Verstörung, sondern sowohl Beweis der Störung der Eltern als auch der eigenen Stärke, sich demgegenüber unberührt zu zeigen oder allenfalls ein gewisses Bedauern über die ungelösten Konflikte und das Schicksal der Eltern zu erleben.

Doch diese Freiheit will ertragen werden, wie die meisten Freiheiten. Denn im Ergebnis bedeutet diese letzte Auseinandersetzung mit den Eltern über die Historie auch, dass man allein ist und die Hoffnung aufgeben muss, doch noch irgendwann die späte Erlösung quasi in den verständnisvollen Armen der Eltern zu erlangen mit der Preisgabe der kindlichen Vorstellung, irgendwie werde alles gut. Grund genug also, die Konfrontation zu scheuen und sie einstweilen für sinnlos zu erklären.

5.2 Die Vorbehandlung

Häufig stellen sich Patienten mit Behandlungen in der Vorgeschichte vor. Dabei kann es sich um ein anderes Verfahren gehandelt haben, eine oder mehrere stationäre Maßnahmen oder eine Psychotherapie bei einem Kollegen mit gleichem Therapieverfahren. Besonders heikel, doch nicht ohne narzisstische Verlockungen ist es, wenn man den Kollegen zudem kennt und obendrein nicht schätzt. Es ist, als ob ein roter Teppich ausgerollt wird, der nur dazu einlädt, ihn raschen selbstbewussten Schritts zu betreten, um dann festzustellen, dass auf Anti-Rutschmatten verzichtet wurde.

Selbstverständlich wird man sich nach dem Inhalt der Vorbehandlungen erkundigen, danach, was dort geklärt werden konnte oder was offen blieb. Zu beachten ist dabei grundsätzlich, dass Patienten ohnehin oft nicht besonders gut die Kernstücke ihrer Behandlungen wiedergeben können, man also zu der Annahme verleitet ist, dass wesentliche Konflikte nicht bearbeitet wurden. Das kann natürlich so sein, ebenso wie es sein kann, dass der Kollege trotz aller redlichen Bemühungen nicht weiterkam oder der Patient entgegen den Fortschritten in den Vorbehandlungen wieder in alte Muster zurückfiel. In eher seltenen Fällen ist auch mit erheblichen Kunstfehlern, Übergriffen oder Schädigungen in der Vorbehandlung zu rechnen.

Eine Kollegin berichtete mir in der Supervision von einer jungen erwachsenen Patientin mit einem symbiotischen Verhältnis zu ihrer Mutter, die an einer bipolaren Störung litt. Bereits seit Jahren gingen Mutter und Patientin gemeinsam zu einem Psychiater, der beide mit einer Lithiumprophylaxe medizierte. Die Konsultationen fanden jeweils zu dritt statt, eine Symptomerhebung bei der Patientin hatte nie stattgefunden, die Dokumentation enthielt keinerlei Differenzierung zwischen dem Symptombild der Mutter und jenem der Tochter. Insofern hatte der Psychiater das Beziehungsmuster der Ununterscheidbarkeit von Mutter und Tochter fraglos übernommen, obwohl depressive oder manische Symptome bei der Tochter nicht vorlagen; er hatte auch hinsichtlich der Medikation die Symbiose übernommen, was im Wesentlichen von der Mutter aktiv betrieben wurde. Die Patientin berichtete der Kollegin von ihrer Angst, ebenfalls manisch-depressiv zu sein oder zu exazerbieren, ohne dass es dafür irgendwelche Anhaltspunkte gab. Unter diesen Umständen befand die Therapeutin, könne keine Psychotherapie stattfinden. Stattdessen solle die Patientin den Psychiater wechseln, was gleichzeitig eine aktive Infragestellung der pathologischen Symbiosebeziehung darstellte. Der neu hinzugezogene Psychiater verlangte nach Erhalt einer Schweigepflichtsentbindung Einblick in die Dokumentationen und setzte die Medikation ab. Zeitgleich entwickelte die Patientin deutliche Autonomiebewegungen und löste sich mehr und mehr von der Mutter ab. Die radikale Infragestellung der psychiatrischen Vorbehandlung durch die Kollegin und die Forderung, eine andere psychiatrische Behandlung aufzusuchen, waren in diesem Fall Voraussetzung einer Psychotherapie und setzten zugleich eine Ablösung in Gang. In diesem Fall war also die kritische Infragestellung der Vorbehandlung unbedingte Voraussetzung einer Therapie.[14]

In den meisten Fällen steht man vor der Frage, wieso eine eventuelle Behandlung hier eigentlich erfolgreicher verlaufen soll als die vorherige. Da man das meist nicht weiß oder wissen kann, empfiehlt es sich, diese Frage dem Patienten vorzulegen. Die Antworten können sehr unterschiedlich ausfallen, sind aber meist sehr aufschlussreich:

- Der Patient zeigt sich mit der Beantwortung der Frage überfordert. Das ist an sich noch nicht problematisch, solange man an der Aufrechterhaltung der Frage und ihrer Berechtigung festhält. Sprechstunden beziehungsweise Probatorik geben dazu ja ausreichend Gelegenheit. Sollte innerhalb dieses Zeitraumes keine Klärung erfolgen, ist es nicht unwahrscheinlich, dass der Patient in

---

14 Dieses Fallbeispiel verdanke ich Anna-Lena Borowski (2019 in einer persönlichen Mitteilung).

einer Haltung passiver Versorgung verharrt und die Antwort, besser die Lösung aller Probleme, vom Therapeuten erwartet. In solchen Fällen sind Indiktion und Prognose kritisch zu sehen und dies auch dem Patienten zu eröffnen, was immerhin einer Korrektur der bisher gezeigten Erwartungshaltung Gelegenheit bietet.
- Der Patient entwertet pauschal die Vorbehandlung. Zwar ist erneut die Frage aufgeworfen, wieso man selbst eigentlich bessere Leistungen zeigen sollte als der Kollege. Allerdings ist nicht automatisch davon auszugehen, dass der Patient unrecht hat und auf einer narzisstischen Persönlichkeitsstörung hockt.
- Der Patient kritisiert eher differenziert die Vorbehandlung und benennt einzelne Kritikpunkte, oder die Kritik betrifft zwar die Vorbehandlung in Gänze, heftige Entwertungen des Vorbehandlers bleiben jedoch aus (»Wir sind da nicht weitergekommen«, »Ich glaube, die Therapieform war nicht das Richtige für mich«). Zu prüfen ist hier, ob das eigene Behandlungsmodell passend ist und erste Interventionen Erleichterung bringen.
- Der Patient kritisiert den Vorbehandler und seine Art, die Behandlung durchzuführen (»Der hat nur geschwiegen«, »Die hat viel von sich erzählt«). In der Sprechstunde und Probatorik ist in diesen Fällen darauf zu achten, wie der Patient die Beziehung gestaltet, ob latente Entwertungen oder allzu naive Idealisierungen ausbleiben.
- Der Patient und Vorbehandler sind übereingekommen, dass sie an bestimmten Stellen nicht weiterkommen oder das Verfahren nicht (mehr) indiziert ist und entscheiden sich gemeinsam für eine Beendigung mit der Aussicht, dass die Behandlung woanders, mit anderem Verfahren, fortgesetzt wird. In diesen Fällen wird der Patient durchaus positiv von der Vorerfahrung berichten und der Vorbehandler erscheint in mehr oder weniger freundlichem Licht. Dies ist sicher die günstigste Voraussetzung für eine Übernahme der Behandlung.

5.3 Die Sprechstunde beim Kollegen

Glücklicherweise haben Patienten, die sich für eine Psychotherapie entschieden haben, die Möglichkeit, mehrere Sprechstunden in Anspruch zu nehmen oder probatorische Sitzungen bei nicht nur einem Behandler wahrzunehmen. Und unglücklicherweise sind die Kapazitäten der Kollegen sehr begrenzt, weshalb es häufig nicht zum Einholen von Zweit- und Drittmeinung kommen kann. Doch darin liegt in jedem Fall eine Chance nicht nur für den Patienten, sondern auch für die Diagnostik und Prognose: Kann sich der Patient binden, also für einen der Kollegen entscheiden? Und nach welchen Kriterien erfolgt die Entscheidung? Ist es die Chemie, die Passung, persönliche wechselseitige Sympathie? Das Gefühl, er könne sein Gegenüber nicht hinters Licht führen und bekomme Fragen gestellt, die er sich so nie stellte? Oder gegenteilig: Entscheidet er sich für jemanden, der ihn wenig konfrontiert? Entsprechende Fragen nach den Entscheidungskriterien kann man Patienten vorlegen und das eigene Gesprächsverhalten eventuell auch korrigieren.

Die Erfahrungen des Pateinten bei parallelen Stunden lassen sich aber auch noch in anderer Weise nutzen: Es ist hilfreich, sich danach zu erkundigen, wie es beim Kollegen war, was dort zur Sprache kam, hier aber nicht. Die therapeutische Haltung, die man am besten auch so benennt, ist: Was können wir für unser Gespräch aus jenem dort lernen? Dies gilt im Grunde für jeden Gesprächsverlauf, unabhängig davon, ob der Patient zufrieden oder unzufrieden, verstört, entlastet oder frustriert das Interview verlässt.

Allerdings reagieren manche Kollegen eher eifersüchtig, misstrauisch oder mit vorschnellen Interpretationen auf das im Grunde selbstfürsorgliche Verhalten der Patienten. Tatsächlich ist es ja begrüßenswert, wenn Patienten sich nicht sofort und wahllos binden, sondern prüfen, mit wem sie es jeweils zu tun haben und wo sie glauben, ihre Konflikte am besten lösen zu können. Lediglich dann, wenn Patienten zu unentschiedenem Bindungsverhalten mit hoch ambivalenten Mustern in den Erstinterviews neigen, darf man dies als Hinweis auf ihr grundsätzliches Bindungs- und Beziehungsverhalten verstehen. Doch auch das ist wiederum hilfreich, wenn man die Unfähigkeit, sich zu binden und zu entscheiden, zum Thema macht. Problematisch ist nicht nur Bindungslosigkeit, die sich in Erstinterviews zeigen kann, sondern auch die unkritische rasche Entscheidung für einen Behandler, dessen Qualifikation, Menschlichkeit und therapeutischer Stil keiner Prüfung unterzogen wurde.

Sehr aufschlussreich kann auch die Reaktion des Patienten auf die aufgeräumte Frage sein, wie es denn beim Kollegen war. Allerdings setzt dies voraus, dass man sich nicht bedroht, eifersüchtig oder gekränkt fühlt, wenn der Patient einen nicht als den einzig wahren Guru erlebt, zu dem es keinerlei Alternativen geben kann. Erkundigt man sich nämlich frei von Ressentiments nach den Erfahrungen bei Kollegen mit dem Interesse, daraus lernen zu wollen, so kann man den Umgang des Patienten mit der Frage auf dem Hintergrund seiner persönlichen Biografie nutzen:

- Hat der Patient den Eindruck, es gehe um fishingforcompliments, es gehe also um persönliche Eitelkeiten, die er zu bedienen habe?
- Gerät der Patient in Loyalitätskonflikte? Manchmal weigern sich daher Patienten mitzuteilen, bei wem sie noch waren oder sind. Möglicherweise gibt der Patient damit wichtige Hinweise auf die Beziehung seiner Eltern und der Bedeutung für ihn.
- Spaltet der Patient in Gut-böse-Raster, indem er einen oder mehrere entwertet oder idealisiert?
- Weiß der Patient den Namen des Kollegen nicht mehr und kann er auch kaum Inhalte des Gesprächs wiedergeben? Verfügt er also über nur blasse Fremdrepräsentanzen und Repräsentanzen einer Beziehung?
- Hat der Patient den Kollegen und sein Verhalten als intrusiv erlebt und was bedeutet das für die hiesige Beziehung?
- Welche Unterschiede hat er erlebt und wie hängen diese eventuell mit den unterschiedlichen Geschlechtern der Interviewer vor dem Hintergrund seiner Biografie zusammen?

Schließlich setzt man sich auch selbst den kritischen Blicken nicht nur des Patienten, sondern eventuell auch der parallel zurate gezogenen Kollegen aus. Der typische Gegenübertragungseinfall lautet: »Und wenn der jetzt dem Kollegen erzählt, wie's bei mir war?!« Wie so oft besteht die Zumutung für den Therapeuten darin, eine gewisse Schamtoleranz zur Verfügung zu stellen, die grundsätzlich über jene des Patienten hinausgehen sollte.

5.4 Der Patient kommt wieder

Mit zunehmenden Berufsjahren kommt es immer mal wieder vor, dass Patienten, die man vor einiger Zeit oder vor vielen Jahren behandelt hat, erneut die Sprechstunde aufsuchen. Vor dem Hintergrund des aktuellen Anliegens stellt sich die Frage, ob man den Patienten erneut in Behandlung nehmen will, ob dies sinnvoll ist und wie sich die gemeinsame Vorerfahrung auf eine eventuelle weitere Behandlung auswirken könnte. Erinnert man sich spontan bereits am Telefon oder bei Mailkontakt, so ist es nicht unwahrscheinlich, dass man so etwas denkt wie »Ach der« oder »Ach die«. Doch was bedeutet bei gerade diesem Patienten oder dieser Patientin dieser Einfall? Hinter der unterkomplexen Bemerkung zu sich selbst verbergen sich eine Vielzahl von Eindrücken, Erinnerungen, die sich – wie alle Gedächtnisinhalte – mit der Zeit und den persönlichen wie beruflichen Erfahrungen deutlich verändert haben können.

»Ach der« bedeutet eben nicht nur Maier oder Schmitz. »Ach der« löst eine Vielzahl von Assoziationen, Affekten, szenischen Erinnerungen aus, die mit der Therapiegeschichte, so wie man sie in diesem speziellen Moment erinnert, verknüpft sind. Im Gegensatz zu Kontakten mit neuen Patienten ist man also in jedem Fall positiv, negativ oder ambivalent vorbelastet und begegnet dem Patienten demnach nicht unvoreingenommen. Ob sich diese Voreinstellung, mit der man in das erste Gespräch nach Ende, Unterbrechung oder Abbruch des Stundenkontingents geht, förderlich oder eher hinderlich auswirkt, hängt von zahlreichen, oft nicht ausreichend reflektierten Faktoren ab:

- Hat man sich einvernehmlich und mit befriedigendem Therapierfolg getrennt?
- Kommt der Patient mit der gleichen Thematik wieder oder schildert er neue Konflikte oder einen aktuellen dramatischen Anlass, der nicht unmittelbar mit der Vortherapie in Zusammenhang zu bringen ist (Todesfälle, Erkrankung, Unfall)?
- Kommt der Patient nach einer stationären Behandlung vereinbarungsgemäß wieder? Hatte die stationäre Therapie den Erfolg, der für eine ambulante Weiterbehandlung erforderlich erschien?
- Führten äußere Umstände zum vorläufigen Ende der Therapie (Umzug, Schwangerschaft, berufliche Einspannung, die keine Terminübereinkünfte mehr erlaubten)?
- Sah der Therapeut keine Fortschritte (mehr), mangelte es an Mitarbeit, Einsicht oder Veränderungsbereitschaft?
- Endete die Therapie konflikthaft, wobei die Konflikte ungeklärt blieben, oder

brach der Patient die Therapie ab? Und wie? Durch einfaches Wegbleiben ohne Absagen oder Verabschiedung oder innerhalb eines längeren Prozesses?
- Endete die Therapie wegen Suizidalität, anhaltenden Selbstverletzungen oder Suchtmittelmissbrauch?
- Beendete der Therapeut die Behandlung wegen sonstigen destruktiven Agierens?

Die große Vielzahl und Unterschiedlichkeit der möglichen Hintergründe zeigt, dass es sich meist um eine komplexe Frage handelt, der sich der Behandler möglichst offen stellen sollte, um zu beurteilen, ob er dem Patienten überhaupt eine erste weitere Sitzung einräumt, mit welchem Ziel er dies tut und inwieweit er überhaupt offen für eine Wiederaufnahme der Behandlung ist.

Bei eventuell erfolgter stationärer Therapie ist sehr genau zu prüfen, ob der Patient nun diejenigen Kriterien erfüllt, die man als nicht gegeben ansah, als man die ambulante Therapie ohne Vorbedingungen ablehnte. Der bloße Aufenthalt in der Klinik nach Maßgabe des Therapeuten ist also keineswegs entscheidend, sondern diejenigen Ergebnisse, die für die Aufnahme einer ambulanten Therapie zwingend erforderlich sind. Es mag allerdings Hemmungen geben (Schuldgefühle in der Gegenübertragung, die die Aggression des Therapeuten hemmen), dies so deutlich zum Ausdruck zu bringen und trotz stationärer Behandlung eine Therapie abzulehnen (wo doch der Patient formal brav den Forderungen des Therapeuten nachkam).

Die Überprüfung, ob selbstverletzendes oder destruktives Verhalten eingestellt wurde, dürfte sich zunächst als schwierig erweisen. Bei Suchtmittelkonsum könnten regelmäßige Screenings vereinbart werden, was jedoch dem unvoreingenommenen, vertrauensvollen Beginn einer Behandlung im Wege steht. In diesen Fällen bietet die Kurzzeittherapie die Möglichkeit, Indikation und Prognose zu überprüfen.

Doch auch wenn Negativkriterien weitgehend fehlen, sollte man sich fragen, ob eine Wiederaufnahme der Behandlung sinnvoll ist. Tatsächlich war man ja mit dem Patienten bis zu gewissen Punkten gekommen, hatte eine grundsätzliche Sichtweise der Konflikthaftigkeit des Patienten eingenommen und mit ihm in der therapeutischen Beziehung spezifische Gegenübertragungs-Übertragungs-Phänomene erlebt und bearbeitet. Daher dürften sich in einem weiteren Behandlungsabschnitt nicht grundsätzlich neue Perspektiven ergeben. Wäre es also gegebenenfalls nicht hilfreicher, wenn der Patient modifizierte oder tatsächlich andere Übertragungsphänomene mit einem anderen Therapeuten erfährt? Könnte die neue, andere Passung zwischen dem Patienten und dem Behandler nicht auch weiterführende, andere oder grundsätzlich neue Lösungen erzielen? Allzu rasch verfällt man bei der Weiterführung von ehemals beendeten Therapien in Deutungsmuster, die sich aktuell als antiquiert erweisen könnten.

5.5 Gegenübertragungen bei Therapieabbruch

Es gibt sehr unterschiedliche Therapieabbrüche: In Gruppen sind sie besonders häufig, zu Beginn einer Einzelpsychotherapie ereignen sie sich oft, im Rahmen einer Langzeittherapie sind sie häufig dramatisch und für den Behandler verstörend. Beendet hingegen der Therapeut die Therapie, kann auch das verstörend und dramatisch auf den Patienten wirken, selbst wenn die Beendigung angekündigt und die Fortsetzung an die Erfüllung bestimmter Voraussetzungen, zum Beispiel Verzicht auf Cannabismissbrauch, gebunden war. Jedenfalls erleben viele Patienten die Beendigung einer laufenden Therapie durch den Psychotherapeuten als sehr belastend bis traumatisierend, obgleich im Vorfeld klare Forderungen gestellt wurden wie zum Beispiel Einstellung tiefer Schnittverletzungen, Beschädigungen des Praxismobiliars oder Entwertungen und Respektlosigkeiten gegenüber Gruppenteilnehmern.

Therapieabbruch durch den Patienten

Im Rahmen von Sprechstunden oder Probatorik bleiben Patienten sehr häufig weg, wobei sie nicht selten auch vereinbarte Termine nicht absagen und so den Behandler im Unklaren lassen, ob sie überhaupt zur vereinbarten Stunde noch kommen, ein Missverständnis zwischen Patient und Therapeut vorlag oder sich die Patienten noch einmal melden werden. In der Gegenübertragung kann Ratlosigkeit über das Fernbleiben des Patienten entstehen, Scham, dass man quasi sitzengelassen wurde, oder ein Gefühl der Leere, vermutlich korrespondierend mit der Beziehungslosigkeit des Patienten. Doch im Vergleich zu den Gegenübertragungen bei abgebrochenen Langzeittherapien bleiben emotionale Reaktionen des Therapeuten bei Abbrüchen und Absagen im Vorfeld einer vereinbarten Therapie oder kurz nach deren Beginn recht begrenzt und leichter handhabbar: Der Patient hat sich doch für die Behandlung beim Kollegen entschieden oder stellt für sich fest, dass ihn die emotionale Herausforderung einer Therapie überfordert oder er die mit der Therapie verbundenen Veränderungen seines Lebens nicht will. Wenn man so will, macht der Patient eine Güterabwägung zwischen Gefährdung seiner Lebensverhältnisse, konkret seiner Beziehung zu nahen Angehörigen, Arbeitgeber oder Ausbildung, den Preisgaben bisheriger Verhaltensweisen und den Erfordernissen der eigenen Veränderung angesichts konkret für ihn vorstellbarer Therapieergebnisse. Dabei kann es durchaus sein, dass man die eigenen imaginierten Therapieziele, die man in der Lage des Patienten hätte, mit jenen des Patienten verwechselt hat (besonders häufig: »Muss sich vom Partner trennen!«). In solchen Fällen tut der Patient gut daran, rechtzeitig die »Notbremse« zu ziehen, um sich vor eventuell ungewollten Übergriffen des Behandlers zu schützen, der Gefahr liefe, dem Patienten eigene Lösungen, Ziele oder Wege vorzugeben.

Deutlich verstörender ist ein plötzlicher Therapieabbruch eines Patienten während einer Langzeittherapie, besonders wenn der Abbruch ohne Vorankündigung oder ohne eine für den Behandler erkennbare Krise in der therapeutischen Beziehung erfolgt. Manchmal gibt es eine kurze Nachricht auf der Mailbox, eine Mail oder eine schriftliche Mitteilung, die jedoch den komplexen Zusammenhängen kaum gerecht wird. Die Ratlosigkeit über den Abbruch, Kontrollverlust und Ohnmacht lösen häufig eine Reihe von heftigen Gegenübertragungsgefühlen aus – vielleicht auch, weil dies so vom Patienten final gewünscht war.

Doch bevor man seine Ratlosigkeit akzeptiert, kann man dem Patienten eine Abschlusssitzung vorschlagen, bei der er seine Gründe für den Abbruch darlegen und man sich, so er bei seinem Entschluss bleibt, voneinander verabschieden kann. Hierzu scheint mir der Weg über Brief, SMS oder Mail besser geeignet als ein Anruf, da man den Patienten nicht »überfällt« und er Gelegenheit hat, sich die Sache in Ruhe und ohne Druck durch den Kopf gehen zu lassen. Wöller und Kruse (2010) glauben, dass viele Patienten insgeheim mit einer Kontaktaufnahme rechnen und sie als Beweis des Interesses verstehen. Das schriftliche Angebot hat auch den Vorteil, dass man seine Worte genau abwägen und dabei zur Analyse der Gegenübertragung kommen kann:

- Möchte ich den Patienten bewegen zu bleiben? Man sollte das Gespräch erst führen, wenn man jede Entscheidung des Patienten akzeptiert.
- Fühle ich mich angegriffen? Erlebt man den Abbruch als aggressiven Akt, liegt die Frage nahe, inwieweit man latente Konflikte im Vorfeld zu übersehen geneigt war und was einen eigene wie fremde Aggression abwehren ließ.
- Fühle ich mich gekränkt, verlassen oder verletzt? Möglicherweise fühlte man sich über die Maßen mit dem Patienten verbunden, erlebte ihn als Hoffnungsträger, verband den eigenen Berufserfolg mit dem vermeintlichen Erfolg der Therapie. Der Patient würde durch seinen Abbruch dem narzisstischen Missbrauch durch den Behandler entgehen.
- Fühle ich mich traurig? Ein gewisses Maß an Traurigkeit angesichts eines Beziehungsabbruchs dürfte kaum zu vermeiden sein, ja, ist Ausdruck der bisher bestehenden therapeutischen Beziehung. Heftigere Gefühle, Weinen in der Supervision um den verlorenen Patienten, lassen jedoch rasch die Frage aufkommen, inwieweit persönliche Anteile die Trauer bedingen und worin eigentlich der große Verlust besteht.
- Fühle ich mich leer, fühle ich eigentlich nichts? Offenbar kam es in der therapeutischen Beziehung kaum zu Berührungen, anrührenden Momenten und einem tieferen emotionalen Verstehen. Das mag Ausdruck der narzisstischen Leere des Patienten sein, ist aber auch ein Hinweis darauf, dass man sich mit diesen Phänomenen arrangierte. Fürchtete man, in den Stunden die verzweifelte Leere zu durchleben, das haltlose Fallen des Patienten mitzuerleben? Handelt es sich also um eine gemeinsame erfolgreiche (!) Abwehr? In der agierten Gegenübertragung wäre man »dankbar« auf das Beziehungsangebot des Patienten eingegangen und hätte die schwer erträglichen Phasen gemeinsamen Durchlebens der haltlosen Leere umgangen. Paradoxerweise füllt sich die Leere durch das gemeinsame Durchstehen der Leere, die immerhin eines deutlich enthält: das Gefühl der Unerträglichkeit, das allein niemals aushaltbar ist und gemeinsam leider oft auch nicht.

5.5 Gegenübertragungen bei Therapieabbruch

Psychotherapien bestehen eigentlich aus einer Abfolge von Entgleisungen, Missverständnissen, Fehlern, Verstrickungen und unzureichender Reflexion der Gegenübertragung. Mithin lehren sie uns, unsere menschliche Fehlerhaftigkeit zu akzeptieren, sich jedoch niemals mit ihr zufriedenzugeben, sondern sich stets aufs Neue gegen unser Schicksal zu empören. Sofern dieser Prozess gemeinsam und mit wachsender Therapiedauer mit Zuversicht und größerer Gemeinsamkeit bei der Bearbeitung und Klärung aller Hindernisse durchlebt wird, ist er Modell für alle möglichen menschlichen Beziehungen: die der professionellen, persönlichen, intimen Beziehungen und vor allem der Beziehung zu sich selbst.

Die Beendigung der Therapie durch den Therapeuten

Es gibt sicher eine ganze Reihe von Beweggründen, die einen Therapeuten veranlassen können, eine Therapie entweder mit mehr oder weniger langem Vorlauf oder abrupt zu beenden. Letzten Endes läuft es jedoch auf einen Rauswurf des Patienten hinaus. Da dies meist erhebliche Schuldgefühle in der Gegenübertragung auslöst, braucht es Gründe, die man als Therapeut vor sich selbst und zum Beispiel Supervisionskollegen vorbringen kann, um nicht als böse, herzlos oder agierend dazustehen. Eine Behandlung jedoch nüchtern und sachlich zu beenden, dürfte zu den schwierigsten therapeutischen Herausforderungen gehören.

Bei einem dauerhaften Drogenmissbrauch kann man auf die Richtlinien verweisen, die Behandlungen verbieten, wenn der Patient dauerhaft illegale Drogen konsumiert. Die scheinbare Entlastung durch äußere Strenge – nämlich die »Autorität« der Richtlinien – erweist sich jedoch im Einzelfall als brüchig: Manche traumatisierten Patienten profitieren vom Cannabiskonsum, durch den sie ruhiger und geordneter werden, ein Effekt, der zum Beispiel durch ein niedrigdosiertes atypisches Neuroleptikum nicht unbedingt und oft auch nicht in diesem Ausmaß erzielt wird. Häufig verschwindet auch eine ADHS-Symptomatik bei polytraumatisierten Patienten, sodass man in der konkreten Therapiesitzung alsbald sehr sicher einschätzen kann, ob der Patient konsumiert hat (und zu guter Mitarbeit in der Lage ist) oder nicht (und daher schlechter konzentriert, hibbelig und wenig belastbar erscheint). Ist es unter diesen Umständen ethisch vertretbar, die Behandlung gemäß Richtlinien abzubrechen oder Abstinenz zu verlangen (und damit mehr Leidensdruck beim Patienten vorherrschen lässt bei weniger Profit in der Therapie)? Bisher sind der medizinisch indizierten und verordneten Vergabe von Cannabisprodukten jedenfalls enge, oft zu enge Grenzen gesetzt.

Zerfließt der Patient jedoch unter Drogenkonsum, wird er aggressiver (Speed), adynam und flach (Cannabis) oder formal ungeordneter bis hin zu wahnhaft (Designerdrogen, LSD, Cannabis), so ist die Beendigung zwar eventuell schmerzlich, stellt aber häufig auch eine deutliche Entlastung für den Therapeuten dar.

Anhaltende oder gelegentliche, jedoch schwere versorgungspflichtige Selbstverletzungen und ernsthafte Suizidalität sind eine Indikation für stationäre Behandlung, eventuell mit entsprechenden Zwangsmaßnahmen bei Suizidalität. Unterhalb dieser Schwelle muss man die Behandlung beenden, wenn der Patient keine Änderung seines Verhaltens zeigt und sich einer stationären Maßnahme

verweigert. Um transparent und berechenbar zu bleiben und den Patienten nicht zusätzlich zu destabilisieren, sollte man gestuft vorgehen:
- Erklären Sie Ihrem Patienten, dass sein Verhalten eine stationäre Maßnahme erforderlich macht, und wirken Sie darauf ein, dass er der Empfehlung nachkommt. Weisen Sie ihn darauf hin, dass man gegebenenfalls nach erfolgreicher stationärer Therapie die Behandlung fortsetzt.
- Sagen Sie Ihrem Patienten sachlich, ernst und gleichzeitig freundlich, dass eine ambulante Therapie unter den gegebenen Umständen nicht möglich ist und man daran denkt, die Behandlung abzubrechen.
- Erfolgt noch stets keine Änderung, muss man die Behandlung abbrechen: »Ich hatte Sie ja seit unserem vorletzten Termin damit konfrontiert, dass ich Ihre ambulante Behandlung nicht fortsetzen kann, wenn Sie sich nicht in stationäre Behandlung begeben. Ich muss Ihnen daher sagen, dass dies unsere letzte Stunde sein wird. Ich bedaure das und möchte Sie noch einmal motivieren, Ihre Entscheidung zu überdenken, keine stationäre Therapie aufzusuchen.«

Ähnlich verhält es sich bei dissozialem Verhalten gegenüber Dritten, von dem der Patient direkt oder indirekt berichtet. Schildert er häufiger gewalttätiges Verhalten, hohe Aggression im Straßenverkehr, Betrügereien oder Diebstähle, sexuelle Übergriffe oder Aufsuchen von Internetpädophilieseiten, so muss man sich selbst und den Patienten fragen, wozu und mit welchen Gefühlen er diese Verhaltensweisen in der Therapie schildert. Die Analyse der Gegenübertragung könnte zum Beispiel so aussehen:
- Wie fühle ich mich während der Berichte (zum Beispiel Scham, Ekel, Wut, Angst, Neugier)? Woran möchte ich lieber nicht denken?
- Kann ich mir das Verhalten des Patienten im Einzelnen konkret vorstellen? Wenn nicht, was genau hindert mich nachzufragen?
- Wie erlebe ich den Patienten während seiner Schilderungen? Betroffen, schamerfüllt, schuldbeladen? Kommen mir seine Gefühle authentisch vor? Freudig, lustvoll, lächelnd, affektarm, zynisch, aggressiv?
- Wozu schildert er mir gerade so sein Verhalten und was bezweckt er in der therapeutischen Beziehung?

Entsprechend kann man den Patienten fragen:
- »Was fühlen Sie eigentlich, wenn Sie mir diese Dinge schildern? Welche Fantasien haben Sie währenddessen über mich (und uns)?«
- »Wie erleben Sie mich während Ihrer Schilderungen? Wozu schildern Sie mir gerade so Ihr Verhalten und was bezwecken Sie damit in unserer Beziehung?«
- »Möchten Sie dieses Verhalten eigentlich abstellen und was sind Sie dafür bereit zu tun?«

Bevor man also Forderungen oder die ambulante Therapie infrage stellt, ist es von großer Bedeutung, weshalb der Patient dem Therapeuten solche Berichte vorlegt. Unter Umständen ist zu klären, ob seine Schilderungen eher Fantasieprodukte sind, die er zu bestimmten Zwecken (welchen?) in der Behandlung einsetzt oder ob es sich um reales Verhalten handelt. Bevor man also vorschnell die Beendigung der Therapie ins Auge fasst, sollte man diese Fragen klären. Erweisen sich jedoch die Schilderungen als realistisch, so sollte man den Patienten damit konfrontieren, dass man bei Aufrechterhaltung der Therapie so etwas wie ein stillschweigendes Einverständnis mit den Verhaltensweisen des Patienten zu geben scheint, da man ja von allem wusste, aber nicht intervenierte. Im Gegensatz zu vielen anderen Symptomen eines Patienten ist hier von der technischen Neutralität abzuweichen und ein klares Statement abzugeben, mit dem man das Verhalten des Patienten missbilligt. Analog zu den oben genannten Forderungen wird man vom Patienten verlangen, das Verhalten unverzüglich einzustellen, da andernfalls eine Fortsetzung der ambulanten Behandlung nicht möglich sein werde. Allerdings besteht einmal mehr – und hier besonders – die Schwierigkeit zu überprüfen, ob der Patient dem Verlangen des Therapeuten tatsächlich nachkommt.

Während bei den vorgenannten Konfliktthemen jene des Patienten im Fokus standen, verhält es sich anders, wenn der Patient seinen Verpflichtungen nicht nachkommt, seine Rechnungen nicht bezahlt, die Versicherungskarte nicht beibringt oder ständig Termine versäumt oder absagt. In solchen Fällen geht es um die unmittelbaren Interessen des Therapeuten, was auch so zum Ausdruck zu bringen ist: Eine Therapie ist keine Einbahnstraße, sie beruht immer auf Wechselseitigkeit und hat daher auch Verpflichtungen des Patienten zum Inhalt. Dies ist unmittelbarer Teil der Therapie, nämlich dass der Patient andere Personen mit ihren Anliegen wahrnimmt. Dass er das nicht tut, gibt ihm Gelegenheit, seine strukturellen Defizite zu bearbeiten. Die Rahmenbedingungen bringen zum Ausdruck, dass der Therapeut ein Eigenleben mit eigenen Bedürfnissen im Zusammenhang mit seinen finanziellen, zeitlichen und persönlichen Bedingungen führt.

Verstößt der Patient häufig gegen diese Bedingungen, fällt es deutlich schwerer, ihre Erfüllung mit ruhiger Sachlichkeit einzufordern. Da der Patient die Verärgerung ohnehin spürt, vielleicht sogar beabsichtigt[15], ist es ratsamer, dies auch zum Ausdruck zu bringen: »Ich möchte Ihnen sagen, dass mich Ihr Verhalten ärgert. Wenn ich mich von Ihnen dauerhaft schlecht behandelt fühle, kann ich diese Behandlung nicht weiterführen. Das wollte ich Ihnen sagen, bevor wir über die Gründe Ihres Verhaltens sprechen.« Wichtig ist, zunächst den eigenen Affekt zum Ausdruck zu bringen, bevor man die Motive des Patienten untersucht.

Schließlich kann auch anhaltende Erfolglosigkeit der therapeutischen Bemühungen zur vorzeitigen Beendigung der Behandlung Anlass geben. Meist erlebt man Ratlosigkeit und Ohnmacht, die rasch in eine zornige und vorwürfliche Haltung umschlagen. Immerhin befreien latente oder manifeste Schuldvorwürfe aus der therapeutischen Hilflosigkeit, sind aber gerade deshalb wenig zielführend. Stattdessen kann man eine Ohnmachtserklärung abgeben: »Ich muss Ihnen

---

15 Beispielsweise kann es sich um den Ausdruck von Ärger handeln, um Autonomiebeweise oder – im Falle von privater Krankenkasse – um Versicherungsbetrug (Rechnung wird eingereicht, jedoch das Geld nicht an den Therapeuten weitergeleitet).

sagen, dass ich an dieser Stelle ratlos bin / nicht weiterweiß, und ich frage mich, ob eine Weiterbehandlung unter diesen Umständen noch Sinn hat.«

In allen diesen Fällen handelt es sich um ein gestuftes Vorgehen, sodass Transparenz und Kontrolle für den Patienten über den möglichen Therapieabbruch bestehen und damit auch die Möglichkeit zur Veränderung. In seltenen Fällen wird man jedoch eine ambulante Therapie sofort abbrechen. Bedrohungen, Nötigungen, Drohungen gegen Personal oder andere Patienten, mutwillige Beschädigungen von Praxisgegenständen, Exhibition oder sexuelle Übergriffe werden in den meisten Fällen zum Abbruch führen. Selbstverständlich kann man sich fragen, ob diese Verhaltensweisen einen Abbruch provozieren sollten, eventuell damit der Patient die Schuld beim Behandler verorten oder auf entsprechenden Seiten im Internet negative Bewertungen abgeben kann.

In allen Fällen bleibt ein Rest Unbehagen.

Paartherapie als neues Anliegen

Grundsätzlich ist es ein Fehler, ein Paar in Behandlung zu nehmen, nachdem man einen der beiden Partner bereits in Einzel- oder Gruppentherapie behandelt hatte. Es ergeben sich nicht nur zahlreiche Probleme mit der Schweigepflicht beziehungsweise, wenn diese aufgehoben wurde, mit dem Vorwissen und der Intimität, die man mit einem der Partner erlebt hat, von der der andere jedoch ausgeschlossen blieb und die sich auch nicht in der Form nachholen lässt. Obendrein wird sich der unbehandelte Partner nicht gegen die Neigung wehren können, bestimmte Dinge aus seiner Sicht richtigzustellen und doch mit einem gewissen Misstrauen der Beziehung zwischen Therapeut und seinem Partner begegnen.

Coaching oder Supervision als neues Anliegen

Anders verhält es sich, wenn ein ehemaliger Patient um Supervision oder Coaching nachsucht. Zwar verbietet sich ein derartiges Beratungsformat parallel zu einer laufenden Behandlung. Nach Beendigung einer Behandlung und Verstreichen eines gewissen Zeitraums müssten beide Beteiligten prüfen ob
- der Zeitraum ausreichend lang war, um sich auf ein neues Beziehungsformat einzulassen, oder ob zu viel Material der Therapie die Beratung kontaminiert;
- die Behandlung ein befriedigendes Ende fand, die Übertragungsbeziehung einer realistischeren Sichtweise und einer Entidealisierung des Therapeuten wich;
- der Therapeut in seiner neuen Rolle tatsächlich die Anliegen des ehemaligen Patienten in einem neuen, seiner jetzigen angedienten Rolle angemessenen Licht sehen kann;
- die Supervisions- oder Coachingthemen zu nah an jenen der vergangenen Therapie liegen.
- Schließlich sind die oben genannten Gesichtspunkte von Bedeutung, die auch bei Wiederaufnahme einer Therapie berücksichtigt werden müssen.

Grundsätzlich spricht also nichts gegen die Veränderung des Settings. Den Puristen sei gesagt, dass sich ständig Rollenüberschneidungen zum Beispiel in der Ausbildung von Psychotherapeuten ergeben, die zudem parallel stattfinden: Man sieht seinen Lehranalytiker oder Lehrtherapeuten als Dozenten, belegt Fallseminare bei ihm oder erlebt ihn eventuell bei öffentlichen Auftritten. Die durchaus förderliche Herausforderung besteht darin, die unterschiedlichen Rollen auseinanderzuhalten, was für alle Beteiligten gilt, statt in Rollenkonfusion zu verfallen.

5.6 Anreden: Sie, du oder Vorname und Sie?

Die Formen der Anrede unterliegen stark den jeweiligen Zeitströmungen. Mitglieder niedriger Stände wurden zu bestimmten Zeiten mit »er« angesprochen, was Distanz oder auch Missbilligung ausdrücken konnte. Im späteren Mittelalter wechselte man vom »Du« zum »Ihr«, später zum »Sie«, wobei allerdings Adelige weiterhin das Privileg genossen, mit »Ihr« angesprochen zu werden und mit »Wir« zu antworten. Bis Anfang des letzten Jahrhunderts wurden Eltern von ihren Kindern gesiezt, was in Frankreich bis heute nicht unüblich ist. Die Anrede »du« ist nicht mit dem angelsächsischen »you« gleichzusetzen, denn die Pluralform schafft eine gewisse Distanz oder zeugt von Respekt, während das deutsche »Du« den oder die Angesprochene(n) und nur diese(n) meint. Mit dem Du zeigt man quasi mit dem Finger auf eine Person, während die Anrede im Plural jemanden in eine unbestimmte Gruppe versetzt.

In vielen europäischen Ländern, deren Sprache mehr als eine Anredeform besitzt, ist das Duzen deutlich üblicher als im Deutschen. Trifft man in den Niederlanden auf seinen neuen Chef, so wird man über einen kurzen Gesprächszeitraum das »U« (sprich Ü) benutzen, um dann ohne jede Absprache oder Formalie ins Du überzugehen (jij, je, sprich jei, je). In Schweden und anderen skandinavischen Ländern duzt man sich fast grundsätzlich und von Beginn an, in der Schweiz wird das Du häufiger gebraucht als im Deutschen. Während im Deutschen bei über Dreißigjährigen der Übergang zum Du meist auch eine Veränderung der persönlichen Beziehung kennzeichnet, ist das im Niederländischen keineswegs der Fall.

Sätze gleichen Inhalts erhalten durch die Verwendung des singulären oder pluralen Personalpronomens oft eine sehr verschiedene Bedeutung. Der erstaunte oder ungläubige Ausruf, »Du bist verrückt!« ist in der Sie-Form eine Beschimpfung. Stattdessen müsste man, ebenfalls umgangssprachlich »Ich fass' es nicht!« ausrufen, um ungläubiges Staunen zum Ausdruck zu bringen.[16]

Kurz: Im Deutschen macht es einen großen Unterschied hinsichtlich der persönlichen Beziehung und der damit verbundenen sprachlichen Ausdrucksformen, ob man jemanden siezt oder duzt. Allerdings gibt es auch im Deutschen

---

[16] Anschaulich werden solche Unterschiede, wenn man sie nicht nur liest, sondern laut ausspricht und sich dabei einmal einen Menschen vorstellt, den man duzt, dann einen, den man siezt.

Mischformen, wie das sogenannte Kassiererinnen-Du (»Frau Schmitz, haste mal ne Rolle 20-Cent-Münzen?«), gelegentlich kann man auch gegenüber einer Gruppe von Personen, besonders, wenn man einzelne ohnehin duzt, das Ihr benutzen (»Habt Ihr Lust auf ein Bier?«).

Anrede in der Kinder- und Jugendlichenpsychiatrie und -psychotherapie

Meist werden Patienten in Einrichtungen der Kinder- und Jugendlichenpsychiatrie unabhängig von ihrem Alter geduzt. Es wäre sicher im Stationsalltag kompliziert, sich ständig darüber Gedanken zu machen, welche Patienten über 16 Jahre alt sind beziehungsweise gerade ihren 17. Geburtstag hatten und daher vom Du zum Sie überzugehen wäre. Andererseits fördert das Duzen Versorgungs- und Dependenzhaltungen, wo es um die adäquate Entwicklung von Autonomie geht. Möglicherweise unterstützt diese Infantilisierung bei manchen Jugendlichen auch oppositionelles Verhalten. Aus diesen Gründen verbietet sich das Du im ambulanten Setting, auch und gerade, wenn es der Jugendliche einfordert. Je nach Alter ist die Anrede mit dem Vornamen und das Sie eine hilfreiche Anredeform.

Anrede in der Erwachsenenpsychiatrie

Die oftmals schwierigen Verhältnisse der Patienten untereinander und mit ihren Behandlern unterschiedlichster Berufsgruppen verbieten von vorneherein ein Duzen. Augenblicklich würden Rivalitäten zwischen den Patienten entstehen, wenn einzelne Patienten von Mitgliedern des Personals geduzt würden, andere jedoch nicht. Ein Du zwischen einzelnen Behandlern und manchen Patienten würde zudem Spaltungsphänomenen – ohnehin Alltag in der Psychiatrie – noch weiteren Vorschub leisten.

Gerade in der Psychiatrie ist professionelle Distanz unbedingte Voraussetzung für die Sicherheit des Personals, der Patienten und der Einrichtung. Dennoch duzen Pflegekräfte, die naturgemäß viel mehr Zeit mit den Patienten verbringen, also »näher dran« sind, gelegentlich chronische oder Drehtürpatienten, weil man sich ja schon so lange kennt, mehr Zeit als mit der eigenen Familie oder nahezu das gesamte Berufsleben mit dem Patienten verbringt. Gerade in Zeiten, in denen gewalttätige Übergriffe gegen medizinisches Personal und besonders im psychiatrisch-psychotherapeutischen Bereich zunehmen, sind solche Vertraulichkeiten sehr riskant: Mit einer Person, die man duzt, geht man anders um; man beschimpft, beleidigt oder schlägt sie eher als jemanden, den man siezt. Regelmissachtungen fallen in Du-Beziehungen leichter. Deshalb ist jedes Duzen seitens der Patienten als Übergriff zu werten und sollte sofort unterbunden werden.

Anrede in der Psychotherapie mit Erwachsenen im Einzelsetting

Einzelpsychotherapie mit hoher Stundenfrequenz bei Langzeittherapie, besonders jedoch bei analytischer Psychotherapie, ist durch hohe persönliche Intimität gekennzeichnet. Diese betrifft nicht nur den Patienten mit seinen Selbstöffnungen. Auch der Behandler setzt seine Gegenübertragungen für den therapeutischen Prozess ein, teilt sie reflektiert und bearbeitet dem Pateinten immer mal wieder mit, reagiert spontan auf Selbstäußerungen des Patienten und ist mitunter emotional hoch beteiligt. Unter diesen Bedingungen den Patienten zu duzen oder ihm das Du sogar anzubieten, würde die Als-ob-Situation des psychotherapeutischen Settings, von dem alle ernstzunehmenden Verfahren leben, fast zwangsläufig in eine Realbeziehung verwandeln. Dies ist eine Besonderheit der deutschen singularen Anredeform im Gegensatz zum Beispiel zu jener angelsächsischer oder skandinavischer Sprachen. Entscheidend ist nicht die Verbreitung des Dus, zum Beispiel in Start-up-Unternehmen, unter Kollegen am Arbeitsplatz oder in der Kneipe, sondern die Bedeutung, die der Wechsel vom Sie zum Du im Deutschen hat. Anders als im Niederländischen, wo man ohne irgendein Aufhebens nach wenigen Sätzen zum Du übergeht, ist der Wechsel im Deutschen ein formaler Akt, bei dem der Ältere oder Höhergestellte dem Gesprächspartner das Du anbietet oft mit der peinlichen Folge, dass sich die meist abhängigen Angestellten oder Untergebenen zum Einverständnis gezwungen fühlen. Auch diese De-facto-Wahllosigkeit spricht gegen ein Du im einzeltherapeutischen Kontext.

Das gravierendste Argument gegen ein Duzen ist jedoch der hohe Grad an Intimität in der Einzelbehandlung. Es macht einen außerordentlichen Unterschied, ob jemand über seine aggressiven oder sexuellen Fantasien und Wünsche mit einer Person spricht, die er siezt oder duzt, besonders wenn es sich um eine gegengeschlechtliche Passung bei heterosexueller Orientierung oder vice versa gleichgeschlechtliche Passung bei homosexueller Orientierung handelt. Die Übertragungsliebe als homo- oder heterophiles Anlehnungs- und Versorgungsbedürfnis, als Wiederholung ödipaler Bestrebungen oder als Sexualisierung der therapeutischen Beziehung erführe durch ein Duzen eine bedrohliche und unter Umständen nicht mehr handhabbare Intensivierung. Regressive Phänomene sind dann nutzbar, wenn sie den therapeutischen Zielen dienen und der therapeutischen Ich-Spaltung unterliegen. Ein Duzen würde diese therapeutische Chance unnötig erschweren oder unmöglich machen.

Doch weil der Sprachgebrauch und seine jeweiligen Bedeutungen ständiger Veränderung unterliegen, wie die verschiedenen Anredeformen durch die Jahrhunderte zeigen, oder auch der Übergang vom Sie zum Du bei der Anrede der eigenen Eltern, ist es nicht ausgeschlossen, dass wir auch im deutschsprachigen Raum mehr und mehr zum Du übergehen oder dessen Gebrauch auch bei Behördengängen, der Verkehrskontrolle durch die Polizei[17], in Schule, Universität oder

---

17 Während in Schweden das Du zwischen Polizisten und Verkehrsteilnehmern üblich ist, würde es sich in Deutschland um Beleidigung eines Amtsträgers handeln.

gegenüber Vorgesetzten Einzug hält. Dann jedoch wäre das Du nicht mehr Ausdruck besonderer Intimität oder Verbundenheit und es entfiele der formale Wechsel vom Sie zum Du. Unter diesen Umständen könnten die vorgebrachten Bedenken eine andere Gewichtung erhalten oder in unbestimmter Zukunft sogar hinfällig werden.

Anrede in der Psychotherapie mit Erwachsenen im Gruppensetting und in der Kombinationsbehandlung

Die vorgenannten Überlegungen gelten mutatis mutandis auch für die Gruppenpsychotherapie mit Erwachsenen oder Kombinationstherapie. Auch hier würden sich Rivalitäten, Eifersucht und Spaltungsphänomene über Gebühr und durch das Verhalten des Therapeuten häufen, wenn man einzelne Teilnehmer einer Gruppe duzte. Duzt man alle, haben alle weiteren Bedenken wie in der Einzeltherapie weiterhin Gültigkeit, besonders wenn man einzelne Patienten im Rahmen der Kombinationstherapie auch im Einzelsetting sieht. Kurz: Das Du ist – abhängig von der weiteren gesellschaftlichen Entwicklung – einstweilen im Rahmen von Psychotherapie bei Erwachsenen völlig ungeeignet oder gar schädlich.

Anrede im Rahmen der Ausbildung

Etwas anders verhält es sich in Selbsterfahrungs- und Supervisionsgruppen im Rahmen der Ausbildung. Aus der Encounterbewegung und der Hochzeit der Gruppeneuphorie (vgl. die einschlägigen Publikationen von Horst Eberhard Richter 1972, 1974) ist das Duzen, das ohnehin unter den Gruppenmitgliedern aller Formate die Regel ist, das Duzen zwischen Gruppenleiter(n) und Teilnehmern, fast schon so etwas wie eine Überlieferung. Eine Selbsterfahrungsgruppe zu Ausbildungszwecken ist keine Psychotherapiegruppe, auch wenn alle möglichen Symptome und regressiven Phänomene in solchen Gruppen ebenfalls an der Tagesordnung sind. Die jungen Kollegen haben – wie wir alle – ihre Macken und Eigenheiten, eben einen Vogel (vgl. Hilgers 2018). Ich halte es jedoch für äußerst wichtig, keine Pathologisierungen vorzunehmen und die berufliche Autonomieentwicklung unbedingt zu fördern. Ausgenommen hiervon sind lediglich schwere Charakterpathologien, die zu direkter Schädigung von Patienten führen können. In solchen Fällen sind die Betroffenen in einem gesonderten Gespräch sehr deutlich mit ihren Auffälligkeiten zu konfrontieren. In allen anderen Fällen lernen die Teilnehmer, mit ihren Wunden, Narben und Eigenarten so umzugehen, dass sie erkennen können, wann sie in der Gegenübertragung wie wirksam werden und wie sie diese Gegenübertragungsphänomene nutzen können – und nicht etwa, diese möglichst auszuschalten. Symptome sind also willkommen und der Ausbildung dienlich. Zudem dienen Selbsterfahrungs- und Supervisionsgruppen dem wichtigen Ziel der Entwicklung einer Berufsidentität (Hilgers 2018). Diese hat einen integrierenden, einschließenden und aufnehmenden Charakter unter seines- oder unseresgleichen, weshalb es hilfreich sein kann, keine zu große Distanz zwischen dem Seniortherapeuten oder -analytiker und den Gruppenmitgliedern zu etablieren. Zu Beginn einer Gruppenselbsterfahrung kann man also durchaus die Gruppenmitglieder fragen, wie sie die Anredeform handhaben wollen und ihnen die Entscheidung überlassen. In der Du-Variante ist das Modell des Supervisors oder Selbsterfahrungsleiters weniger von der eigenen wachsenden Berufsidentität entfernt, also greifbarer und daher auch erreichbarer, was unbedingtes Ziel solcher Formate sein sollte. Vielleicht trifft es die Geschichte der Anredeform gegenüber den eigenen Eltern am besten: Mit dem Übergang vom Sie zum Du Anfang des letzten Jahrhunderts wuchs die Möglichkeit, sich mit den Eltern auseinanderzusetzen und mit ihnen in nähere, förderlichere Beziehungen einzutreten. Zärtliche, milde und freundliche Unterstützung konnte der übergroßen Distanz zur Autorität weichen und damit auch gesellschaftlichen Entwicklungen zu mehr Demokratie, Mitbestimmung und Verantwortungsübernahme gegenüber einem bis dato autoritärem Staat Platz machen. Die oftmals bezaubernden und entwaffnenden Fragen unserer Kleinsten hatten diese Entwicklung zur Voraussetzung. Beantworten wir sie, so gut wir können, und oft mit dem Gefühl, vor bisher unbekannte oder unerkannte Probleme gestellt zu werden, so profitieren beide Seiten. Wieso sollte das in der Ausbildung zum Psychotherapeuten also ganz anders sein?[18]

5.7 Das rechtzeitige Gespräch mit den professionellen Eltern

Dieses Kapitel begann mit der Frage, ob es Sinn ergibt, die späte kritische Auseinandersetzung mit den persönlichen Eltern zu suchen, unabhängig vom interpersonellen Ergebnis. Entscheidend – so das Fazit – ist das intrapsychische Geschehen, die Emanzipation von der Dependenz, die andernfalls innerlich lebenslang fortbestehen könnte. Doch wieso sollte es mit den Ausbildern, den sozusagen professionellen Elternfiguren, anders sein?

Die Infragestellung vermittelter Inhalte, scheinbarer Wahrheiten oder Lehrmeinungen, vor allem aber der Haltungen der Ausbilder verunsichert, liefert aber die Chance, eine eigene professionelle Identität zu entwickeln. So wichtig die vorübergehende Identifikation mit Supervisoren, Dozenten, Lehrtherapeuten und

---

18 Im Gegensatz zu therapeutischen Settings, in denen Therapeut und Patient die Übertragung im Als-ob-Modus mit therapeutischer Ich-Spaltung durchleben, die direkte Bedürfnisbefriedigung jedoch dem Abstinenzgebot unterliegt, sind die Ausbilder von Therapeuten tatsächlich in einer Art elterlichen Funktion, da sie ihren Ausbildungskandidaten Möglichkeiten aufzeigen, ihren Weg in ihre je eigene Berufsrolle zu finden. Die Rollen zwischen dem Patienten und Therapeuten einerseits und der zwischen dem Ausbilder und Ausbildungskandidaten andererseits unterscheiden sich fundamental, was oft missachtet wird: Wir sind als Ausbilder tatsächlich in einer quasi elterlichen Funktion, beantworten daher Fragen, geben Tipps, bringen eigene Erfahrungen ein, stellen uns zur Verfügung als Modell und Lehrer und zugleich auch für Kritik und Emanzipationsschritte der Kandidaten. Sie wachsen an uns wie wir an ihnen – durch ihre oft naiven Fragen, die das Beste sind, was der Weiterentwicklung der Psychotherapie passieren kann.

-analytikern ist, so entscheidend ist einmal mehr die zenbuddhistische Weisheit: Triffst du Buddha unterwegs, töte Buddha. Wie bei den persönlichen Eltern ist es auch hier nicht von großer Bedeutung, auch wenn es erleichternd wäre, ob die Lehrer Kritik, Anregungen oder neue Wege akzeptieren oder gar mitgehen. Entscheidend ist der Prozess der Loslösung und Herausbildung einer eigenen, in die Zukunft weisenden Identität. Im günstigen Fall erfreuen sich die vormaligen Lehrer daran, auch wenn sie selbst eventuell bei ihren Sichtweisen bleiben. Doch die Struktur wissenschaftlicher Revolutionen setzt stets voraus, die alten Paradigmen infrage zu stellen – meist gegen alle Widerstände (Kuhn 1976). So sind auch meine theoretischen und behandlungstechnischen Hinweise zu lesen – in diesem wie in allen anderen Kapiteln.

6 Komplexe Therapiesituationen II: Die Unfähigkeit, begrenztes Glück zu ertragen

Das Schöne ist ohne Scham nicht denkbar.
Hugo von Hofmannsthal

6.1 Hybris, die Götter der Antike und das verpönte Selbstbewusstsein

Kaum etwas fürchtete man im antiken Griechenland so sehr wie den Neid, genauer die Missgunst der Götter des Olymp. Hybris, also Vermessenheit, Selbstüberhöhung oder Hochmut zog die Wiedereinsetzung der Gerechtigkeit nach sich. Doch drohte auch bei großem Glück, Erfolg und allzu großer Zufriedenheit mit dem eigenen Schicksal die Missgunst der Götter. Was natürlich die bange Frage aufwarf, welches Maß an Glück und Zufriedenheit man sich noch leisten konnte und ab wann es für die Erdenbürger gefährlich wurde. So lebte man im antiken Griechenland stets mit der Furcht vor Hybris, und es empfahl sich, möglichst nicht zu unbeschwert und glücklich zu sein oder sich wenigstens so nicht zu zeigen. Die Götter des Olymp jedenfalls mochten keine zufriedenen Menschen angesichts ihrer eigenen Machtkämpfe, ihrer Zerrissenheit und ihrer beständigen Konflikte untereinander. Dass es viele miteinander zerstrittene, den Menschen wohl- oder feindselig gesonnene Götter gibt, ist für die Menschheit jedenfalls erträglicher als ein monotheistischer Gott, der sich fast lapidar in einem Song von Bob Dylan äußert: »God said to Abraham, kill me a son!« Nebenbei ließ sich der alttestamentarische Jahwe auf so etwas wie eine Wette mit dem Teufel ein, dass Hiob von ihm abfallen würde, werde er all seines Glücks und seines Besitzes beraubt. Jahwe gewann die Wette mit dem Teufel, verlor sie aber gegen die Menschheit.[19] Das teuflische Ansinnen Jahwes, sich auf die Wette einzulassen und alles Glück des Hiob mit einem Mal zu zerstören, beweist die große Nähe zwischen Gott und Teufel. Jahwe und der Teufel sind eine künstliche Trennung, die der Kreativität menschlicher Fantasie entspringt.[20] Menschen erschaffen sich ihre Götter, interpretieren sie je nach Zeitgeist oder erfinden einfach

---

19 Dass Jahwe Hiob mit neuer Frau, Vermögen und Vieh entschädigte, entlarvt Jahwes Instrumentalisierung der Menschen zum bloßen Zweck einer Wette.

20 Eine faszinierende Perspektive auf das Alte Testament liefert Saramago (2011) in seinem Roman »Kain«.

neue. Das ewige Ringen um die »wahre« Religion ist also in Wirklichkeit ein Kampf um kulturelle Werte, die in Religionen – meist antiquiert dem Zeitgeist hinterherhinkend – ihren Niederschlag finden.

Religiöse Sozialisationen spielen in der Psychotherapie eine bedeutende, oft nicht eben rühmliche Rolle: Sie sind für sexuelle Hemmungen und Unterdrückung insbesondere von Frauen und Homosexuellen verantwortlich, für Bindungen an Werte, die der Betreffende zwar als irrational erlebt und die doch bei Zuwiderhandlungen Schuldgefühle auslösen. Alle Despoten dieser Welt haben sich von jeher der Religionen bedient, um ihre Macht zu zementieren, meist unter eilfertiger Mithilfe der fast ausnahmslos männlichen Priester. Empörung und Emanzipation gegenüber unterdrückerischen politischen Systemen galten und gelten rasch auch als Frevel gegen Gott und Glauben.

Was für politische Systeme im Großen gilt, hat auch für innere verfolgende Instanzen Bedeutung: Christliche Werte der Bescheidenheit und Demut stehen realistischem Stolz entgegen, wenn es zum Beispiel um eine gelungene Prüfung, eine erfolgreiche Auseinandersetzung mit einem Vorgesetzten oder einen Karrieresprung geht. Gefühle von Stolz über das Selbst und seine Leistungen sind vielen Patienten verpönt. Doch Stolz als Antagonist zu Scham ist wie jene für die Selbstwertregulation und das soziale Verhalten verantwortlich (Hilgers 2013). Mangelt es also an realistischem Stolz, so werden Schamgefühle überwiegen, was zu Hemmungen und depressivem Erleben führt. Das Gefühl der Hybris überkommt viele Patienten, wenn es um neues Selbstbewusstsein, assertives und gelegentlich auch aggressives Auftreten geht, um Inanspruchnahme eigener Rechte und die Vertretung von Interessen. Wenn auch der Begriff der Hybris kaum noch Erwähnung findet, so scheint sich die dahinterliegende Angst vor Rache göttlicher, weltlicher oder innerer Instanzen durch die Jahrtausende erhalten zu haben.

Doch waren es wirklich die antiken Götter, die unerbittlich über die Menschen herfielen, wenn es ihnen »zu gut ging«?[21] Ist es der liebe Gott der Christenheit, der keinen Stolz duldet, kein irdisches Glück zügelloser Lust und stattdessen Demut und Mühsal auf Erden verlangt? Es sind die Menschen, die ihr Glück mehr fürchten als ihr Unglück und diese Furcht als Verbot auf ihre Götter projizieren.

Die meisten Patienten, die uns konsultieren, leben seit Jahren, oftmals ein Leben lang in und mit ihrem Unglück. Sie sind Experten für ihr Dasein in elenden Verhältnissen, die allzu oft nicht nur ihre Liebesbeziehungen betreffen, so es sie überhaupt gibt und sie den Namen verdienen, sondern auch Wohnen, Arbeit und Freizeit, Interessen und soziale Kontakte umfassen.

»Dir geht's wohl zu gut!« oder »Nach Lachen kommt Weinen« sind Einschüchterungen, die das momentane Glücksempfinden bedrohen. Doch diese Einschüchterungen kommen von außen. Viel wirksamer sind Bedrohungen, die von inneren Instanzen erfolgen: Es ist die innere Stimme, die im Zweifel das persön-

---

21 »Dir geht's wohl zu gut!«, ist eine häufige aggressive oder humorige Redewendung, die jedoch auf persönliches Glück und Zufriedenheit abzielt.

6.1 Hybris, die Götter der Antike und das verpönte Selbstbewusstsein

liche Glück infrage stellt oder mit Strafe bedroht. Borderline-Patienten neigen zu Therapieabbrüchen, nicht etwa, wenn die Behandlung mehr oder weniger dahinplätschert, sondern wenn die therapeutische Beziehung wirkungsvoll ist, ihnen also Therapie und Therapeut etwas zu bedeuten beginnen. Sie erleben einen Glücksfall, nämlich dass die Passung zwischen ihnen und dem Behandler stimmt und etwas in Bewegung gerät: Es gibt etwas oder vielleicht sogar sehr viel zu verlieren, und gerade das ist es, was sie mit Angst überschwemmt. Im Gegensatz zu Kernberg (1997a, 1997b) glaube ich nicht, dass Aggression und Hass die zentralen Affekte bei Borderline-Störungen sind. Borderline-Patienten hassen uns, weil sie die wohltuenden und hilfreichen Aspekte der Therapie so sehr fürchten. Denn diese könnten ihnen im nächsten Moment, so ihre Befürchtung, verloren gehen. Doch diese bei Borderline-Patienten vorherrschende Angst um den Fortbestand der hilfreichen und Diskrepanzerfahrung vermittelnden Beziehung ist eigentlich ubiquitär, betrifft uns demnach alle. Der leider so seltene Moment der faustischen Erfüllung, wenn wir sagen könnten, »Verweile doch! du bist so schön«, beinhaltet bereits den Verlust, der in der Bitte um das Anhalten des Moments zum Ausdruck kommt.

So sind es mindestens fünf Faktoren, die Patienten aus der Behandlung treiben oder ganz allgemein Menschen ihr persönliches Glück fürchten lassen, mit der Folge von Vermeidung von Wohlbefinden und Glücksgefühlen:

- Nicht imaginierte Götter neiden den Menschen ihr Glück, sondern das historische wie aktuelle soziale Umfeld, von dem man fürchtet – ob zurecht oder nicht – es könne einem Glück, Zufriedenheit und Wohlstand übel nehmen. Allzu großes Glück würde einen demnach ins Unglück stürzen, indem man Feindseligkeiten auf sich zieht. Historisch ist diese Befürchtung in der (ödipalen) Rivalität mit Eltern, Geschwistern, Mitschülern und Freunden angelegt.
- In verinnerlichter Form wird die ehemals äußere Bedrohung durch die Missgunst der anderen als Schuldgefühl erlebt: Man hat kein Recht auf ein glückliches Leben. Der Verstoß gegen diese – meist unbewusste Vorschrift – löst Schuldgefühle aus.
- Sadistische oder demütigende Sozialisationsbedingungen und solche, die durch Misshandlungen und Übergriffe charakterisiert waren, führen zu einer frühen Herausbildung eines entsprechenden sadistisch-verfolgenden Über-Ichs als zunächst konstruktivem Schutz vor weiteren Schädigungen. Jede Form des Sich-Wohlfühlens ruft diese Instanz auf den Plan, die ehemals schützte, jetzt jedoch zum unerbittlichen Gegner jeder Verbesserung wird.
- Glück, Wohlstand, Zufriedenheit, Gesundheit und intakte Beziehungen kann man – wie Hiob – verlieren. Je größer das Erreichte, je umfassender das Wohlbefinden, desto schwindelerregender die Fallhöhe: Alles, was man besitzt und womit man sich beschenkt fühlt, kann jederzeit verloren gehen. Das Wissen darum, eventuell mit entsprechenden biografischen Vorerfahrungen, lässt persönliches Glück zur beständigen Bedrohung werden.
- Märtyrerhafte Qualen und ein Leben im Leid bedeuten eine narzisstische Erhebung über jene, deren Leben durchschnittlich verläuft und die sich mit eitlem Tand und den Verflachungen alltäglicher Vergnügungen zufriedenge-

ben. Demgegenüber ist man der bessere Mensch, der jede Verbesserung der eigenen Lage als Bedrohung des masochistischen Triumphs über alle Mitmenschen (und besonders den Therapeuten) fürchten muss. Die Einzigartigkeit eigenen Elends macht einen zu einem einzigartigen Menschen. Eine Variante dieser narzisstischen Regulation ist die ideologische Begründung des Verzichts auf Wohlstand, Berufserfolg oder eigene Familie unter Verweis auf die kapitalistischen Rahmenbedingungen, denen man sich zu unterwerfen zu schade (oder zu großartig) ist.

Praxistipp

»Wie gut darf es Ihnen eigentlich gehen?«
Bei Patienten, deren Leben von Motiven des Gequältseins geprägt ist, von Leid, Elend und Unglück, kann man sich erkundigen: »Wie gut darf es Ihnen eigentlich gehen?« Damit eröffnet man so etwas wie eine Verhandlungssituation, die eine begrenzte Akzeptanz der destruktiven Kräfte in Ich und Über-Ich zulässt, allerdings über das Ausmaß der Autodestruktivität zu reflektieren einlädt. Damit wird transparent, dass der Patient beständig ein labiles Gleichgewicht zwischen zum Beispiel Selbstbestrafungstendenzen einerseits und Emanzipationskräften andererseits herzustellen versucht. Man stellt sich nicht direkt gegen das verfolgende Über-Ich, steht stattdessen an der Seite des Ichs, das ohnehin diese innere Verhandlungssituation täglich erlebt und bestehen muss. Meist erleben Patienten diese Haltung als verständnisvoll, wohingegen sie sich sonst in ihrem Verhalten durch den scheinbar ebenfalls strengen Therapeuten erneut angegriffen fühlen könnten. Richtet man hingegen seine Interventionen direkt gegen die Über-Ich-Instanz, so riskiert man, dass sich das Ich des Patienten mit dem Über-Ich identifiziert (Ich-Syntonie) und sich beide gegen den Therapeuten wenden.
Therapeutisch entsteht eine offene Gesprächssituation, in der man gemeinsam überlegen kann, wie gut es dem Patienten gehen darf, ohne dass es ihm in Folge wegen des Über-Ich-Drucks schlechter geht, oder umgekehrt, wie schlecht er sich fühlen muss, damit er sich zugleich auch begrenzt wohl fühlen darf. Möglicherweise ist dies das Beste, was eine Therapie erzielen kann. Dieses Verhandlungsergebnis ist in nahezu jedem Fall günstiger, als es beim alten Zustand der Unbewusstheit dieses Regulationsmechanismus zu belassen oder dagegen anzukämpfen. Der Respekt gegenüber dem Patienten gebietet es, seine Lösung des Konflikts, so unbefriedigend sie von außen betrachtet auch erscheinen mag, einstweilen oder dauerhaft zu akzeptieren.
Entscheidend bei dieser therapeutischen Haltung ist der deutliche Unterschied zwischen den milden und wohlwollenden therapeutischen Interventionen gegenüber der verfolgenden Über-Ich-Strenge, die alternativ- und kompromisslos jede Form des Wohlbefindens bekämpft. Damit zeigt der Therapeut dem Patienten eine modellhafte Haltung von Respekt und Akzeptanz.

6.2 Jenseits des Wiederholungszwangs

Haben Sie schon einmal Urlaub in Albanien gemacht? In Patagonien? Wanderung durch die Pyrenäen? Was ist mit dem Mekongdelta in Vietnam? Unbekannte Reiseziele verunsichern, wenn sie mit der Notwendigkeit verbunden sind,

6.2 Jenseits des Wiederholungszwangs

sich selbst um die Organisation der Reise zu bemühen. Fernweh und Aufbruchstimmung weichen rasch der Neigung, doch wieder einen Urlaub an Hollands Küsten, in Mallorca, Italien oder Griechenland zu buchen – womöglich pauschal. Bereits die Idee, von den gewohnten Urlaubsgewohnheiten abzuweichen, mag Unsicherheiten und Ängste auslösen. Der bekannte Strand oder die gewohnten Wege zum Restaurant, zum Supermarkt oder zur Bar geben dem Urlaub einen sicheren Rahmen; womöglich begegnet man auch den Bekannten aus den Vorjahren, mit denen man grillt oder die Beaufsichtigung der Kinder abspricht. Es bleibt die Sehnsucht, mal etwas ganz anderes zu machen, die unbekannte Ferne aufzusuchen und in unbekannte Welten einzutauchen.

Im Guten wie im Schlechten gilt: Man sucht bekannte Verhältnisse auf, deren Management man gelernt hat: Wieso sonst sollten in Kindheit und Jugend misshandelte Frauen immer wieder aufs Neue übergriffige Beziehungen aufsuchen? Warum verlassen schwer traumatisierte Opfer von häuslicher Gewalt Frauenhäuser, um zu ihren Misshandlern zurückzukehren? Weshalb finden sich Menschen immer wieder in genau jenen elenden Verhältnissen von alkoholkranken, illoyalen, untreuen oder ausbeuterischen Partnerschaften wieder, die sie bereits in ihrer Kindheit bei ihren Eltern fürchteten und hassten? Müssen wir wirklich einen dunklen, destruktiven Wiederholungszwang bemühen, oder geht es nicht viel mehr um gelernte Beziehungsmuster, die beizubehalten eine gewisse Sicherheit, sie zu verlassen jedoch große Ängste und Unsicherheit bedeuten würde?

Ginge es jedoch nur darum, auf ewig die bekannten Beziehungsmuster beizubehalten und zu wiederholen, so würde niemand eine Psychotherapie aufsuchen, keine Liebesgeschichte würde mit einem loyaleren Partner begonnen und auch keine Arbeitsstelle angetreten werden, die faire Bedingungen verspricht. Für psychotherapeutische Ansätze ist es von größter Bedeutung, wieso diese hoffnungsvollen Ansätze regelmäßig scheitern, ein Entkommen aus den gewohnten Verhältnissen also misslingt. Besonders mit Borderline-Patienten erlebt man dieses Misslingen auch innerhalb der Therapie, wenn die Patienten quasi aus der Therapie fliehen. Meist attribuieren Psychotherapeuten in einer ersten Reaktion diese Flucht aus der Beziehung mit einer falschen logischen Verknüpfung: Nicht obwohl die Therapie in Gang kam und hilfreich zu wirken begann, brechen Patienten ab, sondern weil die Behandlung fruchtbar zu werden »drohte«.

Doch was bei Borderline-Patienten wegen ihres Agierens besonders drastisch ins Auge springt, gilt eigentlich für alle Patienten, wenn nicht für Menschen schlechthin. In der Psychotherapie muss man Patienten nicht dabei begleiten, ihr alltägliches Elend zu ertragen. Was ihnen wirklich Angst macht, ist, begrenztes Glück zu erleben, eine wirklich neue und bereichernde Erfahrung zu machen. Wären jedoch Sicherheit und der Wunsch, das Altbekannte beizubehalten, einzig entscheidend, wären Menschen niemals zu anderen Ufern aufgebrochen, es gäbe keine Innovation und keine Entwicklung. Was Menschen aufbrechen lässt, ist die Hoffnung, sich aus elenden Verhältnissen befreien zu können, weil es etwas zu gewinnen gibt. Dem steht stets die Gefahr gegenüber, den Verlockungen des Vermeidungsverhaltens nachzugeben. Da diese Gefahr während einer Behandlung immer wieder droht, schadet es nicht, den Patienten aufzufordern, »mit der Angst zu kämpfen« (Freud 1919, S. 247), statt bloß zuzuwarten, während sich nichts ändert (a.a.O, S. 248). Ein wenig Ermutigung dürfte diesem Prozess kaum schaden.

6.3 Die Begegnung mit der Vergangenheit durch die eigenen Kinder

Den bezaubernden und beglückenden Momenten bei der Begegnung mit den eigenen Kindern, ihren Fragen nach der Welt oder der Befindlichkeit ihres Gegenübers, ihren treffsicheren Beobachtungen und entwaffnenden Bemerkungen steht ein mächtiges Gefühl gegenüber: Die Angst vor der Auseinandersetzung mit der eigenen Vergangenheit, mit Verlusten und Enttäuschungen, mit Kränkungen und Entbehrungen. In den Augen der Kinder begegnen wir uns selbst, wie wir waren, was wir fühlten und dachten, als wir selbst in ihrem Alter waren. Wir könnten uns erinnern, wie es damals war, als wir an ihrer Stelle waren: Wurden wir angenommen und verstanden, unsere Fragen ehrlich und unsere Beobachtungen angemessen beantwortet? Gab es Spiegelung und Verständnis, Empathie und Geborgenheit, Zärtlichkeit und emotionale Sicherheit? Oder könnten wir angesichts unserer Kinder und ihres Glücks das eigene Leid und Unglück noch einmal oder gar erstmals erkennen? Fürchten wir dies mehr als die Blindheit gegenüber transgenerationalen Konflikten und Traumata? Werden wir also auf Selbstreflexion verzichten und unsere eigenen emotionalen Erfahrungen einfach weitergeben?

Erkennen wir uns selbst in unseren Kindern wieder, so begegnen wir unserer teils beglückenden, teils traurigen Geschichte. Immerhin gestatten wir uns den Blick zurück, wodurch erst die bewusste Frage möglich wird, ob wir unseren Kindern nicht doch eine bessere Atmosphäre des Aufwachsens ermöglich wollen, als wir sie erleben durften. Doch dann sind jene Momente der tiefen Begegnung jedenfalls für die Erwachsenen mit Wehmut und Melancholie gepaart, mit dem kritischen, schmerzlichen Blick auf die eigenen Eltern, denen man es nicht einfach nachmachen möchte.

Auch hier ist das Erleben von Glück und Innigkeit mit emotionalen Schmerzen gekoppelt, die in der eigenen Vergangenheit begründet sind und noch einmal sehr präsent werden, wenn Kinder einen mit dem eigenen Schicksal konfrontieren. Das lässt die Frage nach dem unbedingten Kinderwunsch mancher Patienten in einem kritischen Licht erscheinen: Wieso ist der Kinderwunsch so absolut und was verbindet sich mit ihm? Sollen eigene Kinder über die Schmerzen der Vergangenheit hinweghelfen oder ein narzisstisches Loch füllen? Wieso erscheinen begrenztes Glück und Zufriedenheit ohne (eigene) Kinder nicht möglich? Für unsere Zufriedenheit mit unserem Leben jedenfalls sind immer nur wir selbst verantwortlich. Sonst drohte erneut jener Missbrauch, den viele durch ihre Eltern erfuhren und den sie blindlings weiterzugeben im Begriff stünden. Im günstigen Fall kommt es nicht zu endlosen Wiederholungen, sondern zu einem wehmütig-bezaubernden zweiten Anlauf. Mit anderer Rollenverteilung zwar, doch immerhin mit der Erfüllung jener Wünsche, die man selbst einst hatte, deren Befriedigung man aber jetzt bei den eigenen Kindern erleben darf – unter der einen Voraussetzung, dass die Kinder nicht zu Erfüllungsgehilfen solcher Bedürfnisse werden.

6.4 Schweigen

Schweigen ist die wesentlichste Bedingung des Glücks.
Heinrich Heine

Doch auch diese Form des Glücks ist häufig gefürchtet, von Patienten ohnehin, aber oft auch von Kollegen. Schweigen macht verlegen, verstößt gegen soziale Konventionen oder ist beredte Ausdrucksweise in einer ehemaligen Liebesbeziehung, in der man sich nichts mehr zu sagen hat (anschaulich zu besichtigen im Frühstückssaal eines Hotels[22]). Worüber sollen wir sprechen? Allein die Form der Frage fördert Druck, denn sie geht in die falsche Richtung und macht den anderen zum fordernden Gegner. Worüber möchte ich sprechen, was wollen wir thematisieren, wäre die emanzipierte Form der Frage. Allein diese Umformulierung mit dem kleinen Austausch der Hilfsverben löst häufig die Spannung beim Beginn einer Therapiesitzung (siehe Praxistipp).

Der Therapeut und das Schweigen

Zu den sicher schwierigsten Aufgaben des Therapeuten zählt herauszufinden, was der Inhalt oder Hintergrund des Schweigens sein könnte. Wenn der Patient nicht spricht, kann dies naturgemäß Ratlosigkeit und teils heftige Gegenübertragungen auslösen. Von großer Bedeutung für den therapeutischen Prozess ist zunächst, dass der Behandler Schweigen überhaupt gut ertragen kann. Denn erst dann kann er sich offen dem Schweigen seines Patienten zuwenden. Andernfalls ist er mit Abwehr eigener Schwierigkeiten beschäftigt und wird dazu neigen, das für ihn aversive Schweigen irgendwie zu beenden. Das kann durch vorzeitige Fragen geschehen, etwa »Wie geht es Ihnen?« oder schlimmer, »Wie war Ihre Woche?«. Subtil könnte sich dem Patienten vermitteln, dass seinem Therapeuten Schweigen unangenehm ist, was zu vorschneller Anpassung des Patienten führen mag, der dann »brav« mit irgendeinem Thema beginnt. In gewisser Weise wäre dieses atmosphärische Verhalten des Therapeuten missbräuchlich, da es seinem, nicht aber dem Wohlbefinden des Patienten dient. Gegebenenfalls würde der Patient in eine erneute Parentifizierung geraten, da er sich für die Aufhebung des depressiven, leeren oder genervten Erlebens seines Therapeuten verantwortlich fühlen würde.

---

22 Das Kriterium »Die nichts sagen, sind verheiratet« ermöglicht ein rasches Screening im Frühstückssaal.

Typische Gegenübertragungen sind
- Druck, dem Patienten etwas bieten zu müssen, weil man »ja der Experte« ist;
- Sog in ein Gefühl der Leere, das einen – eventuell samt Patient – zu verschlingen droht;
- Angst vor Vorwürfen des Patienten, dass es nicht weitergeht oder wofür man eigentlich sein Geld bekommt;
- Eindruck, man müsse irgendeinen Masterplan vorlegen, einen Kurs durch die Behandlung, mit dem man Orientierung liefert;
- Schamangst, vor der Öffentlichkeit des Patienten (Freunde, Partner, eventuell auch Kollegen) als unfähig oder hilflos dazustehen;
- Angst, den Patienten durch Therapieabbruch zu verlieren (was besonders bei Ausbildungskandidaten eine destruktive Rolle spielt);
- Angst, sich im Schweigen zu verlieren, da persönliche depressive Inhalte aufbrechen, die durch Reden unter Kontrolle gehalten werden können.

Formen des Schweigens und der Stille

Die Gegenübertragungsreaktionen hängen wesentlich von der Art des Schweigens ab, sofern der Therapeut nicht ohnehin ein Problem mit dem Schweigen hat. Das Schweigen des Patienten kann sehr unterschiedlicher Art sein und mit sehr verschiedenen Affekten in der Behandlung zusammenhängen:
- Angesichts von Trauer, Intimität der therapeutischen Begegnung, einem erzielten Ergebnis oder einer gemeinsamen Ratlosigkeit kann man miteinander schweigen und sich in der Stille einig sein oder miteinander verbunden fühlen;
- das Schweigen kann Isolation anzeigen, Getrenntsein und die Ratlosigkeit, diese Trennung aufzuheben und weiterzuarbeiten;
- das Schweigen kann Feindseligkeit ausdrücken, unausgesprochene Konflikte zum Ausdruck bringen und die Verweigerung, diese in die Therapie einzubringen;
- Enttäuschung über die Therapie ganz allgemein, die letzte Stunde, den Therapeuten oder eine seiner aktuellen Interventionen können zu Schweigen Anlass geben;
- Schamgefühle über Inhalte, die eigentlich in die Therapie gehören und für ihren Fortgang von Bedeutung sind, und die befürchtete Reaktion des Therapeuten oder der Gruppe können Schweigen evozieren;
- Schuldgefühle über vermeintliches oder tatsächliches Fehlverhalten und die befürchtete Reaktion des Therapeuten oder der Gruppe können Ursache für Schweigen sein;
- Schweigen kann Ausdruck einer erotischen Übertragung sein, wobei das Schweigen sowohl provokant als auch verlegen wirken kann;
- angesichts von Tragik, Schicksalsschlägen oder des anstehenden Therapieendes kann Stille aufkommen, in der die Tragweite des Inhalts angemessenen Raum findet. Reden würde die Dichte und Intimität des Moments zerstören.

6.4 Schweigen

In allen Fällen erklärt sich Schweigen erst durch sein Durchleben, und möglicherweise bleibt doch Ratlosigkeit, was es bedeuten könnte. Oft ist es ja ein Fortschritt, dass der Patient Schweigen oder Stille überhaupt zulässt. Vielleicht ist es auch hilfreich, zwischen Schweigen und Stille zu unterscheiden: Stille ist ein Moment der Tiefe, was für Schweigen nicht unbedingt gilt. Schweigen kann sehr konflikthaft sein, in der Stille hingegen wohnt die Kraft, jenseits aller bestehenden inneren und äußeren Konflikte zu verbinden, zu vereinen oder zu versöhnen. Ein Liebespaar, dessen Schweigen laut ist, ist bereits weit voneinander entfernt.

Praxistipp

Wenn der Patient schweigt

Angesichts von längerem oder anhaltendem Schweigen kann man sich fragen, ob der Patient (oder die Gruppe) noch aus dem Schweigen während der Sitzung herauskommen kann. Dies kann einen veranlassen, sich nach dem Schweigen zu erkundigen und es zu unterbrechen. Besonders bei strukturell schwachen Patienten ist dauerhaftes Schweigen wenig förderlich und kann zu malignen Regressionsprozessen außerhalb der Stunde beitragen. Im aktiven Umgang mit Schweigen stehen einem eine ganze Reihe von Interventionsmöglichkeiten zur Verfügung:

Spiegelung: »Sie schweigen.« Die Intervention erfolgt sachlich-nüchtern, ohne jeden Appell.
Frage: »Worüber schweigen Sie eigentlich?« »Was darf hier eigentlich nicht besprochen werden?« Nach sehr ergreifenden Therapiesituationen, die mit längerem, zunächst sehr angemessenem Schweigen ausklingen, kann man gelegentlich auch fragen: »Wie geht es Ihnen jetzt/damit?«
Interpretation: »Es fällt Ihnen schwer, den freien Raum dieser Stunde zu nutzen, indem Sie ein Thema ansprechen.« »Sie sind es nicht gewohnt, selbst ein Thema zu bestimmen?« »Ich kann mir vorstellen, dass es Ihnen schwerfällt, über diese Dinge zu sprechen.«
Klarifikation: »Ich verstehe Sie so, dass Sie Zeit brauchen, um weiter über diese Dinge zu sprechen.« »Ich habe Sie so verstanden, dass Sie zunächst hier einen Punkt machen wollen, um nicht tiefer in einen Gefühlsstrudel zu geraten.«
Konfrontation: »Ich habe Sie eben darauf hingewiesen, dass Sie quasi pünktlich immer 5 Minuten zu spät kommen. Das beantworten Sie jetzt mit Schweigen.« »Es ärgert Sie, wenn ich Sie mit dem Ausfallhonorar für die versäumte Stunde konfrontiere, und jetzt schweigen Sie gegen mich an.«
Konfrontation mit der Gegenübertragung: »Je länger Sie schweigen, desto mehr kommt in mir ein Gefühl von Ratlosigkeit/Hilflosigkeit/Ohnmacht/Ungehaltensein/Einsamkeit auf. Kommt Ihnen das eventuell bekannt vor (von sich/von Ihrem Partner)?«
Deutung: »Lassen Sie uns überlegen, was gerade zwischen uns beiden passiert. Sie antworten immer knapper, bis Sie ganz verstummen. Das ist so wie während der Verhöre durch Ihren Vater, die Sie mir eindrücklich geschildert haben, bei denen Sie auch regelmäßig verstummten oder erstarrten. Wenn ich aber nichts sage, gerate ich unweigerlich in die Rolle der unbeteiligten Mutter, von der Sie sich ignoriert fühlten.«
Lösungen: »Wir geraten hier regelmäßig in eine verfahrene Situation. Gibt es etwas, das ich tun könnte, was es Ihnen leichter machen würde?« »Ich schlage vor, wir überlegen, wie wir aus dieser Lage wieder herauskommen.« Was schlagen Sie vor, könnten wir tun, um solche Situationen zu vermeiden/zu lösen?«

Grundsätzlich gilt: Jede Art von Aktionismus ist genauso wenig hilfreich wie passives Zuwarten. Empathie und die Analyse der Gegenübertragung ermöglichen häufig eine Intervention bei hartnäckigem Schweigen – allerdings erst, wenn man sich hinreichend tief auf die Dynamik des Schweigens eingelassen hat.

Abb. 6-1 © Thomas Plaßmann.

Schweigen in der Gruppenpsychotherapie[23]

Anders als in Einzelbehandlungen kommt es in Gruppen immer wieder zu längeren Schweigephasen, besonders zu Beginn einer Gruppe oder am Anfang einer Gruppensitzung. Gleiches gilt, wenn man bei Gruppen-Marathons oder -Wochenenden die einzelnen Einheiten durch Pausen unterbricht. Dabei ist die Dynamik des Schweigens, die damit verbundenen Fantasien und Affekte bei Teilnehmern wie Leitern im Vergleich zum Einzelsetting sehr unterschiedlich. Zu unterscheiden ist das kollektive Schweigen der Gruppe als Ganzes und das anhaltende Schweigen Einzelner in der Gruppe. Ich beginne mit dem Schweigen der gesamten Gruppe.

Kollektives Schweigen der Gruppe. Kollektives Schweigen in der Gruppe verstößt gegen eine soziale Konvention. Weshalb es sowohl eine Rebellion gegen soziale Regeln oder den Gruppenleiter bedeuten kann als auch Ausdruck kollektiven

---

23   Siehe auch das Kapitel »Der Gruppentherapeut« in Band I (Hilgers 2018).

6.4 Schweigen

Schamerlebens, das sich mit der Anzahl der Beteiligten steigert (Hilgers 2013). Schweigen in einer Gruppe kann tiefes gemeinsames Einverständnis zeigen, wie auch Isolation, Ratlosigkeit oder Angst vor den vermeintlich feindseligen anderen oder ihren befürchteten Attacken, wenn man das Schweigen bricht. Eine Gruppe kann also buchstäblich miteinander, gegeneinander oder isoliert, jeder für sich, schweigen. Das Schweigen kann einverständlich oder feindselig, es kann hilflos oder ängstlich sein.

> In einer ersten Einheit einer Selbsterfahrungsgruppe über 50 Unterrichtseinheiten, die mit 10 Stunden täglich sehr kompakt angesetzt ist, bricht nach der Vorstellungsrunde Schweigen aus. Ein Gruppenmitglied verlangt vom Leiter Anweisungen, »wie denn so eine Gruppe geht«. Ein anderes Mitglied schlägt nach erneutem Schweigen vor, etwas von sich zu berichten. Doch das wäre in diesem Anfangsstadium der Gruppe sicher verfrüht und würde die Gruppe und das berichtende Mitglied überfordern (siehe hierzu Hilgers 2013 und 2018, S. 99). Schließlich teilt ein Gruppenmitglied mit, nach der langen Anreise erst einmal froh zu sein, hier angekommen zu sein und die Stille zu genießen. Ein weiteres Mitglied schließt sich dem an. Damit beginnt die Gruppe, sich aus dem Zwang zu befreien, direkt loslegen zu müssen, der ihr irgendwie in den Köpfen herumschwirrt, ohne dass dies irgendwo geschrieben stünde oder durch den Gruppenleiter formuliert worden wäre. Das anfängliche Schweigen beginnt, weniger bedrohlich und auffordernd erlebt zu werden, weshalb sich auch die deutlich unter Druck stehenden Mitglieder etwas zu entspannen zu beginnen. Die Gruppe beginnt das Schweigen als normalen Teil des Gruppenprozesses zu verstehen, der tatsächlich während des weiteren Verlaufs immer wiederkehrt, dabei jedoch sehr unterschiedlich erlebt wird. In dieser Gruppe staunen die Gruppenmitglieder immer mal wieder übereinander, wie unterschiedlich sie Schweigen in den verschiedenen Phasen der Gruppe erleben.

Das vorgenannte Beispiel zeigt eine sehr konstruktive Entwicklung einer Gruppe, die ihr Schweigen als notwendigen Teil des Zusammenwachsens (Kohärenz) und des nachfolgenden gemeinsamen Arbeitens erlebte. Demgegenüber gibt es jedoch auch Schweigen als Ausdruck unüberwindlicher Differenzen, der Ratlosigkeit und Isolation inmitten einer Gruppe.

> In einer anderen Ausbildungsgruppe befindet sich ein Mitglied, welches das Deutsche nur sehr mangelhaft beherrscht und oft unverständlich redet. Dabei ist unklar, ob es sich lediglich um ein Sprachproblem handelt oder der Strukturlosigkeit eine schwerwiegende Störung zugrunde liegt. Die fachlichen Ausführungen des Mitglieds wecken bei immer mehr Teilnehmern große Zweifel, ob man nicht einem gefakten Lebenslauf und einer Hochstapelei aufsitzt. Naturgemäß entsteht hierdurch zunächst große Unruhe, darauf abwechselnd immer heftigere Ausstoßungstendenzen oder der Wunsch, selbst die Gruppe zu verlassen. Dem Gruppenmitglied wird durch den Gruppenleiter konsequent begrenzte Redezeiten gegeben mit dem Hinweis, dass die entstandenen Differenzen nicht klärbar sind. Dies ermöglicht die Teilnahme aller Mitglieder bis zum Ende und die Erfahrung, dass man auch mit schweren und unüberbrückbaren Differenzen leben kann und dass dabei sogar konstruktive Ergebnisse für die Gruppe und ihre Teilnehmer möglich sind.

Grundsätzliche Unterschiede beim Phänomen Schweigen in der Gruppe im Vergleich zum Einzelsetting betreffen:
- Angst vor den anderen Gruppenmitgliedern, vor befürchteten Entwertungen, Angriffen oder Desinteresse;
- Angst, sich zu sehr in den Mittelpunkt zu stellen und damit Neid, Missgunst oder Ablehnung zu provozieren;
- Angst, in eine Außenseiterposition zu geraten;
- Befürchtung, bei Machtkämpfen um Führungsrollen, zum Beispiel emotionale Leitung, intellektuelle Führung (vgl. Beck 2001, S. 130f.) und so weiter, zu; unterliegen;
- Furcht vor dem Gruppenleiter, der andere bevorzugen oder mehr schätzen könnte (Geschwisterrivalität), oder Furcht, vom Gruppenleiter besonders geschätzt zu werden, was Neid und Missgunst der anderen Gruppenmitglieder auslösen könnte;
- Rivalität mit den anderen Gruppenmitgliedern um die Gunst einzelner oder mehrerer Mitglieder bis hin zu erotischer Konkurrenz, mit der man entdeckt/ entlarvt werden könnte;
- Angst, in heftige Schamszenen zu geraten, da das vorgestellte Material von den anderen abgelehnt oder belächelt werden könnte;
- Angst vor Kontrollverlust durch Weinen, heftige körperliche oder psychische Symptome oder Kontrollverlust, weil man nicht weiß, wie sich das vorgestellte Thema in der Gruppe entwickelt und wo man am Ende mit seinem Thema wohl auskommen wird;
- Angst vor einem Mangel an Verschwiegenheit der anderen Teilnehmer oder Angst, ihnen außerhalb der Gruppe im privaten oder beruflichen Kontext zu begegnen;
- Und schließlich: Die Verantwortung für das gemeinsame Geschehen dividiert sich durch die Anzahl der Anwesenden: Je mehr Beteiligte, desto mehr besteht die Neigung, sich selbst als wenig bis gar nicht verantwortlich zu fühlen und die Verantwortung auf andere Teilnehmer (»Sollen die doch ...«) zu schieben (zur Verantwortungsdiffusion siehe Levine und Manning, 2014, S. 367).

6.4 Schweigen

Abb. 6-2 © Thomas Plaßmann.

Interventionsformen bei Schweigen in der Gruppe. Einerseits ist das Schweigen in einer Gruppe weniger dicht, weil sich der Einzelne in die U-Boot-Position begeben kann. Andererseits entsteht, im Gegensatz zum Einzelsetting, Gruppendruck – etwas zu sagen oder gerade nicht und sich dem Gruppenverhalten zu unterwerfen.

Wie im Einzelsetting auch, gibt es einen Punkt der Gruppenentwicklung, an dem die Gruppe aus ihrem kollektiven Schweigen nicht mehr herausfindet. Je nach Verweildauer der Gruppenmitglieder, also in ultrakurzzeitigen Gruppen wie in den meisten Kliniken oder Langzeitgruppen in der ambulanten Situation, wird man früher oder später überlegen, wie man gegebenenfalls das Schweigen unterbricht. Es versteht sich, dass bei stationären Gruppen mit für die Mitglieder nur sehr wenigen Sitzungen überhaupt längere Schweigephasen kontraindiziert sind. Im Gegensatz dazu kann es in ambulanten Gruppen für Verantwortungsgefühl, Stresstoleranz, Autonomie und Abgrenzungsfähigkeit sehr förderlich sein, wenn längere Schweigephasen entstehen. Doch dies hängt wiederum vom Entwicklungsstadium der Gruppe insgesamt und ihrer einzelnen Mitglieder ab. Vor diesem Hintergrund könnten Interventionen lauten:

- Allgemeine, unspezifische Interventionen: »Es ist schwer, den Anfang zu machen/das Schweigen zu unterbrechen«, »Ich frage mich, was das Schweigen bedeutet«, »Sie schweigen«, »Worum geht es?«, »Was ist los?«, »Worüber schwei-

gen Sie eigentlich?«, »Was bedeutet dieses Schweigen?«; Wo sind Sie gerade, jeder von Ihnen?«
- Spezifische Interventionen:
  - emotionsbezogen: »Wie geht es Ihnen (gerade)?«, »Wie fühlen Sie sich jetzt (damit)?«, »Mit welchem Gefühl schweigen Sie gerade?«, »Ich könnte mir vorstellen, dass das Thema sehr unterschiedliche Gefühle in Ihnen ausgelöst hat«;
  - inhaltsbezogen: »Was löst das in Ihnen aus?«, »Bedeutet Ihr Schweigen, dass Sie noch mit diesem/ dem vergangenen Thema beschäftigt sind?«, »Wie denken die anderen eigentlich über dieses Thema?«, »Kennen die anderen dieses Thema eigentlich auch?«;
  - verlaufsbezogen: »Kann es sein, dass einige von Ihnen noch gar nicht richtig in der Gruppe angekommen sind?«, »Kann es sein, dass einige von Ihnen schon an das Ende der Gruppe denken?«;
  - konfliktbezogen: »Ich könnte mir vorstellen, dass einige von Ihnen das Thema sehr unterschiedlich bewerten/erleben«, »Wie sehen die anderen diesen Konflikt?«, »Einige Gruppenmitglieder waren bei diesem Thema sehr zurückhaltend. Liegt das daran, dass Sie sich von diesem Thema nicht berührt oder gerade sehr betroffen fühlen?«; »Sie schweigen. Kann es sein, dass Sie damit Konflikte zwischen Ihnen vermeiden?«;
  - leiterbezogen: »Sind Sie eigentlich mit dem Gruppenleiter einverstanden, oder kann es sein, dass Sie schweigen, weil Ihnen einiges gar nicht gefallen hat?«, »Eben hatte ich den Eindruck, dass einige von Ihnen leichte Kritik am Gruppenleiter erkennbar werden ließen. Ist das ein zu heikles Thema?«

Es gibt keine gelingende Therapie ohne Schweigen. Denn »wer etwas zur Sprache bringen will, kommt um das Schweigen nicht herum«, stellte der österreichische Aphoristiker Ernst Ferstl (2006, S. 29) fest. Doch wie viel, wie lange und eventuell wie quälend oder entspannt sich das Schweigen dabei gestaltet, hängt sehr von den Patienten, dem Verlauf der Therapie, der Belastbarkeit des Therapeuten und dem jeweiligen Kontext ab. Die Herausforderung besteht darin, dies jeweils zu eruieren und so zu nutzen, dass Schweigen letztlich – obgleich oft zunächst scheinbar hinderlich – dem Prozess förderlich ist. Dies zu entscheiden ist Aufgabe des Therapeuten. Während des Schweigens wird man immer wieder feststellen können, dass es sich nicht um die unbedingt leichteste Aufgabe handelt.

Schweigen einzelner Gruppenmitglieder.[24] Anhaltendes Schweigen einzelner Gruppenmitglieder muss unter zwei miteinander interagierenden Aspekten betrachtet werden: die Folgen des Schweigens für das schweigende Mitglied und die Auswirkungen des Schweigens auf die übrigen Gruppenmitglieder.

Betrachten wir zunächst die Folgen des Schweigens für das schweigende Mitglied. Manche Gruppenmitglieder nehmen am Geschehen in der Gruppe und den

---

[24] Siehe hierzu auch das Kapitel »Die Rolle des Gruppenleiters« in Hilgers 2018.

6.4 Schweigen

Beiträgen anderer identifikatorisch intensiv teil und scheinen davon – auch wenn sie selbst wenig aktiv sind – zu profitieren (Yalom 2007, S. 440). »Generell jedoch deuten die vorliegenden Untersuchungen darauf hin, dass ein Gruppenmitglied umso mehr von einer Gruppentherapie profitiert, je aktiver und einflussreicher es innerhalb der Gruppenmatrix ist. Die Forschung an Selbsterfahrungsgruppen hat gezeigt, *dass die positive Veränderung im Selbstbild der Teilnehmer umso größer war, je mehr Worte sie sprachen*, gleichgültig, was die Teilnehmer sagten« (a. a. O., kursiv im Original).

Auch wenn dieses Ergebnis meist zutreffen wird, zeigt sich hier einmal mehr die Krux der Mittelwertvergleiche: Logorrhoische Vielredner nerven nicht nur die Gruppe (samt Leiter), sie profitieren auch nicht, da sie lediglich mit der Abwehr ihrer Ängste befasst sind, was Yalom selbst an anderer Stelle feststellt (a. a. O., S. 433–439). Yaloms Bilanz ist ernüchternd: »*Ein schweigender Klient ist ein problematischer Klient und zieht selten in nennenswertem Maße Nutzen aus der Gruppe*« (a. a. O., S. 440, kursiv im Original). Yalom glaubt, dass ein Mitglied, dass sich nach entsprechenden Interventionen auch nach 3 Monaten wenig beteiligt, dies auch in Zukunft kaum ändern wird, weshalb er empfiehlt, ernsthaft darüber nachzudenken, »ob es besser ist, den betreffenden Klienten aus der Gruppe zu entfernen« (a. a. O., S. 442).

Doch bevor man sich zu einem solchen Schritt entschließt, sind Überlegungen zu den Motiven für das Schweigen angezeigt, aus denen dann Interventionen erfolgen können. Nimmt man jemanden aus der Gruppe heraus, so wird der Betreffende das als persönliches (weiteres) Scheitern erleben. Auch auf die Gruppe hat dies erhebliche Auswirkungen. Unterschiedliche emotionale Reaktionen können die Erfahrung des Scheiterns und der Entfernung eines Mitglieds auslösen. Manche Teilnehmer werden eher ängstlich reagieren, da es sie auch treffen könnte und sie mit einem Mal den sonst so freundlichen Gruppenleiter als streng oder grausam erleben könnten. Andere dürften erleichtert reagieren, eventuell auch mit Häme, da der Gruppenleiter stellvertretend ihre längst ob des Schweigens des Teilnehmers und der vergeblichen Bemühungen um ihn aufgestaute Aggression durch den Verweis zum Ausdruck bringt.

Die Gründe für hartnäckiges Schweigen sind vielfältig (teilweise in Anlehnung an Yalom 2007, S. 440 f.):
- Das Mitglied hat Schamangst, sich vor der Gruppe mit ihren vielen Zeugen zu öffnen.
- Das Mitglied fürchtet, »jede Äußerung könne sie zu immer mehr Selbstoffenbarung verpflichten«(a. a. O.). Diese Befürchtung zeigt ein strukturelles Defizit bei der Regulierung der Selbstgrenzen an: Eine Begrenzung von Selbstoffenbarungen erscheint solchen Patienten, nachdem sie einmal begonnen haben, nicht mehr möglich.
- Es gibt Konflikte im Bereich der Aggression: Entweder wagt man nicht, sich durch Sprechen gegenüber anderen durchzusetzen, also buchstäblich »das Wort zu ergreifen«, oder man fürchtet seine nicht steuerbare Aggression und reguliert sich daher vorsichtshalber ganz ab.
- Das Mitglied ist zwanghaft perfektionistisch mit der Folge, dass es jedes Wort

abwägen muss, um eigenen Ansprüchen zu genügen (und vor den anderen glänzend dazustehen).
- Das Mitglied erwartet, dass der Leiter der Gruppe einen irgendwie erlösen möge.
- Schweigen kann Ausdruck von narzisstischer Distanz und Kontrolle sein, bei der sich das Mitglied nicht auf die gegenwärtigen Niederungen der Gruppe herablässt und sie zugleich mit einem latenten Machtanspruch zu beherrschen versucht.
- Das Mitglied hat Angst vor einzelnen aggressiven oder mächtigen Gruppenmitgliedern. Fehlen diese, so beteiligen sich die Betreffenden.
- Das Mitglied hat Angst vor dem Gruppenleiter und vor den Sitzungen. Diese Mitglieder erlebt man vor und nach der Gruppe oder auch während Pausen in lockerem Gespräch mit den anderen. Sobald die Gruppe beginnt, verstummen sie.
- Dem Schweigen liegt eine Vorwurfshaltung zugrunde. Das Schweigen richtet sich gegen die Gruppe als Ganze, den Gruppenleiter oder einzelne aus der Gruppe mit dem latenten Hinweis, gefälligst mehr Aufmerksamkeit oder Rücksicht zu erhalten.

Verstummen während des Verlaufs der Gruppe einzelne Mitglieder dauerhaft oder geht ihre Aktivität merklich zurück, so werden die Gründe woanders liegen. Möglicherweise fühlen sie sich durch einen konkreten Anlass gekränkt, teilen eine außertherapeutische Belastung nicht mit oder es gibt Verstrickungen mit anderen Gruppenmitgliedern, die nicht innerhalb der Gruppe stattfinden und dort auch keine Erwähnung finden sollen. Dies betrifft zum Beispiel erotische Beziehungen untereinander oder Kaffeekränzchen einzelner, von denen andere Mitglieder ausgeschlossen sind.

Eine mögliche Intervention des Gruppenleiters könnte darin bestehen, dass er sich wie beiläufig immer mal wieder (möglichst in jeder Sitzung) nach dem Mitglied erkundigt, etwa
- »Und wie sehen Sie das?«, »Wie haben Sie das eigentlich erlebt?«, »Sie schweigen?«,
- »Was kann ich/können wir/kann die Gruppe eigentlich tun, um Ihnen zu helfen, heute aktiver an der Gruppe teilzunehmen?«, »Entscheiden Sie eigentlich ganz bewusst, wenig/nicht an der Gruppe teilzunehmen?«
- »Passiert Ihnen das eigentlich so, dass Sie am Ende der Gruppensitzung feststellen, nichts gesagt zu haben?«

Welche Auswirkungen hat das Schweigen auf die übrigen Gruppenmitglieder? Eine oder mehrere dauerhaft schweigende Gruppenmitglieder üben einen äußerst negativen Einfluss auf die Gruppe aus. Während zunächst meist Verständnis und Bemühungen um die Schweiger vorherrschen, kippt dieses Phänomen im weiteren Verlauf und die Enttäuschung schlägt in feindselige Reaktionen um, die sich oft eruptiv Luft machen. Im Einzelnen sind es folgende Motive, die zu Feindseligkeit und Ausstoßungstendenzen führen können:

6.4 Schweigen

- Das Gefühl des Voyeurismus: Während sich die meisten Teilnehmer nach und nach öffnen, scheinen schweigende Mitglieder dem nur zuzuschauen und nichts von sich preiszugeben (tatsächlich zeigen sie vermutlich ihr auch sonst praktiziertes Verhalten gegenüber Gruppen oder sogar Einzelnen). Die Gruppe fühlt sich als Objekt der Beobachtung, an denen sich die Schweiger ergötzen.
- Das Gefühl, die Arbeit allein bewältigen zu müssen: Die Gruppe hat den Eindruck, die Schweiger überließen ihr alle Anstrengungen, zu Kohäsion und konstruktiver Zusammenarbeit zu kommen.
- Das Gefühl der Kontrolle und Machtausübung: Die Gruppe hat den Eindruck, beobachtet, bewertet und kontrolliert zu werden, sodass die Schweiger insgeheim Macht ausüben.
- Misstrauen und die Befürchtung, die Schweiger teilten Einzelheiten aus der Gruppe Dritten mit: Die Gruppe entwickelt hohes Misstrauen gegenüber den Schweigern und – da man sie ja nicht kennt – man hält sie für aller möglichen Dinge fähig.
- Das Gefühl, ausgesogen und missbraucht zu werden: Die Gruppe vermisst jede Art von Wechselseitigkeit und findet, die Schweiger würden eventuell von den Mitteilungen der Gruppe profitieren, ohne etwas zurückzugeben.

Vor diesem Hintergrund machen auch Interventionen des Gruppenleiters Sinn, die die schweigenden Mitglieder mit den Auswirkungen ihres Verhaltens konfrontieren:

- »Könnten Sie uns/der Gruppe kurz mitteilen, wo Sie eigentlich gerade sind, sodass wir eine Idee bekommen, was in Ihnen vorgeht? Ich glaube, es ist für die Gruppe wichtig, Sie irgendwie einschätzen zu können.«
- »Ich frage mich, ob Sie sich eigentlich in die anderen Gruppenmitglieder einfühlen, mit der Überlegung, ob sie sich mit Ihrem anhaltenden Schweigen wohlfühlen.«
- »Kann es sein, dass Sie so sehr mit sich beschäftigt sind, dass Sie nicht bemerken, wie Sie in eine Außenseiterposition geraten? Möchten Sie das?«
- »Heute haben wir einzelne Angriffe von Mitgliedern der Gruppe wegen Ihrer Nichtteilnahme gehört. Haben Sie eine Idee, wie Sie das ändern möchten? Möchten Sie es überhaupt ändern?«
- »Ich versuche seit einiger Zeit, Sie zu bewegen, durch eigene Beiträge mehr am Gruppengeschehen teilzuhaben. Bisher bin ich damit gescheitert. Sind Sie mit diesem Ergebnis/Verlauf einverstanden?«
- »Herr X/Frau Y, ich fühle mich ratlos, was Ihre Integration in der Gruppe angeht. Daher frage ich mich, ob es noch Sinn macht, ob Sie weiter an der Gruppe teilnehmen.«
- »Herr X/Frau Y, Sie wissen, dass Sie nicht weiter an der Gruppe teilnehmen können, wenn Sie nur physisch präsent sind, aber eben nicht wirklich teilnehmen. Möchten Sie die Gruppe verlassen oder Ihr Verhalten jetzt ändern?« Gegebenenfalls: »Was sind Sie bereit, dafür zu tun?« Und: »Wie geht es den anderen jetzt/mit den Mitteilungen von Frau Y/Herrn X damit?« Denn ohne den erneuten und erklärten Willen der Gruppe, einen weiteren Integrations-

versuch für das schweigende Mitglied zu leisten, werden alle Bemühungen des Leiters scheitern.

6.5 Dauersprecher, Entertainer und Conférenciers

Der Dauersprecher

Ähnlich den Schweigern sind auch logorrhoische Patienten von Ängsten getrieben, die sie jedoch durch kaum zu stoppendes Reden zu kontrollieren versuchen. Das Reden hat dabei den Einzeltherapeuten oder die Gruppe fest im Griff. Und wie bei den Dauerschweigern stellen sich auch beim Dauerredner im Einzelsetting wie in der Gruppe ähnlich aversive Reaktionen ein. Schweiger wie Dauerredner geraten in einen Teufelskreis, aus dem zu entkommen für sie sehr schwer bis unmöglich wird und den zu durchbrechen für den Therapeuten eine konstruktive Auseinandersetzung mit seiner Gegenübertragung erforderlich macht.

Bei den alleinunterhaltenden Patienten fällt eine Unterteilung naturgemäß leichter als bei schweigenden Patienten, da jene ja immerhin reden oder einen Teil ihres Innenlebens sprechend preisgeben, was bei Schweigern nicht der Fall ist. Und im Gegensatz zum dauerhaft schweigenden Patienten kann man bei logorrhoischen Patienten immerhin den Versuch machen, mit ihnen in ein gemeinsames (!) Gespräch über ihren Redezwang zu kommen.

Der logorrhoische Patient spricht in der Einzeltherapie ununterbrochen und lässt sich nur schwer oder sehr kurz unterbrechen. Die Erwartung, das Gesprächsverhalten würde sich nach mehreren vergeblichen Versuchen des Therapeuten, sich zu Wort zu melden, von selbst ändern, wird regelmäßig enttäuscht. Da Psychotherapeuten jedoch gewohnt sind, sich empathisch, freundlich und nachgiebig zu verhalten, fällt ihnen meist eine radikale Änderung ihres Gesprächs- und Interventionsverhaltens schwer. Doch wie beim Dauerschweiger ist auch beim Dauerredner ein direktes Ansprechen des Problemverhaltens unbedingt erforderlich, weil die negative Gegenübertragung als Rausschmeißimpuls stark ansteigt. Da Zuwarten nicht hilft, empfiehlt es sich, bereits beim ersten Kontakt Versuche zu unternehmen, das Gesprächsverhalten, das ja faktisch ein Beziehungsverhalten ist, zu unterbrechen. Besonders beeindruckend ist der Verlust der Fähigkeit nachzudenken, solange man den Worten des Dauerredners irgendwie zu folgen bemüht ist. Erst wenn man sich sehr konsequent auf eigenes Erleben konzentriert mit der Frage, was eigentlich gerade geschieht, erringt man die Fähigkeit zur Reflexion wieder: Der logorrhoische Patient besitzt die Macht, einem mit seinen Worten buchstäblich den Verstand zu rauben. Erforderlich ist also eine sehr radikale Distanzierung, die der Patient gerade fürchtet und mit seinem Redeschwall zu verhindern trachtet. Da eine solche Distanzierung als bewusstes Nicht-Zuhören so ungefähr das Gegenteil dessen ist, was einem Psychotherapeuten als Berufsethos vorschwebt, fällt diese Operation besonders schwer oder löst zunächst hemmende Schuldgefühle aus.

Der Entertainer

Etwas anders verhält es sich bei Patienten mit Entertainment-Qualitäten. Nicht ein schlechtes professionelles Gewissen gegenüber Berufsidealen des empathischen und zugewandten Zuhörens hindert einen an angemessener Distanzierung und Analyse der Gegenübertragung, sondern die unterhaltsamen und mit humorvollen Bemerkungen garnierten Schilderungen, die einen so wohltuenden Kontrast zum trüben Alltag mit gebeutelten Patienten darzustellen scheinen. Endlich mal, so mag man denken, ein geistreicher Patient, dessen Schilderungen spannend und anregend daherkommen. Dem Patienten gelingt es auf diese Weise, sich selbst und den Behandler über die Tristesse seines Lebens hinwegzutäuschen. Nicht der Schwall der Worte ist es, der den Verstand quasi betäubt, sondern seine Verführung durch scheinbar geistreiche und humorvolle Schilderungen lädt zu seiner Lähmung ein. Sieht man den Patienten mit höherer Frequenz und ohne Unterbrechungen, so wird die Faszination alsbald erlahmen, da der Patient gezwungen ist, ständig seine Dosis an Witzen und geistreichen Schilderungen zu steigern. Häufig kommen daher solchen Patienten immer wieder wichtige Dinge (bei dem aufregenden Leben, das sie führen) dazwischen, sodass Termine abgesagt werden müssen und die Ermüdung aufseiten des Therapeuten noch ein wenig hinausgeschoben werden kann. Es kommt daher darauf an, sehr frühzeitig das zwanghafte Bedürfnis und die dahinterstehende Not des Patienten, den Therapeuten zu unterhalten und sich damit vom Leib zu halten, anzusprechen:

- »Ich merke, dass Sie alles tun, um mich gut zu unterhalten und bei Laune zu halten. Und tatsächlich gelingt Ihnen das ja auch. Aber deshalb suchen Sie mich ja wahrscheinlich nicht auf.«
- »Ich fühle mich ja jedes Mal, wenn Sie kommen, gut unterhalten. Kommt Ihnen dieses Bedürfnis, mich bei Laune zu halten, irgendwie bekannt vor?«
- »Was wäre eigentlich, wenn ich Ihnen nicht amüsiert und gut unterhalten zuhören würde?«
- »Wie ginge es Ihnen bei Ihren Schilderungen, wenn Sie auf Witze und humorvolle Einlagen verzichten würden?«

Möglicherweise handelt es sich bei den Unterhaltungsqualitäten des Patienten um eine aus sehr tiefer Not geborene Notwendigkeit, ein depressives oder suizidales Elternteil aufheitern zu müssen, bei dessen Scheitern er Katastrophen fürchten musste. Nur vordergründig würde er daher seinen Behandler bei Laune halten, tatsächlich aber sich vor existentiellen Ängsten schützen, die die Wiederkehr der Angst um Leib und Leben von sich und seinen Angehörigen beträfen.

Der Conférencier

Der Patient mit Conférencier- oder Talkmaster-Qualitäten zeigt dieses Talent naturgemäß eher in Gruppen: Pausen werden wegmoderiert, einzelne Patienten miteinander ins Gespräch gebracht und der Gruppenleiter damit in die Statistenrolle verbannt, wobei dies nicht das primäre Anliegen des Patienten ist. Der Talkmaster kontrolliert das Gruppengeschehen und die Mitglieder. Beim Gruppenleiter mag das Verhalten des Patienten zunächst Überraschung auslösen, weil sich ein Mitglied scheinbar besonders für eine konstruktive Entwicklung der Gruppe verantwortlich fühlt und sich engagiert. Doch ähnlich wie beim »gewöhnlichen« Vielredner oder beim Entertainer stellen sich rasch aversive Reaktionen ein. In allen Fällen kommt es wesentlich darauf an, das Geschehen anzusprechen, bevor das Mitglied zur Zielscheibe feindseliger Reaktionen der Gruppe wird. Wenn man sich die zugrunde liegenden Ängste des Teilnehmers vor Augen hält, fällt es leichter, das Verhalten wohlwollend und wertschätzend anzusprechen und dabei auch die Gruppe »mitzunehmen«.

> Ein Teilnehmer einer Gruppe erwies sich von der ersten Sitzung an als geschmeidiger Entertainer, der den Gruppenprozess zur Verblüffung des Leiters quasi moderierte und dabei Bezüge zwischen den einzelnen Teilnehmern herstellte. Besonders irritierend für den Gruppenleiter war die fraglose Selbstverständlichkeit, mit der das Mitglied agierte, was eine typische Gegenübertragung auslöste: »Gibt's doch gar nicht!«. Die Eifrigkeit des Gruppenmitglieds löste bei den anderen Gruppenteilnehmern leichte Belustigung aus. Da das Verhalten für den Patienten selbst eine große Selbstverständlichkeit hatte, waren mehrere deskriptive Hinweise erforderlich, um ein Innehalten zu bewirken. Die Frühzeitigkeit der Interventionen ermöglichte es den anderen Gruppenmitgliedern, dem Geschehen wohlwollend und interessiert zu folgen. Schließlich forderte der Gruppenleiter den Patienten auf, den Gruppenprozess einfach mal schweigend zu verfolgen. Der Patient bemerkte sehr rasch eine große innere Unruhe, die sich aus der Vorgeschichte erklärte. Kindheit und Jugend waren durch schwere elterliche Konflikte geprägt, die mit verbalen und tätlichen Auseinandersetzungen einhergingen. Der Patient, mittleres von drei Kindern, versuchte durch Moderieren der Familienmitglieder Ausbrüche zu verhindern und verzweifelt Verbindendes oder Versöhnendes zu betonen. Entsprechend fürchtete er destruktive Gruppenkonflikte, wenn er sein automatisiertes unbewusstes Verhalten einstellte. Not und Tragik des Patienten wurden so sichtbar und vor allem sein bisheriges Gebaren für die gesamte Gruppe nachvollziehbar.

Glück, Elend und der rote Faden

Wo bleibt nun der rote Faden von der Angst vor dem persönlichen Glück zur Geschichte des Patienten im letzten Fallbeispiel, der mit großer Betroffenheit, dann aber auch Erleichterung sein zwanghaftes Verhalten in der Gruppe aufgeben konnte? Im Moment der emotionalen wie intellektuellen Erkenntnis verdichteten sich Vergangenheit und die Gegenwart in der Gruppe: Der Patient kann freundliche und empathische Gruppenmitglieder – wahrscheinlich zum ersten Mal – wahrnehmen und dabei begreifen, dass er weder für die Verhinderung wüster Auseinandersetzungen in der Gruppe verantwortlich ist, noch diese überhaupt zu erwarten stünden. Im gleichen Moment erlebt er tiefe Erleichterung und Entlastung von der unbewussten Aufgabe, immer das Schlimmste verhindern zu müssen, gleichzeitig aber auch das Elend und Unglück seiner jungen Jahre. Der Moment der Selbsterkenntnis eröffnet ihm die Freiheit, sein zwanghaftes Verhalten abzulegen – und damit einen Moment großen Glücks. Zugleich erlebt er Panik und Schmerz noch einmal oder – wenn man so will – erstmals in vollem Umfang, jetzt aber aus der Perspektive des Erwachsenen. Natürlich fürchtet der Patient, sein unbewusstes Verhalten aufzugeben und zu überprüfen, ob die Katastrophe tatsächlich eintreten würde. Der Moment der Befreiung beinhaltet zugleich die Realisierung des historischen Unglücks. Die Furcht vor der Freiheit ist immer auch eine nicht bewusste Angst vor den beglückenden Momenten des Lebens.

7 Erweiterte Rahmenbedingungen: Psychotherapie im globalen Turbokapitalismus

Das historische Selbstverständnis der Psychoanalyse, als Erkenntnistheorie in der Tradition der Aufklärung zu stehen und damit auch Gesellschaftskritik zu liefern, hat sich unter den Bedingungen dünner Honorare, Zertifizierungsnachweisen, Dokumentationspflichten, erschöpfenden Datenschutzregeln, vor allem aber ausbeuterischer Ausbildungsverhältnisse längst verflüchtigt. Doch sind es wirklich nur diese Rahmenbedingungen, die die weitgehende Entpolitisierung der Psychotherapie begründen? Sicher, für den Blick über den Tellerrand des täglichen Therapiestresses bleibt wenig Zeit und Kraft. Und die Therapieausbildungen berücksichtigen kaum den *widening scope* kultureller, politischer und aktueller Fragen des Zeitgeschehens. Denn die Curricula sind vollgepackt mit den Anforderungen der Landesprüfungsämter und den jeweils trendigen Entwicklungen des Psychomarkts, der alle paar Jahre eine neue Sau durch's Dorf treibt – zum Leidwesen jener, die das alles verantwortungsbewusst für ihre Patienten glauben mitnehmen zu müssen und zum Gewinn derer, die sich mit ihren famosen Neuerfindungen des Rads schmücken und den damit verbundenen finanziellen Gewinn einstreichen.

7.1 Sozialpolitische Rahmenbedingungen der Psychotherapie

Patienten, oder besser wir alle, entwickeln Symptome unter den jeweils gegebenen gesellschaftlichen Rahmenbedingungen, die krankheitsfördernd oder lindernd, einzelne Gruppen ausgrenzend oder integrierend sind. Gesellschafts- und sozialpolitische Faktoren, die sich auf die psychische Gesundheit maßgeblich auswirken, sind zum Beispiel:

- der Umgang mit Homosexualität, Transgender, sexueller Selbstbestimmung der Frau;
- die Benachteiligung von Frauen in Beruf, Partnerschaft, Ehe, Altersversorgung und die Möglichkeit, alleinerziehende Mütter und ihre Kinder um den Unterhalt zu prellen, ohne dass dies durch den Gesetzgeber konsequent verhindert wird;
- die finanzielle Verelendung der Kommunen mit der Folge, dass die Jugendämter häufig wegen Überlastung, Personalmangel sowie auch Finanzmangel untätig bleiben oder nur halbherzige Schritte zum Schutz von Minderjährigen unternehmen;

7.1 Sozialpolitische Rahmenbedingungen der Psychotherapie

- die Arbeitsbedingungen in Niedrig-Lohn-Sektoren, Drei- oder Vier-Schichten-Arbeit, oft ohne die Möglichkeit, im Alter in Tagesschichten zu wechseln;
- der kontinuierliche Anstieg des Armutsrisikos, das Anfang der 1990er Jahre bei circa 11 % lag, 2016 jedoch bereits knapp 16 % der Bevölkerung betraf (Reuter 2019, Angabe des Deutschen Instituts für Wirtschaftsforschung, DIW)[25];
- der gleichzeitige Anstieg der Wohnungsknappheit, der Wegfall von Sozialwohnungen und die explosionsartige Entwicklung der Mietbelastung in den meisten bundesdeutschen Städten;
- die Absenkung der Rentenansprüche mit der Notwendigkeit privater Vorsorge, die für viele Personengruppen aus den vorgenannten Gründen unmöglich ist.

Dies sind nur einige allgemeine Belastungsfaktoren, die die psychische Gesundheit betreffen, sich jedoch in Lebenskrisen, etwa bei Scheidung, Arbeitsplatzverlust oder Krankheit mit einem Mal als fatal erweisen können. Häufig suchen Patienten gerade in diesen Krisensituationen psychotherapeutische Hilfe, was sie jedoch mit einer weiteren Misere konfrontiert, die die mangelhafte Versorgung psychisch Kranker im ambulanten wie stationären Bereich betrifft. Der gewollten ambulanten Unterversorgung steht der Entlassdruck des MDK (Medizinischer Dienst der Krankenkassen) im stationären Bereich gegenüber. Während Kliniken also Patienten möglichst früh entlassen, fehlt die zeitnahe ambulante Anschlussversorgung, die auch nicht durch die verordnete Aufstockung von Praxisstunden behoben werden kann. Diese Situation betrifft besonders Kinder- und Jugendliche, bei denen im Gegensatz zu Erwachsenen – je nach Alter – bereits einige Monate Wartezeit einen beträchtlichen Prozentsatz ihrer bisherigen Lebenszeit ausmachen. Da Kinder und Jugendliche sich viel rascher entwickeln als Erwachsene, sind längere Wartezeiten auf einen Therapieplatz besonders schädlich.

Psychotherapie und Psychiatrie sind einerseits Kinder ihrer Epoche, haben aber andererseits die Aufgabe, die individuellen negativen psychosozialen Folgen ihrer Zeit zu behandeln. Es kann daher überhaupt keine psychotherapeutischen Beratungsformate geben, die die erweiterten Rahmenbedingungen, unter denen wir arbeiten und unsere Patienten Symptome entwickeln, ignorieren. Daher verbieten sich psychiatrische Behandlung, Psychotherapie, Supervision und Coaching, Beratung von Institutionen oder Politik ohne Hinterfragung ihrer Ausgangsbedingungen oder der Verhältnisse, unter denen Menschen aufwachsen und lernen, leben und wohnen, lieben und arbeiten, krank sind, pflegebedürftig sind oder sterben. Doch diese Erkenntnis ist mit erheblichem professionellen Leidensdruck verbunden, denn viele politische Rahmenbedingungen sind – wenn überhaupt – nur langfristig veränderbar, weshalb man unter

---

25 Die Zahl drückt aus, wie viele Menschen gemessen an der Gesamtbevölkerung weniger als 60 % des Nettoäquivalenzeinkommens zur Verfügung haben. Diese Menschen gelten als armutsgefährdet.

teils sehr unbefriedigenden Bedingungen versucht, unter den gegebenen Verhältnissen sein Bestes zu geben.

> Bei der Supervision von Teams psychiatrischer Kliniken kommt es häufig zu Schilderungen beträchtlicher personeller Mängel und Engpässen bei der Patientenversorgung, was zum Ausfall von Stationsangeboten führt, die eigentlich zum Basisprogramm gehören. Angesichts der Diskrepanz von beruflichen Idealen und stationärer Wirklichkeit seufzen einzelne Teammitglieder, vermutlich als Protagonisten der allgemeinen Stimmung, »Ich muss meine Ideale aufgeben«. Das ist natürlich nicht der Fall – jedenfalls nicht zwingend. Denn tatsächlich hat man die Wahl, an den Idealen, oft auch nur Mindeststandards, festzuhalten, dabei aber Leidensdruck in Anbetracht der beruflichen Realität zu erleben. Die Alternative Einzelner ist die scheinbare Preisgabe des Berufsethos durch Aufbau von Zynismus, aller möglicher Entwertungen, besonders der eigenen Berufsidentität. Die erste Option führt zu Trauer und Empörung, also der Möglichkeit von Veränderung, während die zweite zu depressivem Erleben, Ohnmachtserleben mit gelernter Hilflosigkeit (Seligman 1979) Anlass gibt. Man hält also besser an seiner Meinung, seinen Idealen und Forderungen gegenüber Politik und Institutionsleitung (auch wenn diese teilweise wenig zu ändern im Stande ist) fest und damit an einem Teil der eigenen Identität. Denn wo kämen wir hin, wenn wir unsere Ideale und Vorstellungen flugs über Bord würfen, sobald sich das politische Klima oder die Ziele einer Krankenhaus-Holding in Hinblick auf Gewinnsteigerungen ändern?!

Die Verlockung ist jedoch groß, sich lediglich um das vermeintlich individuelle seelische Wohl und Wehe zu kümmern und gemeinsam mit den Patienten in das persönliche Unrechtserleben der Vergangenheit oder das Leid der Gegenwart einzutauchen. Das individuelle Elend war und ist jedoch stets eingebettet in die sozialen Verhältnisse, die seine Ausformung überhaupt ermöglichten. Mangelhafte medizinisch-psychiatrische Versorgung der Eltern, Ignoranz von Nachbarn und Jugendämtern bei häuslicher Gewalt, systematische Übergriffe durch Vertreter der katholischen Kirche, Heimunterbringungen von Kindern in der DDR und – oft verdrängt – auch in den alten Bundesländern sind zwar immer individuelle tragische Schicksale, doch diese waren nur unter den jeweiligen politischen Verhältnissen möglich. Die Kontrolle und relative Einflussnahme auf das eigene Schicksal endet auch heute immer dort,
- wo keine Chance besteht, den Arbeitsplatz zu wechseln und einen neuen zu finden;
- man die Wohnung wegen Sanierung und Mietpreisexplosion verliert;
- die beengten Wohnverhältnisse Konflikte in der Familie (oder was von ihr übrig blieb) geradezu provozieren;
- Mobilitätsbedürfnisse und Alltagsversorgung auf dem Land wegen völlig unzureichender öffentlicher Verkehrsmittel im Alter vor große Probleme stellen;
- die zu erwartende Rente Altersarmut bedeutet.

Die Liste der Ungerechtigkeiten und Benachteiligungen ließe sich deutlich verlängern, wovon die polemischen Scharfmacher der Neuen Rechten genüsslich profitieren.

7.1 Sozialpolitische Rahmenbedingungen der Psychotherapie

Abb. 7-1 © Thomas Plaßmann.

Psychotherapie arbeitet also stets in den bestehenden Verhältnissen und muss sie primär auch als gegeben konstatieren, um ihre Patienten dort abzuholen, wo sie sich aktuell in ihrer Not befinden. Das bedeutet allerdings nicht, dass psychotherapeutische Verfahren die vorhandenen gesellschaftspolitischen Verhältnisse per se gutheißen würde. Begnügte sich Psychotherapie jedoch lediglich damit, Patienten zu maximaler Anpassung zu bringen, träfen die alten Vorwürfe zu: Psychotherapie wäre dann lediglich systemstabilisierendes Psycho-Fitness-Training. Versteht sie sich jedoch als emanzipatorische Kraft, so geht es nicht um bloße Anpassung an bestehende Verhältnisse, umgekehrt jedoch auch nicht um politische Zwangsbeglückung, sondern um die Bereitstellung von besseren Möglichkeiten, sich von inneren wie äußeren Zwängen zu befreien:

- Wie können wir Individuen, Gruppen oder Teams, die sich vorher nicht zu Wort meldeten und schon gar keine Rebellion zutrauten, zu mehr Autonomie verhelfen?
- Und wie ist dies möglich, ohne dass wir durch diesen Anspruch unsere Patienten ebenfalls bei ihrer Autonomieentwicklung behindern, im guten Glauben, ihnen mittels unserer Bemühungen zu ihr verhelfen zu wollen?
- Welche Kompetenzen benötigt unsere Klientel für diese Aufgaben, so es sie denn anzugehen wünscht?
- Und welche Kenntnisse über politische, institutionelle, verfahrenstechnische oder juristische Zusammenhänge benötigen wir für diese Aufgaben?

> **Praxistipp**
>
> Nicht zu viel wollen
> Die Verführung ist groß und oft zu verlockend, bei der Schilderung misslicher institutioneller Verhältnisse von Teams in die Retterrolle einzusteigen und Ideen und Vorschläge zu entwickeln, während sich das Team als hilfloses Opfer (Seligman 1979) der Verhältnisse erlebt und darstellt. Der leere Sattel auf dem Pferd des Helden, so scheint es zumindest, will bestiegen werden, während alle nur darauf warten, dass die erlösenden Ideen des Supervisors oder Beraters von den quälenden Verhältnissen oder den bösartigen Vorgesetzten das scheinbar so arme und bedürftige Team befreien. Tatsächlich würde man jedoch in eine sehr wirkungsvolle Kollusion verfallen, bei der man die autonomen und emanzipatorischen Anteile des Teams vertritt, während dieses seine dependenten und ängstlichen Seiten weiterleben kann und durch institutionelle Abwehr (Mentzos 1988) verteidigt.
> Die institutionelle Abwehr ähnelt der interpersonellen Abwehr: Mit Verweis auf andere Personen und/oder die misslichen Umstände erscheint eine eigentlich wünschenswerte Veränderung nicht machbar. Entscheidend bei diesem Vorgang ist die Positionierung von Ohnmacht und Hilflosigkeit, die von den eigentlich Betroffenen zum Psychotherapeuten »herüberwandert«: Nicht mehr das Team oder der Einzelne ist angeblich den widrigen Personen oder Umständen ausgesetzt und kann dem nichts entgegensetzen, sondern der Psychotherapeut ist es, der keinen sinnvollen Hinweis geben kann, ohne dass dieser eloquent mit einem »Ja, aber« gekontert und zurückgewiesen wird.
> Als Lösungen bieten sich Interventionen an, die Eric Berne (1970) in seinem frühen rollentheoretisch-systemischen Werk über Partnerbeziehungen sehr anschaulich vorschlug, etwa »Und wie wollen Sie dieses Problem lösen?«

Wie viel Anpassungen noch zuträglich und notwendig und wie viel Empörung und Emanzipation realistisch sind, wird man immer nur unter den gegebenen persönlichen wie erweiterten Bedingungen gemeinsam mit dem Patienten abschätzen können. Doch in jedem Fall ist es notwendig, dies überhaupt zu tun und damit die Selbstverständlichkeiten des Patienten und seiner Verhältnisse infrage zu stellen. Dies gestaltet sich jedoch besonders schwierig bis unmöglich bei einer Klientel, die eigenen wie professionellen Wertvorstellungen diametral entgegensteht, etwa bei sogenannten Wutbürgern, bildungsfernen Schichten, Migranten mit muslimischen oder naturreligiösen Hintergründen. Diese Patienten, obgleich oft unter hohem Leidensdruck, begegnen dem westlich-aufklärerischen Ansatz der Psychotherapie häufig mit Skepsis oder Verständnislosigkeit. Was in der Gegenübertragung zu der bangen Frage führt, wie sich wohl Psychotherapie gestalten würde, wenn sich der entsolidarisierende und ressentimentgeladene Irrationalismus auch in Europa durchsetzt. Das jedoch betrifft unser Selbstverständnis in existentieller Weise: Inwieweit erscheint es überhaupt möglich, kritische Fragen zu stellen, Werte zu hinterfragen oder Bedingungen des Zusammenlebens wie Gleichheit, Menschenrechte und seelische wie körperliche Unversehrtheit vorauszusetzen? Dies ist der Grund, weshalb sich Psychotherapeuten auch öffentlich äußern und als Experten zu Missständen Stellung beziehen müssen. In bestimmten Fällen gilt dies sogar für Äußerungen über Personen des öffentlichen Lebens, wenn diese eine Gefahr für Sicherheit, Demokratie und Freiheit darstellen (siehe Kap. 8).

7.2 Psychotherapie jenseits von Eskapismus

Jenseits aller Beschränkungen des emotional wie zeitaufwändig hart verdienten Broterwerbs stellt sich vielen die Frage jedoch überhaupt nicht, ob und wann es gegebenenfalls gestattet sein könnte, sich politisch nicht nur als Bürger, sondern als Experte zu äußern. Doch angesichts des global anwachsenden Irrationalismus und der damit verbundenen Entgrenzungen in den sozialen Medien, auf der Straße oder in den Parlamenten ist es nicht nur erlaubt, sondern vielmehr geboten, zu aktuellen gesellschaftlichen, politischen, kulturellen oder sonstigen Entwicklungen die Stimme zu erheben. Doch dazu müssten Psychotherapeuten sehr aktiv am politisch-gesellschaftlichen Leben teilnehmen. Die Lektüre der Lokalzeitung dürfte dafür kaum ausreichen, denn diese bietet kaum mehr als Agentur-Konserven, wenn es um den allgemein-politischen Mantelteil geht. Komplexe politische Zusammenhänge wird man so nur marginal mitbekommen, geschweige denn erfassen. Die Ausübung des Berufs gerät dann zur willkommenen, wenn auch so nicht bewussten Flucht aus beängstigenden regionalen wie überregionalen und weltpolitischen Konflikten. Patienten machen es einem dabei häufig leicht, sich auf die scheinbar heile(nde) Insel persönlich-intimer Psychotherapie zurückzuziehen, in der Konflikte vergleichsweise beherrsch- und kontrollierbar erscheinen. Solchermaßen unterliegt man gemeinsam der Abwehr der Furcht vor realen globalen Gefahren durch die Konzentration auf persönliche Nöte. Doch diese sind untrennbar mit kulturellen, lokalpolitischen wie gesamtgesellschaftlichen Themen verbunden. Man versteht also weder die Konflikte der Patienten noch sich selbst, wenn man nicht immer auch die erweiterten Rahmenbedingungen reflektiert, die den Themen der Patienten immerhin mit zugrunde liegen. Der wohl meist unbewusste gemeinsame Eskapismus schützt die Illusion der Kontrolle, wenn sich Therapeuten nicht beständig auch der eigenen Grenzen bewusst bleiben, die ihren Einfluss angesichts von Arbeitsmarktbedingungen, finanziellen Beschränkungen, Wohnverhältnissen, Ausbildungschancen, künftiger Altersarmut, kulturellen oder religiösen Ge- und Verboten ihrer Patienten beschneiden.

Praxistipp

Strukturelle Rahmenbedingungen von Supervision
Noch weit mehr gelten diese Überlegungen für Supervisionen in Institutionen oder Coachings von Mitarbeitern von Unternehmen, Institutionen, Behörden oder Verbänden. Im weiteren Sinne politisch sind auch Bedingungen bei öffentlichen, öffentlich-rechtlichen oder Verwaltungs- und Unternehmenskulturen, denen sich der psychologische Berater nicht zwingend zu unterwerfen hat. Dabei sind einige wichtige Fragen zu klären:
- Wie genau lautet der explizite und vor allem auch der unausgesprochene Auftrag?
- Wie soll das System durch die eigene Leistung – ob Fallsupervision oder Coaching – stabilisiert oder verändert werden?
- Welche Tabus bestehen?
- Wie ist die Regelung der Schweigepflicht, also: Wer darf was wissen und was nicht?

- Dient die Leistung dazu, einen mehr oder weniger pathologischen Führungsstil zu stabilisieren, seine Vertreter vor Kritik zu schützen und Mitarbeiter gängelnd der Organisationspathologie zu unterwerfen?
- Hat der Supervisor oder Coach Angst, Kritik zu äußern; fühlt er sich unfrei?
- Darf der Auftrag umformuliert oder neu definiert werden oder sind die Vorgaben starr?

> **Praxistipp**
>
> Gemeinsame Ohnmacht oder »blame the victim«?
> Man ignoriert oder vernachlässigt seinen Patienten, wenn man sich nicht ausreichend nach den gegebenen Rahmenbedingungen erkundigt und diese buchstäblich mit ihm emotional teilt. Dies ist mitunter schmerzlich, weil im persönlichen Rahmen oft unabänderbar, bestätigt aber den Patienten hinsichtlich seiner Wahrnehmungen und Einschätzungen. Beispielsweise lediglich assertive Techniken gegenüber Chefs oder Kollegen zu trainieren, kann im Einzelfall hilfreich sein, wie es umgekehrt aber auch die narzisstische Illusion nähren könnte, quasi omnipotent alle Ungerechtigkeiten abstellen zu können. Gelingt dies dem Patienten dennoch nicht, ergibt sich leicht eine Dynamik des *blame the victim:* In diesem Fall ergäbe sich eine narzisstische Kollusion zwischen dem Therapeuten und Patienten, bei der der Patient letztlich gegenüber seinem »allmächtigen« Behandler verliert. Dem Patienten gelingt es nicht, die Hinweise und gegebenenfalls Ratschläge seines Therapeuten erfolgreich umzusetzen, wobei Letzterer in einer narzisstisch-omnipotenten Position verbliebe. Gegenmittel: Man gesteht sich gemeinsam Ohnmacht und eine eventuell verzweifelte Lage des Patienten ein, die nur zwei unbefriedigende Lösungen kennt: Ungerechtigkeit und Ohnmacht zu ertragen oder aus dem Feld zu gehen.

7.3 Die ethische Pflicht, sich zu positionieren

Dem verbreiteten medialen Trend, alle möglichen Banalitäten des Alltags von einem psychologischen Experten kommentieren und irgendwelche pauschalen Ratschläge in die Welt setzen zu lassen, steht eine merkwürdige Enthaltsamkeit gegenüber, wenn es um die fachliche Untersuchung von beunruhigenden politischen Entwicklungen oder ihrer Repräsentanten geht. Dem offenbar verbreiteten Stoßseufzer »Unseren täglichen Psychofritzen gib uns heute!« folgt nicht der Wunsch nach emanzipatorischer Aufklärung über das Verhalten und die Wirkung extremistischer Scharfmacher.

Doch spätestens wenn man in Regionen oder Städten wie Chemnitz lebt und arbeitet, die von rechten Bewegungen stark durchsetzt und kritische Bürger terrorisierenden Drohungen oder blanker Gewalt ausgesetzt sind, kommt man um politisches Engagement nicht mehr herum: Wo freiheitlich-demokratische Meinungen zur Gefahr für Leib und Leben werden, ist die Existenzberechtigung von Psychotherapie grundsätzlich infrage gestellt. Wenn Journalisten bedroht, Politiker angegriffen oder ermordet werden, stellt sich Psychotherapeuten die Frage nach den sozialpsychologischen Bedingungen solcher Entwicklungen. Bei der Suche nach den Ursachen wird man sehr rasch auf die rechtsextremistischen Scharfmacher und Polemiker bei AfD, Pegida oder den sogenannten Identitären

7.3 Die ethische Pflicht, sich zu positionieren

stoßen. Ihre Strategien zu analysieren, ihre Wirkung offenzulegen und beratend bei der Entwicklung von Gegenstrategien tätig zu werden, gehört unmittelbar zum Arbeitsbereich von Psychologen und Psychotherapeuten. Dazu kann auch die öffentliche »Analyse« eines Protagonisten gehören, der sich dies als Person des öffentlichen Lebens gefallen lassen muss.

Abb. 7-2 © Thomas Plaßmann.

Es geht also keineswegs um Statements zu Prominenten wie Heidi Klum, die im Gegensatz zu ihrer Oberweite intellektuell eher mit leichtem Gepäck unterwegs ist, oder darum, Dieter Bohlen wegen seiner Herabwürdigungen von Möchtegernstars in sogenannten Castingshows psychologisch zu versohlen. Denn mit Analysen zu solchen öffentlichen Personen würde man sich genau auf das Niveau begeben, auf dem sich jene schmerzfrei bewegen. Doch sich jeder öffentlichen Einschätzung gesellschaftlicher Trends, die der Sucht nach Performance und kollektiver Bewunderung gehorchen, zu entsagen, käme einer prophylaktischen Selbstkastrierung gleich, um nur ja nicht Grenzen zu überschreiten. Meist geht es also gar nicht um die jeweiligen Personen an sich, sondern um ihre Funktionen, die sie augenscheinlich bereitwillig einnehmen und um die gesellschaftlichen Folgen ihres Tuns mit der Untersuchung, weshalb sie sich zum Beispiel so großer Bewunderung, Aufmerksamkeit oder Ablehnung sicher sein können (siehe auch Kap. 8).

Tatsächlich handelt es sich hierbei nicht um eine Einbahnstraße einer quasi linearen Beziehung zwischen Protagonisten – seien sie Politiker oder Kulturschaffende – und ihren Followern, Zuhörern oder Fans. Vielmehr stimuliert die oftmals exhibitionistische Performance der Repräsentanten gesellschaftlicher Entwicklungen, was zu einem sich selbst verstärkenden Prozess führt: Öffentliche Auftritte wirken normativ auf bestimmte gesellschaftliche Gruppen und können daher so gefährlich für das gesellschaftliche Klima werden. Auf diese Weise verschieben sich in der Folge Tabus, Werte oder Grenzen. Die konsequente Überschreitung von bisher gültigen Regeln und Grenzen durch Vertreter der AfD erweitert den Sprach-, Denk- und Emotionsraum dessen, was gerade noch mehrheitlich akzeptiert wird. So konnte man erleben, wie der bayerische Ministerpräsident Markus Söder den Begriff des Asyltourismus im Juni 2018 mehrfach verwendete, um dann zu versprechen, dies nicht mehr zu tun (Süddeutsche Zeitung 2018). Diese typische Figur, zunächst eine provokante Grenzüberschreitung in die Öffentlichkeit zu bringen, um sie dann mehr oder weniger zurückzunehmen, gehört zum Repertoire von Ressentiments schürenden Polemikern. Man verwendet einen provokanten Begriff oder bedient sich einer Grenzverletzung, mit der Folge, dass beides mehr und mehr Einzug in den öffentlichen Diskurs hält. Söder trieb damit eine Debatte voran, stand dann aber selbst scheinbar geläutert abseits des von ihm evozierten Sprachtrends.

Abb. 7-3 Ohne Titel. © Thomas Plaßmann.

Bemerkungen wie diese, die dahinterstehende Strategie oder gar ihre Wortführer einer fachlichen Analyse zu unterziehen, steht die verbreitete Auffassung gegenüber, es zieme sich nicht oder sei gar ethisch bedenklich, sich fachlich zu Personen des öffentlichen Lebens zu äußern, gänzlich verboten gar, sie mit Diagnosen zu belegen. Die Argumentation besteht aus einem Dreisatz:
- Diagnosen könne man nur vergeben, wenn man jemanden persönlich untersucht habe.
- Wenn man jemanden untersucht habe, gelte die Schweigepflicht.
- Daher seien diagnostische oder fachliche Äußerungen zu Personen des öffentlichen Lebens nicht statthaft und auch nicht möglich.

7.3 Die ethische Pflicht, sich zu positionieren

In den USA gilt die sogenannte Goldwater-Regel[26], die es Mitgliedern der beiden APAs, der Amerikanischen Assoziation der Psychologen und der Amerikanischen Assoziation der Psychiater, untersagt, sich fachlich zu Personen des öffentlichen Lebens zu äußern:

> »On occasion psychiatrists are asked for an opinion about an individual who is in the light of public attention or who has disclosed information about himself/herself through public media. In such circumstances, a psychiatrist may share with the public his or her expertise about psychiatric issues in general. However, it is unethical for a psychiatrist to offer a professional opinion unless he or she has conducted an examination and has been granted proper authorization for such a statement.« (American Psychiatric Association 2013, Abschnitt 7)

Unter dem Eindruck des erratischen und die Nation spaltenden Agierens von Präsident Donald Trump setzte eine erneute Debatte über die Sinnhaftigkeit dieser Regelung ein. In dem Buch »The Case of Donald Trump« (deutsch: »Wie gefährlich ist Donald Trump?«, Lee 2018) widersetzen sich namhafte Psychiater und Psychotherapeuten der Goldwater-Regel mit dem Argument, ab einem gewissen Punkt der Gefährdung des gesellschaftlichen wie weltpolitischen Friedens müsse man sich als Experte zu Wort melden und sagen, was man fachlich zu erkennen glaubt. Die ethische Verpflichtung kehrt sich um: Wir sind in der Pflicht, uns öffentlich zu äußern, wenn wir das Gemeinwohl, die Demokratie oder den Weltfrieden wegen des Agierens psychisch auffälliger Politiker bedroht sehen.

Wer, wenn nicht wir als Psychologen, Psychotherapeuten oder Psychiater, soll die polemischen Methoden der Antidemokraten analysieren und transparent machen? Wer, wenn nicht wir uns ihren subtilen psychologischen Kampfmitteln mit unseren Möglichkeiten entgegenstellen? Es gibt keinen Grund für ängstliche Selbstkastrierung des Intellekts und des durch ihn begründeten Engagements. Wir gelangen zu Humanität durch Vernunft mit Emotion. Ohne Emotion werden wir zu Psychopathen, ohne Vernunft zu irrationalen Narzissten. Wenn wir beides nicht wollen, bleibt nur der Weg zum vernunftgesteuerten und mit Leidenschaft geführten Engagement in Zeiten, in denen es dem gesellschaftlichen Diskurs genau an dieser humanen wie aufklärerischen Kombination mangelt. Entschließt man sich dazu, bedarf es stets der Güterabwägung, wieviel an Demaskierung für den Diskurs hilfreich und ab wann diese lediglich eine Schmähung ist. Starre Vorschriften helfen da nur jenen, die durch zwanghafte Regeln und deren brave Befolgung professionell-erwachsene Verantwortung zu vermeiden suchen, um nur ja keine Schuld auf sich laden zu wollen. Doch schuldfrei bleibt nie, wer lediglich schweigt.

---

26 Der Name »Goldwater« bezieht sich auf den US-Senator und Präsidentschaftskandidaten Barry Goldwater, über den das Magazin Fact 1964 den Artikel »The Unconscious of a Conservative: A Special Issue on the Mind of Barry Goldwater« publizierte.

> **Praxistipp**
>
> Politisches Bewusstsein oder Politisierung als Abwehr?
>
> Auffälligerweise thematisieren nur wenige Patienten tagespolitische Ereignisse, setzen sich innerhalb der Psychotherapiestunden kaum mit globalen wie nationalen Entwicklungen auseinander, die sie mittelbar oder unmittelbar betreffen. Ihre Befindlichkeiten und Probleme scheinen unabhängig von der »großen Politik« zu sein. Dies ist sicher auch Ausdruck ihrer Symptomatik und ihres Leidensdrucks, der wenig Raum für einen *widening scope* lässt. Profitiert der Patient deutlich und neigt sich die Behandlung dem Ende zu, so kommt es öfter vor, dass Patienten politische Ereignisse kommentieren und sich mit ihnen in ihren Sitzungen auseinandersetzen. Die Erweiterung der Perspektive und der Interessen jenseits des eigenen Leids ist dabei sicher als positive Nebenwirkung einer Psychotherapie anzusehen.
>
> Doch natürlich geht es quasi auch »andersherum«: Patienten ergehen sich in weitschweifigen politischen Ausführungen, die von der Verantwortlichkeit für eigene Konfliktlagen ablenken und in der Gegenübertragung Ärger und Ermattung auslösen: Der Patient belehrt einen über politische Missstände, die man selbst aus Sicht des Patienten verkannte und über die man nunmehr onkelhafte Aufklärung erfährt. Bevor Verärgerung und Mattigkeit Überhand nehmen, kann man wertschätzend und zugleich kritisch zur therapeutischen Beziehung anmerken: »Ich sehe, dass Sie sich für politische Zusammenhänge interessieren. Doch wenn ich Sie so reden höre, scheint es, als ob Sie mir in dieser Hinsicht wenig zutrauen.« Nach Klärung der therapeutischen Beziehung kann man darauf verweisen, dass eine Psychotherapie die beklagten Verhältnisse nicht direkt beeinflussen kann: »Welche persönlichen Themen können wir hier bearbeiten?«

8 Das Persönliche ist politisch ...[27] – der globale Triumph des Irrationalen

Für den Triumph des Bösen reicht es, wenn die Guten nichts tun.
Edmund Burke

8.1 Die Renaissance narzisstischer Führungspersönlichkeiten

Seit dem Wahlsieg Donald Trumps als US-Präsidentschaftskandidat und seiner Amtsübernahme am 20. Januar 2017 versucht die Öffentlichkeit zu begreifen, wieso Millionen Amerikaner, darunter auch viele Wählerinnen, für einen Präsidenten stimmten, der sich mit seinem berüchtigten Satz aus dem Jahr 2005 empfahl: »Grab them by the pussy!« In dieser Hinsicht wenig wählerisch schwärmte Trump über Kim Jong-un auf einer Wahlkampfveranstaltung 2018: »Und dann haben wir uns verliebt. Okay? Nein, wirklich ... Er schrieb mir wunderschöne Briefe, es waren großartige Briefe.« (Die Presse 2018) Allerdings: Nur wenige Wochen zuvor hatte Trump seiner neuen Flamme noch mit dem Feuer atomarer Vernichtung gedroht.

Donald Trump gibt sich rassistisch, frauenfeindlich, isolationistisch, wechselt ständig seine Meinungen, ohne dabei Widersprüche aufzuklären, versteht offenbar weder die amerikanische Verfassung noch weltpolitische Zusammenhänge. Stattdessen gefällt er sich in ständigen Tweets, beschimpft, demütigt oder rempelt Medien und Landsleute gleichermaßen an wie Staatschefs westlicher Verbündeter. Nahezu täglich lügt der US-Präsident dreist und schamlos, worüber Glenn Kessler von der Washington Post penibel Buch führt (Stand April 2019): mehr als 10.000 falsche oder irreführende Aussagen seit Amtsantritt (Kessler et al. 2019). Er verspottet Opfer von Gewalt ebenso wie Behinderte, die er öffentlich nachäfft. Weshalb ihn zahlreiche Experten mit Diagnosen überhäuften, die von narzisstischer Persönlichkeit über pathologischen Narzissmus, narzisstisch-psychopathische Persönlichkeit bis hin zu dementieller Entwicklung – vermutlich in Kombination mit vorgenannten Diagnosen – reichen (vgl. Lee 2018). Derweil schaut die staunende deutsche Öffentlichkeit mehr oder weniger fassungslos über den Atlantik und zeigt sich schockiert über den erratischen, skrupellosen und emotional impulsiven Präsidenten.

---

27 » ... und das Politische persönlich«, lautete ein Spruch der Spontibewegung.

EINSAME ORTE

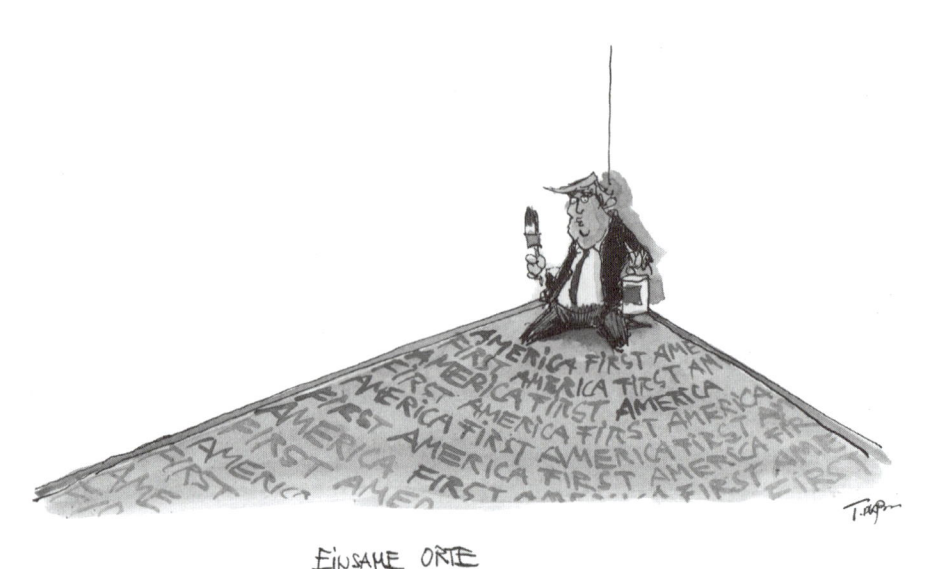

Abb. 8-1   © Thomas Plaßmann.

Doch der Blick in die Ferne täuscht. Denn dies ist beileibe nicht der einzige Fall geradezu verbohrter Irrationalität. Mit dem Brexit bahnte sich – lange vorhersehbar – eine europäische Katastrophe an, unter Vernachlässigung jeder Form von Vernunft, maßgeblich betrieben durch Boris Johnson. Johnson bedient sich wie Trump offenkundiger Lügen und kennt ebenso wie sein transatlantisches Pendant offenbar nur einen Programmpunkt auf seiner Agenda: sich selbst.

Das Virus narzisstischer Irrationalität hat längst auch Regierungen in Polen oder Ungarn fest im Griff, ist in Österreich mit der FPÖ als Koalitionspartner eine etablierte Größe, ebenso wie in Italien. Auf dem Balkan scheint dies nachgerade Teil der politischen Kultur zu sein. In Griechenland verschafft sich die neonazistische »Goldene Morgenröte« oder »Goldene Morgendämmerung« durch die Verwendung des Adjektivs »golden« eine narzisstische Aufwertung. Zum Gold der Morgenröte gesellt sich ihr Gegenteil: die Düsternis der Forderung nach Entrechtung von Ausländern, Menschen anderer Hautfarbe oder sexueller Orientierung und der Idealisierung »griechischen Bluts«.[28] In Brasilien wurde ein – ganz ähnlich wie bei Donald Trump im Vorfeld seiner Präsidentschaftskandidatur – lange nicht ernst genommener Rechtsextremist Präsident. Jair Messias (!) Bolsonaro verherrlicht Gewalt und die Militärdiktatur, ist gegen gleichgeschlechtliche Ehe, für die Rodung der Urwälder und gibt sich als Macho.

---

28   Eine dem Hämatologen unbekannte, aber im »völkischen« Vokabular aller Nazis feste Größe ist das nationale Blut, dem beständig – Zeichen seiner Verletzlichkeit oder Schwäche (!) – Verunreinigungen durch Fremdlinge droht. Totalitäre Führer und ihre Ideologien sind zwanghaft mit Verunreinigungen, Säuberungen und Operationen von Geschwüren am »Volkskörper« befasst – sodass Individualität im einzigen und vereinigenden »Volkskörper« untergeht.

8.2 Das stete Unbehagen in der Kultur

Kultur, Humanität, Menschenrechte und die Entwicklung der Künste beruhen auf Triebverzicht, Aufschub von Bedürfnissen, auf Anpassungsleistungen und der Notwendigkeit, Ambivalenz zu ertragen. Doch diese historischen Leistungen sind mit einem anhaltenden und unauflösbaren Unbehagen in der Kultur (Freud 1930) verbunden. Die Errungenschaften menschlicher Kultur verlangen uns Disziplin und Leistungsbereitschaft, Frustration, also Sekundärtugenden ab. Hinzu kommen die Herausforderungen der Aufklärung, die uns Eigenverantwortung, Vernunft und die Freiheit des Denkens und Urteilens zumuten. Triebverzicht, Anpassungsleistungen und Toleranz gegenüber Ambivalenzspannung öffnen die Pforten zu Humanität, lassen Vernunft walten, wo sonst ungezügelte Affekte und Impulse die Herrschaft übernehmen. Doch das Obwalten der Vernunft evoziert auch negative Affekte, namentlich durch Triebverzicht, zum Beispiel nicht über Gegner herzufallen oder hemmungslos eigenen Gefühlen freien Lauf zu lassen.

Die Rage der »Wutbürger« richtet sich gegen diese Zumutungen der Kultur: Ambivalenzspannung, unübersichtliche und letztlich undurchschaubare Folgen der Globalisierung. Kurz: Alle komplexen Probleme, die keine raschen und übersichtlichen Lösungen kennen, werden im rasenden Affekt durch befreiende Vereindeutlichung vermeintlich aufgelöst. Die Rage richtet sich gegen Vorläufigkeiten der Erkenntnis, gegen scheinbare oder tatsächliche Ungerechtigkeiten, lindert das Feuer des Ressentiments und die Glut der Ohnmacht, die sich gegen die etablierten Mächtigen wendet. Die Wut des Bürgers befreit von den Auferlegungen der Kultur, ihren Regeln und Beschränkungen. Radikalisierung räumt alle frustrierenden Grenzen durch explosive Affekte ab und macht sich selbst mit absoluten und vorgeblich befreienden Urteilen zum Maß aller Dinge. Anstelle von Ohnmacht angesichts globaler Entwicklungen, Komplexität der Konflikte mit der Unmöglichkeit rascher und simpler Erklärungen bietet die Rage die Rückeroberung von Kontrolle und die Verfügbarkeit einfacher Lösungen, in deren Besitz man sich fürderhin wähnt. Nicht Vernunft mit ihren oftmals quälenden Beschränkungen bestimmt das Erleben, sondern wütende Affekte vermitteln den Eindruck eigener Großartigkeit, weil alle vielschichtigen Problemstellungen der einen radikalen Antwort zu weichen haben. Sie ist es, die angesichts des Eindrucks eigener Hilflosigkeit und Kleinheit Wirkmächtigkeit und Größe wieder verleiht – auch und gerade wenn diese tatsächlich niemals bestanden.

Boris Johnson, Protagonist des irrational-ruinösen Brexit, und Donald Trump führen exemplarisch die Suspendierung kultureller Grenzen und Beschränkungen zugunsten eigener Großartigkeit und der ihrer Anhänger vor. Denn es geht weniger um die Protagonisten globaler Irrationalität: Letztlich spielt es keine Rolle, ob Donald Trump oder Boris Johnson auf einer narzisstisch-psychopathischen oder einer malignen narzisstischen Persönlichkeit hocken. Entscheidend ist ihr Verhalten und die Frage, wie gefährlich ihr Handeln ist:

- Inwieweit sind ihre polemischen Reden, ihre Lügen und ihr Handeln ansteckend? Sind solche Protagonisten Trendsetter, erfüllen also Modell- und Vorbildfunktion für ihre Anhänger und deren Handeln und Erleben?

- Oder: Inwiefern repräsentieren sie längst vorhandene latente gesellschaftliche Strömungen, an deren Spitze sie sich setzen und denen sie durch ihre spezielle Persönlichkeit zum Erfolg verhelfen? So gesehen handelt es sich um wechselseitige Verstärkungen. Die Frage nach Henne und Ei erübrigt sich, wenn man von einem interaktionellen Prozess zwischen Protagonisten und Followern ausgeht. Der diskursive Rahmen (Framing) des Sag- und Wahrnehmbaren droht sich in und durch populistische Äußerungen zu verschieben und diese rückwirkend wie künftig zu legitimieren.
- Welche unmittelbare politische Gefahr geht von Protagonisten wie Trump, Johnson, Erdoğan, Bolsonaro oder Putin, Duterte oder Le Pen, Gauland oder Höcke für den regionalen, innergesellschaftlichen und globalen Frieden aus?

Die sehr offenkundigen (und daher von breiten Wählerschichten akzeptierten) Akzentuierungen politischer Führerpersönlichkeiten repräsentieren teils bereits bewusste, oft noch unbewusste Ideen, Impulse und Affekte. Deshalb sind diagnostische Einschätzungen von Politikern gleich welcher Couleur abwegig, solange sie nicht auf direktem Wege auf ihre Jünger und Wählerschaft verweisen. Die eventuellen psychiatrischen Auffälligkeiten politischer Vertreter sind nur insofern von Bedeutung, als ihre Anziehungskraft auf soziokulturelle Strömungen verweist. Mit dem Auftreten jener Führerfiguren werden mit einem Mal die eigenen individuellen Hassimpulse, das Streben nach Großartigkeit und Überlegenheit gesellschaftsfähig: »Jede Gesellschaft hat die Schurken, die sie verdient.« (Albert Camus) In demokratischen Verfassungen werden die Schurken gewählt, teils im Bewusstsein, dass sie Schurken sind, teils in der Hoffnung, das politische System würde sich ob des »Denkzettels« in Richtung gerechter und transparenter Verhältnisse reformieren. Während das zweite Motiv immerhin noch Hoffnung auf gerechtere Bedingungen und eine Rückkehr zu Politik als Vertretung der Interessen des Volkes oder der Wähler durchschimmern lässt, ist das erste Motiv das der Rache, der Revanche und der Kanalisierung von Hass auf Teile der Bevölkerung – seien es Migranten, Juden, Muslime, Homosexuelle oder Empfänger von Sozialleistungen. Es sind somit zunächst Minderheiten, die die mehr oder weniger offene Diskriminierung trifft. Doch die selbstzerstörerische Dynamik totalitärer Systeme tendiert dazu, immer mehr Personengruppen zu produzieren, die in Haft, Gefängnis oder Lager enden, wie die aktuelle Entwicklung in der Türkei offenbart.

8.3 Wir sind Gott

Ein wesentliches Moment der geradezu magischen Anziehungskraft liegt in der narzisstisch aufgewerteten Macht der Aussagen über das, was im nächsten Moment Realität zu sein scheint: Wenn beispielsweise Donald Trump behauptet, der Inaugurationsfeier seiner Präsidentschaft hätte die größte Menschenmenge beigewohnt, die jemals an einer solchen Feier teilnahm, so ist diese Aussage zwar objektiv falsch, wie die medialen Bilder belegen. Doch die »alternative facts«, von

8.3 Wir sind Gott

der Kellyanne Conway am 22. Januar 2017 sprach[29], scheinen die Wirklichkeit zu verändern: Wahr ist, was man behauptet. Das eigene Wort hat magische Kraft. Alles, was man sagt und behauptet, scheint sich im gleichen Moment in Realität zu verwandeln. Es ist quasi wie im Märchen, »als das Wünschen noch geholfen hat«: Wie beim alttestamentarischen Gott ist das Wort die Macht, die die Wirklichkeit verändert.[30]

Am 18. Februar 1943 erhielt Joseph Goebbels mit seiner berüchtigten Sportpalastrede die fanatische Zustimmung zum totalen Krieg durch ausgewählte Zuhörer – bereits zu diesem Zeitpunkt des Zweiten Weltkrieges bar jeder Vernunft und ohne jede vernünftige »Erfolgs«aussicht. Doch hinderte dies seine Zuhörerschaft keineswegs am frenetischen Beifall – stellvertretend für die Vielen der deutschen Bevölkerung: Irrationalität und die Preisgabe von Selbstreflexion und Selbstkontrolle üben eine magische Anziehung aus, da sie von allen Zwängen der Kultur befreien und der ekstatischen Hingabe an destruktive Affekte und Handlungen Tür und Tor öffnen. Das Selbst wird großartig aufgeblasen, alles ist möglich, jede Art von Beschränkung ist aufgehoben: Man ist Gott. Allerdings, so wäre zu ergänzen, ein alttestamentarischer Gott: Man teilt die Welt in Tag und Nacht wie Jahwe in der Genesis, in gut und böse, schwarz und weiß und gibt die so Verdammten der scheinbar gerechten Vernichtung preis. Es gibt keine Nuancen, die Ambivalenzen auslösen und ein Innehalten erforderten. Die eigenen Urteile sind absolut. Man ist Gott geworden. Der kürzlich verstorbene schwedische Schriftsteller und Universalgelehrte Lars Gustafsson merkt hierzu an, wenn Gott Mensch geworden sei, dann müsse umgekehrt auch gelten, dass ein Mensch Gott geworden sei (Gustafsson 2011). Die gefährlichen Implikationen dieses einleuchtenden Umkehrschlusses liegen in der narzisstischen Großartigkeit, die damit verbunden ist.

Götter sind kontextuale Projektionen ihrer Schöpfer – der Menschen einer jeweiligen kulturellen Epoche. Der alttestamentarische Jahwe war bereits durch geringste Kränkungen in narzisstische Rage versetzt. Von einem pathologischen Narzissten wandelte er sich im sogenannten Neuen Testament zu einem milderen Gott, der immerhin auch partielle Barmherzigkeit kennt – allerdings lediglich bis zum jüngsten Gericht, wo erneut nur das absolute Urteil zählt und über ewiges Leben oder ebensolche Verdammnis entscheidet: Der Boden, auf dem Gott sich

---

29 Conway würgte den Begriff der »alternative facts« fast heraus, sie überwindet offenbar eine immerhin noch vorhandene innere Hemmung, die sich gegen die unverschämte Manipulation von Realität und Zuschauern wendet. (www.youtube.com/watch?v=VSrEEDQgFc8)

30 Im Johannisevangelium ist es das Wort, das die Wirklichkeit erschafft. Goethes Faust zweifelt an dieser Interpretation, indem er bei der Übersetzung des Textes statt »Wort« zunächst »Sinn« wählt, dann »Kraft« und schließlich »Tat« (1994, Verse 1224–1237). Diese letzte Interpretation käme Trumps raschen Tweets nahe, die bar jeder Vernunft auf Handeln setzen.

bewegt, ist dünn: Der christliche Gott läuft jederzeit Gefahr, in seinen narzisstisch-alttestamentarischen Urzustand zu regredieren.[31]

Projektionen ins vermeintlich Göttliche spiegeln den labilen jeweiligen Entwicklungsstand menschlicher Kultur wieder, die stets droht, in totalitäre Verhältnisse zurückzufallen. Mit dieser Regression ist die grenzenlose Rage verbunden, die Jahwe bei seinen Völkermorden auszeichnete und die Männer und Frauen, Alte und Kinder unterschiedslos traf (vgl. Saramago 2011). Die angeblichen oder tatsächlichen Verfehlungen einzelner Gruppen oder Völker dienten ihm als Rechtfertigung für die Vernichtung ganzer Städte oder Völker. Ähnlich instrumentalisieren die neuen Rechten einzelne Straftaten von Migranten (zum Beispiel die sogenannte Kölner Silvesternacht) für die Verdammung aller Migranten und Fremden. Der Hass richtet sich vernichtend auf jede Art von Abweichung. Doch Abweichung und Differenz sind Merkmal jeder Individualität. Rechte Ideologien richten sich gegen Individualität zugunsten einer Uniformität, die niemals erreicht werden kann, weil es stets andere Meinungen, Haut- oder Haarfarben, ethische Einstellungen, sexuelle Präferenzen oder Orientierungen religiöser Grundsätze gibt. Deshalb hören die sogenannten Säuberungen niemals auf, richten sich mithin gegen immer mehr Mitglieder einer Gesellschaft: Die rechte Revolution frisst sich selbst und ihre Mitglieder auf. Das Endergebnis (die »Endlösung«) wäre eine menschenleere Welt, die einzig die Gewähr bietet, keinerlei Abweichungen mehr zu besitzen.

Im Jahr 2017 zeigten Forscher der Universität Washington, dass sie aus dem vorliegenden Material von Reden des Ex-Präsidenten Barack Obama mittels entsprechender Programme Reden nach Beliebigkeit lippensynchron konstruieren konnten, die von echten Reden Obamas kaum noch zu unterscheiden waren (Schoen 2017). Aus tatsächlichen Äußerungen Prominenter können Exzerpte hergestellt werden, die aneinandergefügt alle möglichen Äußerungen mit realen Mundbewegungen, Mimik und Gestik der »Darsteller« kombinieren und so eine neue Realität schaffen. Die verwendeten Schnipsel lassen ununterscheidbar den Auftritt eines Politikers, Künstlers oder einfachen Bürgers völlig real erscheinen, obwohl das Video ein kompletter Fake ist – erstellt von Fans oder Feinden, Trolls oder begabten anonymen Hassbotschaftern. Immer echter lassen sich Köpfe und Körper beliebiger Personen in gesellschaftliche Kontexte, politische Statements ebenso wie in einen Hardcore-Porno einbauen. Damit entfällt ein wesentliches Moment der Realitätskontrolle, nämlich die Möglichkeit, Nachrichten auf ihren Realitätsgehalt zu überprüfen. Realität wird beliebig, je nachdem, welches Medium und welche besondere Quelle man auswählt. Nachrichten werden beliebig herstellbar. Künftig kommt es auf die Auswahl der Medien an, denen man

---

31 In Ermangelung einer der Aufklärung vergleichbaren Entwicklung hat der muslimische Allah leider noch nicht diese förderliche Entwicklung durchschritten. Doch unterscheidet diese Strömung des Islams sich nicht von fundamentalistischen Christen des sogenannten Bibelbelts der USA, wo Darwins Theorie der Entstehung der Arten zugunsten der sogenannten Schöpfungsgeschichte infrage gestellt wird.

vertraut.[32] Immer weitere Teile der Bevölkerung besorgen sich Informationen über das Internet. Dies wird künftig zu sehr divergierenden Communities führen, die über ihre je eigene Nachrichtenlage zu verfügen scheinen, obgleich gerade jenseits öffentlicher Medien kaum eine Instanz den Behauptungen Fakten gegenüberstellt. Ist wahr, was in Internetportalen dargestellt und behauptet wird? So wird bisheriges Wissen und erworbene Erfahrungen immer mehr mit der Prüfung von Medienvertretern zu tun haben.

8.4 Alternativlos: Die Herrschaft der Sachzwänge

In den 1970er Jahren begann die neue rot-gelbe Koalition unter Willy Brandt und Walter Scheel mit einer neuen, verständigungsorientierten Ostpolitik. Brandts Gegenspieler, der CDU-Politiker Rainer Barzel, argumentierte vehement gegen diese Ostpolitik, die schließlich in einer Anerkennung der DDR mündete. Die deutsche Nachkriegsgesellschaft erlebte heftige politische Debatten, die nahezu alle Bürger bewegten. Die Alternativen waren, die Grenzen der Bundesrepublik anzuerkennen oder auf jenen des Deutschen Reiches von 1933 zu beharren und den Anspruch der Vertriebenen auf Rückkehr und Wiederinbesitznahme ihrer verlorenen Güter aufzugeben oder aufrechtzuerhalten. Symbolisch erfuhr diese Spaltung der westdeutschen Gesellschaft ihren Höhepunkt durch Bundeskanzler Willy Brandt, der vor dem Mahnmal des Warschauer Ghettos im Dezember 1970 niederkniete – eine Demutsgeste, die von rechten Kräften als Kniefall diffamiert wurde.

Nach den heftigen und emotionalen Debatten dieser Jahre entwickelten die späteren SPD-Kanzler Helmut Schmidt und Gerhard Schröder eine pragmatische Politik: Schmidt verspottete visionäre Entwürfe mit den Worten »Wer Visionen hat, sollte zum Arzt gehen«. Dabei sind es gerade Visionen, denen ein produktives Potential (in) der Überschreitung etablierter Rahmungen innewohnt. Schröder (1997) wiederum leugnete jede Form von Alternativen, indem er davon sprach, es gebe nur noch eine moderne oder unmoderne Wirtschaftspolitik – wer will schon unmoderne Politik?! Damit war der mittlerweile so beliebte Begriff der Alternativlosigkeit geboren: der Verlust engagierter Debatten und des Ringens um sinnvolle Alternativen oder kreative Zukunftsentwürfe. Die sogenannten Volksparteien, CDU/CSU und SPD, drängen sich seitdem um eine illusionäre politische Mitte, eine mittige Mitte, die sie wie Schiffbrüchige auf einer schmelzenden Eisscholle immer enger und ununterscheidbarer zusammenrücken lässt. Konsequente Folge ist die Krise der Volksparteien mit ihrem kontinuierlichen Verlust an Stimmanteilen.

Der Verlust visionärer Zukunftsentwürfe lässt Politik inhaltsleer erscheinen. Konsequenterweise füllen diese Leere nicht etwa die vormaligen Charismatiker

---

32 Zugleich wird die Glaubwürdigkeit etablierter Medien durch Fälschungsskandale wie des Spiegeljournalisten Claas Relotius erschüttert.

mit ihren politischen Programmen, sondern Egomanen, denen es an Inhalten fehlt, die sie durch ihr kritikresistentes Größenselbst zu ersetzen suchen. Dies findet auch sprachlichen Niederschlag: Seit einigen Jahren taucht in fast jedem politischen Statement die Formulierung »Ich habe deutlich gemacht« auf. Doch tatsächlich korrespondiert die Redewendung mit ihrem Gegenteil: Politische Inhalte werden vage oder eben undeutlich expliziert, ihre Repräsentanten verlieren sich in wolkigen Erklärungen. Der politische Diskurs entleert sich, weshalb es umso nötiger wird, irgendetwas deutlich zu machen, was die Identität der Volksparteien unterscheidet.

Die Darstellung politischer Entscheidungen als »alternativlos«, wie im vorgenannten Schröder-Zitat, ist per se totalitär. Denn damit verliert die Demokratie ihre Berechtigung. Demokratische Entscheidungsvielfalt schrumpft auf jene eine vorgeblich richtige Variante und wird obsolet. Der Souverän, der votierende Bürger, wird zum Hansel degradiert, der bestenfalls für die richtige Option votiert – in Ermangelung seiner intellektuellen Einsichtsfähigkeit (die jene, die ihm die Entscheidung großzügigerweise überlassen, natürlich besitzen). Verdeutlichung würde in Wahrheit politische Unterschiede betreffen, nämlich Wahlmöglichkeiten über die eigene wie die gesellschaftliche Zukunft durch Entscheidungen zwischen echten Alternativen. Doch da diese angeblich nicht existieren, wird logischerweise auch die Wahl selbst, die Demokratie hinfällig zugunsten technokratischer Verwaltung der Sachzwänge.

Da es angeblich keine Alternativen gibt, kämpfen keine charismatischen Führungspersönlichkeiten mit ihren Visionen um Mehrheiten. Vielmehr erfordern angebliche Sachzwänge Technokraten, die die Verwaltung der Gegebenheiten mehr oder weniger gekonnt übernehmen. Willy Brandt, Walter Scheel oder Rainer Barzel waren in ihrer Art charismatisch, sie standen für politische Inhalte, nicht für das eigene Ego. Das Ego diente der Vision – ob sie nun visionär oder rückwärtsgewandt war. Doch spätestens seit Gerhard Schröder – dem Medienkanzler – ersetzte das Ego programmatische Botschaften. Der Darsteller wurde das Programm.[33] Wo vormals die Persönlichkeit der politischen Repräsentanten die Politik verkörperte und die Persönlichkeit der Vision diente, ist es nun umgekehrt: Die Vision ist – in Ermangelung programmatischer Inhalte – die eigene Größe; etwaige Restinhalte haben dem Ego der Protagonisten zu gehorchen: Performance ersetzt Konzepte.

Dabei wähnt sich die politische Elite (oder wenigstens jene, die sich dafür halten) als Sachwalter eines höheren Sachzwangs, dem sie gehorcht. Die deutliche Parallele zu den sogenannten Stellvertretern Gottes auf Erden, die sachwalten, was die höhere Macht fordert, sich aber der Vernunft des Menschen im Zweifel entzieht (»Der Mensch denkt, Gott lenkt«), drängt sich auf. Politiker der Volksparteien werden zu den Hohen Priestern des Sachzwangs, sie obwalten ein quasi göttliches Prinzip, das keine menschliche Gestaltungsmöglichkeit mehr zulässt

---

33 Pointiert auf den Punkt gebracht im sogenannten Kanzler-Song oder Steuer-Song von Elmar Brandt (https://www.youtube.com/watch?v=mV5r7SwS-YY)

8.4 Alternativlos: Die Herrschaft der Sachzwänge

und nur noch richtige oder falsche Politik, Versündigung an den Notwendigkeiten oder Demut gegenüber der Alternativlosigkeit kennt.

Dies ist die Geburtsstunde der Verhöhner von Technokraten und Demokratie, der Polemiker, die der Langeweile der Alternativlosigkeit ihre radikalen Vorschläge und den öden Sachzwängen ihre affektgeladenen Botschaften entgegenstellen. Es sind die visions- und emotionslosen Sachverwalter, die die affektgeschüttelten Trumps und Gaulands, die Bolsonaros und Salvinis hervorbringen. Sie repräsentieren eine Empörung gegen den reibungslosen Politikbetrieb, der keinen Diskurs mehr kennt und sich mit der Verwaltung der Macht eingerichtet hat. Doch ironischerweise sind sie gerade jene, die Vielfalt und Gestaltungsmöglichkeiten, wenn es um Migration, Toleranz und Minderheiten geht, leugnen und nur eine Lösung zulassen.

Exkurs

Totalitarismus und die Grundlage unseres Berufs
Die Verehrung des Irrationalen und das Ausleben entgrenzter Affekte richten sich gegen die »leise Stimme des Intellekts«, von der Freud fand, »… sie ruht nicht, ehe sie sich Gehör verschafft« (Freud, 1927, S. 186). Die Explosion des Irrationalen ist nicht nur eine Attacke gegen Humanität und Kultur; sie richtet sich zugleich gegen die Grundwerte unserer Berufsausübung. Und deshalb sind wir gefordert, uns einzumischen, unsere Stimme zu erheben und als Experten Stellung zu nehmen. Morde an Regimekritikern wie mutmaßlich durch Putin oder Saudi Arabien angeordnet oder wenigstens geduldet, durch Trumps verbale Attacken an Journalisten (Lee 2018) stimuliert und jedes Jahr in zahlreichen Ländern exekutiert stellen die Grundlage freien Denkens, der freien Assoziation nicht nur infrage. Meinungsäußerung wird in vielen Regionen der Welt, auch in Deutschland, zur existenziellen Gefahr.
Um unseren Beruf ausüben zu können, benötigen wir mit unseren Patienten die Sicherheit, uns frei in unserem Denken bewegen und uns ebenso frei äußern zu können. Nur dann lassen sich neurotische von realen Ängsten unterscheiden. Das ist der Grund, weshalb die globale Entwicklung zu Totalitarismus, Unfreiheit, Zensur, Medienbeschimpfungen und sogenannten Shitstorms mit anonymen Bedrohungen die Grundlagen unseres Selbstverständnisses existenziell bedrohen. Und deshalb ist Schweigen mit dem Hinweis auf Neutralität, Zurückhaltung oder falsch verstandene Abstinenz (siehe Hilgers 2018, S. 3f.) nicht die Lösung, sondern Teil des Problems.
Entfesselte Affekte und herabsetzende Entwürdigungen verwandeln »andere« in böse, moralisch schlechte, minderwertige und entmenschlichte Objekte. Die Aufklärung – Grundlage unserer Profession – mit ihrer zentralen Forderung nach Vernunft und Verantwortung erscheint antiquiert, Besonnenheit, Selbstreflexion, Bescheidenheit und Solidarität, nämlich Gerechtigkeit, drohen verloren zu gehen. Doch das sind genau jene Parameter, die der Psychotherapie zugrunde liegen und sie und ihr Gelingen zur Voraussetzung haben. Und die wir zu oft zu fraglos voraussetzen. Angesichts epochaler Entwicklungen von Illiberalität, Ressentiments und destruktivem Narzissmus laufen wir als Psychotherapeuten nicht nur Gefahr, in den Strudel totalitären Denkens hineingezogen zu werden, wie dies bereits zu Zeiten des Nationalsozialismus geschah. Wir würden uns auch erneut in jene Nische verbannen lassen, aus der wir uns nach und nach befreiten.
Kaum etwas geht uns mit unserer Profession also mehr an als die aktuellen politischen Entwicklungen hin zu Totalitarismus mit destruktiven Zugriffsansprüchen auf Individualität: Das sind banale Dinge wie die Gesundheitskarte (ein weiteres Beispiel für den Neusprech alterna-

tiver Fakten) und die Telematik des Gesundheitssystems, die Anspruch auf grenzenlosen Zugriff auf persönliche, individuelle Daten erheben. Da diese wie alle Daten über kurz oder lang gehackt und geleakt werden, wird individuelle Abweichung zur öffentlichen Sache des Internets – Intimität zur Bedrohung, Anpassung und Normopathie zur scheinbaren Rettung vor globaler Bloßstellung. Gibt es bessere Gründe, sich als psychosozialer Experte zur Wehr zu setzen und sich zu empören?

8.5 Narzisstisch-totalitäre Entwicklung in Deutschland

Das anhaltende Kopfschütteln über einen offenkundig dem Amt nicht ansatzweise gewachsenen US-Präsidenten mit der vormaligen euphorischen Idealisierung seines Vorgängers, Barack Obama, täuscht über parallele Entwicklungen hinweg, die hierzulande und darüber hinaus global längst begonnen haben. Ist der US-Amerikaner Trump nicht einfach der prominenteste Trendsetter eines ubiquitären Politikstils? Historische Tyrannen wiesen ebenfalls Merkmale auf, die Donald Trump exhibitionistisch an den Tag legt. Und so ist Trump nicht etwa ein Irrtum der Geschichte oder seiner Anhänger und Wähler, sondern so etwas wie das leichte Erdbeben, das dem Vulkanausbruch vorausgeht.

Leute wie Trump, Gauland oder Höcke sind nicht nur strategisch denkende unverschämte Grenzverletzer von Regeln, die bis dato Tabucharakter hatten. Sie sind immer auch Trendsetter, verschieben Normen und stoßen damit einen wechselseitigen sozialpsychologischen Prozess an. Wenn es möglich ist, öffentlich zum Beispiel Migranten zu diskriminieren oder den Nationalsozialismus als Vogelschiss der deutschen Geschichte zu bezeichnen (beim Bundeskongress der Jungen Alternativen am 02.06.2018), werden damit Werte infrage gestellt, verändert und neue Normen etabliert, die regeln, was man doch wohl noch sagen darf. Es handelt sich um eine performative Verschiebung von Normen und Werten: Indem man sagt, was man sagt, scheint man es künftig weiterhin sagen zu dürfen.

Ohne Zweifel, der Tabubruch ist für jene, die ihn regelmäßig begehen, lustvoll: Die auf Tabubrüche fast folkloreartig erfolgende Empörung ihrer Gegner, der Aufstand der Demokraten, wie es dann heißt, vermittelt den Provokateuren das Gefühl von Macht über etablierte Kräfte und Parteien: Man ist im Besitz der Deutungshoheit, Speerspitze einer innovativen Minderheit[34] oder bereits Sprachrohr einer schweigenden Mehrheit, als deren starker (rechter) Arm man sich erlebt.

---

34 Während man sich in Deutschland bei radikalen Rechten als »innovative Elite« fühlen dürfte, sind die Verhältnisse in den USA, der Türkei oder anderen Ländern eher dadurch geprägt, dass man sich als schweigende, mitunter auch brüllende, in jedem Fall aber Mehrheit erlebt.

8.5 Narzisstisch-totalitäre Entwicklung in Deutschland

Praxistipp

Was tun bei rechtsradikalem Tabubruch?

Das Dümmste, was man angesichts eines gerade erfolgten rechtsradikalen Tabubruchs tun kann, ist selbstgerechte Empörung zu zeigen: Indem man dies tut, pflegt man den eigenen Narzissmus, denn man vergewissert sich selbst, eventuell mit Gleichgesinnten auf der richtigen, der gerechten und guten Seite zu stehen. Je emotionaler die Entrüstung, desto größer die Wirkung auf der Gegenseite. Der strategische Supergau ist von Geschrei begleiteter Auszug aus Gremien, Parlamenten, Arbeitsgruppen oder Teams. Denn damit haben rechte Provokateure die Macht gewonnen, jederzeit darüber zu bestimmen, wer noch im Raum bleibt oder ihn verlässt. Diejenigen, die sich vermeintlich auf der guten Seite des Koordinatensystems der Werte befinden, werden zu albernen Marionetten, deren Fäden rechtsextreme Hetzer ziehen: Entrüstungsfolklore steigert den lustvollen Machtgewinn der Gegenseite. Wie also reagieren?

Bereits die Frage suggeriert, dass man sich in einer reaktiv-defensiven Position befindet. In gewissen Fällen empfiehlt es sich, Tabubrüche und Provokationen rechter Protagonisten zu antizipieren: »Ich sehe Ihnen an, dass Sie gleich wieder in Ihrem Beitrag nicht umhinkönnen, alle Migranten in einen einzigen kriminellen Topf zu werfen.« »Darf ich Ihren nächsten Wortbeitrag schon vorwegnehmen und annehmen, dass Sie gleich bei der von Ihnen fantasierten Umvolkung höchste Erregung exhibitionieren werden?«

In anderen Fällen, wie bei erfolgtem oder zu erwartendem Tabubruch, ist nicht Emotionalisierung, sondern ihr Gegenteil, kühle Analyse angezeigt. Es geht nicht um hitzige, sondern kühle oder fast gelangweilte Aggression – mit Intelligenz. Kühler Verstand analysiert Aussagen und ihre Konsequenzen, analysiert vor allem die Affektlage der Gegenseite, statt sich ihr selbst hinzugeben. Denn dann beschimpft man nicht nur die Protagonisten, sondern auch ihre Anhänger, die sich ein weiteres Mal von »denen da oben« beschämt, gedemütigt und unverstanden fühlen werden. Das aber ist immer noch die beste fremdfinanzierte und -geleistete Promotion für jene, die man glaubt zu bekämpfen, während man sie in Wirklichkeit fördert. Sorgen und Nöte, Ängste und Bedürfnisse der Wähler und Anhänger sind ernst zu nehmen, gerade wenn man sie nicht teilt. Jede Art von Beschämung ihnen gegenüber kommt direktem Wahlkampf für alle rechten Gruppierungen gleich. Befindlichkeiten und Ängste sind subjektiv immer real, ihre sachlichen Hintergründe jedoch nicht zwangsläufig. Ein sozialphobischer Mensch fürchtet ständig Ablehnung. Seine Angst ist massiv vorhanden, die soziale Ablehnung in den meisten Fällen jedoch nicht. Die Behandlung besteht mitnichten im Abstreiten der Ängste des Patienten, sondern im Abgleich dieser Ängste mit der Realität des sozialen Umfelds.

Glücklicherweise fehlen in der Bundesrepublik bisher jene smarten Typen in coolen Klamotten (historisch oftmals Uniformen), die ihrer Hetze einen erotischen Nachdruck zu verleihen suchen. Hass – als entgrenzte Aggression – und ihr Antagonist, Sex, wären die perfekte Mischung, um die narzisstische Botschaft von Großartigkeit und Hemmungslosigkeit zu transportieren. Alexander Gaulands offenbar unzerstörbares grünes Sakko mit Hundekrawatte taugt hierfür ebenso wenig wie seine weiblichen Pendants, die durch Grau im Gesicht und in der Ausstrahlung imponieren. Ganz anders die Nazis der ersten Generation, die mittels Fantasieuniformen, Grandezza und Stil zu imponieren suchten. Ihr Narzissmus gebar Albert Speers monumentale Architektur als Ausdruck eines Anspruchs auf Großartigkeit, gegenüber dem die deutschen Rechten heute spießig erscheinen.

Noch. Speer stand für ein neues Lebensgefühl, eine Vision, die die Nazis zu vermarkten wussten. Bisher fehlt das allen deutschen Rechtsextremisten.

Die Macht der alternativen Fakten bedient sich wesentlich auch der neuen elektronischen Medien. Durch sie entsteht ein paralleles Universum, in dem neue Realitäten von jeder Person durch gefälschte Dokumente, Behauptungen oder Fake News geschaffen werden können.[35] Auch wenn es sich teilweise um Einzelpersonen handelt, die twittern, Videos ins Netz stellen oder sich in Chatrooms zusammenfinden, es entsteht eine neue virtuelle Welt, die sich selbst durch die eingestellten Äußerungen bestärkt. Die kategorialen Unterschiede zwischen virtueller und realer Welt verfransen und werden zunehmend brüchig. Jenseits sogenannter Lügenmedien versichert man sich großgruppendynamisch und weitgehend anonym einer neuen Realität, die sich jeder Art von Lüge, Realitätsverzerrung oder schlichtweg Fakes bedient und diese durch die zahlreichen Unterstützer, Follower oder anderer Quellen und Autoren zur neuen, wahren und angeblich ungeschönten Realität formt. Eine weitgehend anonyme Community versichert sich gegenseitig ihrer alternativen Fakten. Der dabei notwendige unablässige Zorn der Twitterer und Follower, die sich durch die sogenannte Lügenpresse und eine aufgeklärte Öffentlichkeit infrage gestellt sehen, richtet sich gegen Realitätsprüfungen und Faktenchecker, mit dem Ziel, die eigenen Meinungsäußerungen als einzig wahr darzustellen. Wer widerspricht, wird zum persönlichen Feind, nicht zum politischen Gegner: Individuen werden mit Inhalten gleichgesetzt: Die Ablehnung einer Meinungsäußerung trifft auf direktem Wege ihren Vertreter.

Exkurs

Triangulierung und der Dritte
Triangulierung bezieht sich nicht nur auf eine ödipale Dreieckssituation im frühen Kindesalter und setzt auch nicht zwingend lediglich drei betroffene Personen voraus. Gelungene Triangulierung löst Dualbeziehungen durch die Existenz und die Attraktivität einer dritten Person – historisch in der Psychoanalyse der Vater – auf: Die die Autonomie behindernde Dualbeziehung »Mutter – Kind« in ihrer nicht mehr förderlichen und durch Konflikte zunehmend destruktiv verlaufenden Form wird durch den hinzutretenden Vater entschärft: Es gibt eine weitere Perspektive, eine weitere Person, und nicht alles hängt vom Gelingen der Mutter-Kind-Beziehung ab. In Zeiten von Patchworkfamilien sind sehr verschiedene Besetzungen der Rolle von Dritten möglich, zumal sich viele Väter gern und von Anfang an um ihre Kinder kümmern. Die Bedeutung der Triangulierung liegt in der Entschärfung und Entemotionalisierung von Konflikten. Ein sich streitendes Paar verfällt in der Regel in den »Du-Modus«, das heißt man argumentiert gegeneinander, macht Vorwürfe, greift den Partner an oder zieht sich auf eine »Ich-Position« zurück. Damit verbunden ist die Gefahr rascher Eskalation, gegenseitiger Verletzungen und wechselseitigen Hasses, also der mehr oder weniger bewusste Versuch, den anderen zu verletzen. Konstruktive Aggression, der Versuch, Dinge offen anzusprechen und zu Klärungen oder Lösungen zu kommen, bleibt demgegenüber auf der Strecke. Argumentieren

---

35 Jene, die beständig Fake News und die angeblich lügende Presse anprangern, sind die Hauptproduzenten dessen – eines Missstands, den sie perfide wort- und tränenreich beklagen.

8.5 Narzisstisch-totalitäre Entwicklung in Deutschland

beide im »Wir-Modus«, wozu man Paare in Beratungen anleiten sollte, nehmen sie eine gemeinsame Perspektive ein. Beide schauen in die gleiche Richtung auf ein Problem, einen Konflikt, kurz auf etwas Drittes. Die gemeinsame Perspektive schließt wechselseitige Vorwürfe nahezu aus, beide befinden sich in einem Diskurs, der sehr unterschiedliche Meinungen beinhalten kann, jedoch prominent mit der grundsätzlichen Fragestellung: »Wie schaffen wir das, wie lösen wir dieses Problem?« Die Existenz des definierten Dritten schützt das Paar vor destruktiven Auseinandersetzungen, die zur Vernichtung der Paarperspektive, mithin zur Trennung führen können.

»Merkel muss weg!« identifiziert hingegen eine Person als das Problem: Konflikt, Problem, Missstand oder Meinungsdifferenz werden mit einer Person oder Gruppe gleichgesetzt, was zu der letztlich mörderischen Forderungen führt, die Person müsse weg. Hasstiraden, Drohungen und Verwünschungen (gegenüber Frauen oft angedrohte Vergewaltigungen) in den neuen Medien sind Ausdruck des Mangels an Triangulierungsfähigkeit. Die Ermordung des Kasseler Regierungspräsidenten Walter Lübcke durch einen mutmaßlichen Rechtsextremen ist hierfür ein trauriges Beispiel.

Der entscheidende Unterschied zwischen der Beseitigung eines Problems und der einer Person besteht in der Identifizierung der Ursache in einer Person oder Gruppe. »Merkel muss weg« schweißt zusammen gegen einen gemeinsamen persönlichen Feind, statt gegen eine Politik, die durch Personen vertreten wird. Der Wegfall des Dritten, nämlich der angefeindeten Politik, führt auf direktem Wege zur Anfeindung der Person.

Da dieses Phänomen bei den neuen Rechten besonders verbreitet ist, trifft sie das Defizit, die Person zu schonen und das Thema engagiert zu debattieren, natürlich selbst immer wieder: Vernichtende Machtkämpfe, Intrigen und schonungslose Entfernungen (»Weg!«) von Führungspersönlichkeiten pflastern den Weg der deutschen rechten Bewegungen. Allerdings führt auch die Inhaltslosigkeit und Ununterscheidbarkeit der sogenannten Volksparteien auf direktem Weg zu mehr oder weniger destruktiven Personaldebatten – in Ermangelung diskursiver Inhalte. Bestes Beispiel ist die SPD, die im Zeitraum von 1990 bis 2019 15 Vorsitzende (inklusive kommissarische Vorsitzende) hatte. Zählt man die auf Andrea Nahles folgende Interimsspitze aus drei kommissarischen Leitern mit, kommt man bereits auf 18. In immer schnellerer Taktung tauscht die SPD ihre oder ihren Chef aus – und das mit ebenso wachsender Brutalität.

Die Preisgabe beinahe jeder politischen Positionierung führt zu bizarren, letztlich aber unvermeidlichen Personaldebatten mit narzisstischem Charakter: Martin Schulz führte als Präsident das Europäische Parlament von 2012 bis 2017 zu einer bis dato unbekannten Macht- und Einflussrolle. Seine vielsprachige Kompetenz (Schulz spricht fünf Fremdsprachen) bewies er als Europapolitiker, und so wurde er zum Projektionsschirm für die Hoffnungen einer bereits am Boden liegenden SPD, die ihn am 29. Januar 2017 mit einem dem sowjetischen Kreml würdigen Ergebnis, nämlich einstimmig, mit 100 % der abgegebenen Stimmen, zum Parteivorsitzenden und Kanzlerkandidaten wählte. Kurzfristig stieg die SPD und besonders ihr Spitzenkandidat in der Wählergunst der Umfragen, Schulz überrundete Angela Merkel in den Beliebtheitswerten. Mit Schulz verband man die Hoffnung auf innovative sozialpolitische und europäische Inhalte. Doch der Hype endete im Klein-Klein, im narzisstischen Absturz. Denn die Berliner SPD-Zentrale bewarb Schulz nicht etwa mit seiner strahlenden Kompetenz als Europäer, als machtvollen Ex-Präsidenten. Schulz wurde zum Mann aus Würselen degradiert, mit einer zweifelhaften Vergangenheit als Alkoholiker ohne akademischen Abschluss. Ohne Not beraubte man Schulz seines politischen Profils, der sich seinerseits wiederum von den Berliner Sozis in immer weniger klare Positionen manövrieren ließ, die die Ununterscheidbarkeit der SPD als politische Alternative erneut zementierte. Der narzisstischen Idealisierung folgte der jähe Absturz in die persönlich-politische Verdammnis. Am Ende ging es nur noch darum, ob Martin Schulz Außenminister in einer schwarz-roten Koalition werden könne. Diese rein auf die Person zugeschnittene Debatte endete zwangsläufig in der völligen Zersetzung seiner Glaubwürdigkeit (ebenso brillant wie ausführlich dargestellt bei Feldenkirchen 2018).

Martin Schulz und die SPD verkörpern den völligen Verlust politischer Inhalte und Koordinaten mit der Folge kurzfristiger Idealisierung eines Spitzenkandidaten, dessen rascher und jäher Absturz in die Negatividealisierung ebenso folgerichtig ist. Eine ähnliche Dynamik weist die euphorische Begrüßung der ersten Flüchtlingswelle in der öffentlichen Meinung auf. Doch spätestens durch die Enttäuschungen und Desillusionierungen aufgrund der sog. Kölner Silvesternacht verwandelte sich die initiale Idealisierung ins Gegenteil: Der narzisstischen Idealisierung der guten und armen Flüchtlinge folgte ihre Verunglimpfung.

8.6 Ungerechtigkeit und die Entwicklung von Ressentiments

Vielleicht war es der Vorstandssprecher der Deutschen Bank, Hilmar Kopper, der am 21. April 1994 einen Vorgeschmack auf Verhältnisse liefern sollte, die den Nährboden für den Aufstieg von demagogischen Hetzern bietet, als er angesichts eines 60 Millionen Verlusts seines Bankhauses wegen der Milliardenpleite des Immobilienunternehmers Jürgen Schneider die Öffentlichkeit mit dem Satz vor den Kopf schlug: »Wir reden hier eigentlich von Peanuts.« In jenen Tagen, als die Deutsche Bank noch gut im Saft stand, war der Verlust objektiv verkraftbar; nicht zu verkraften war jedoch die monströse Ignoranz angesichts zunehmender sozialer Ungleichheiten in der Bundesrepublik, die aus diesem Satz sprach: Koppers Statement blieb deshalb in der Erinnerung so eingebrannt, weil es wie eine arrogante Ohrfeige für jene wirkte, die sich alltäglich mit den Peanuts ihres geringen Einkommens herumschlagen mussten und müssen. Seither hat sich die Schere zwischen Reichen und Armen, nicht zuletzt durch jahrelange Verluste bei den Reallohneinkommen, noch weiter geöffnet.

Oder war es möglicherweise die erfolgreiche Unterlassungsklage des ehemaligen Bundeskanzlers Gerhard Schröder gegen die Nachrichtenagentur ddp im Jahr 2003, die die Imageberaterin Sabine Schwind von Egelstein in einem Interview 2002 in der FAZ behaupten ließ, Schröder töne seine grauen Schläfenhaare (Frankfurter Allgemeine 2013)? Um hier unter allen Umständen ähnliche Unterlassungsklagen zu vermeiden: Die Behauptung, Schröder färbe seine Schläfenhaare, war in dem Verfahren als nicht den Tatsachen entsprechend unstritig. Der Autor legt Wert auf die Feststellung, keinerlei Sachkenntnis über den jetzigen Stand der Haarpflege Gerhard Schröders zu besitzen.

8.6 Ungerechtigkeit und die Entwicklung von Ressentiments

Beide Meldungen – so unterschiedlich sie sind – haben ihren Platz im kollektiven Gedächtnis der Deutschen. Die eine, Hilmar Koppers Nussnummer, verletzt gravierend das Gerechtigkeits- und Fairnessgefühl und stellt damit eine narzisstische Kränkung für all jene dar, die angesichts ihrer Lebensleistungen – wie man umgangssprachlich sagt – mit Nüssen dastehen. Ganz gegenteilig die andere Agentur: Hier geht es nicht um die Verletzung des Narzissmus der vielen, sondern ganz offensichtlich um den eines Einzelnen. Wer jedoch in der Position, die Gerhard Schröder damals innehatte, bis zum Verfassungsgericht geht, um seine Schläfenhaare zu verteidigen, offenbart seine extreme narzisstische Bedürftigkeit.

Es sind diese beiden Ingredienzien, Verletzungen des kollektiven Gerechtigkeitsgefühls mit der damit verbundenen narzisstischen Demütigung einerseits und der ins Groteske überhöhte Narzissmus einzelner Personen, häufig sogenannter Prominenter andererseits, die den aufkommenden Trumpismus als globales Phänomen ausmachen.

Dabei verblüfft die eklatante Widersprüchlichkeit, die wir anscheinend mehr oder weniger zu akzeptieren bereit sind: Während Hilmar Koppers Bemerkung als blanker Hohn verstanden wurde, scheinen die Millionengehälter von Fußballstars, deren Höhe an Koppers »Nüsse« heranreichen, kaum jemanden zu stören. Ganz anders hingegen die Boni von Topmanagern, die wiederum als obszön empfunden werden. Dies offenbart eklatante Spaltungsphänomene in der Wahrnehmung und Bewertung der Öffentlichkeit, was als gerecht, angemessen, fair oder gegenteilig als schreiendes Unrecht empfunden wird.

Diese Spaltungsphänomene zeigen narzisstische Entwicklungen nicht nur innerhalb der bundesdeutschen Gesellschaft auf, bei denen gut und böse, positive Idealität (etwa der Fußballprofis) und ihr negatives Pendant (Topmanager, »die« Politik, »die« Journalisten mit ihrer »Lügenpresse« und vor allem »die« Ausländer) eine diametrale Gegenüberstellung erfahren. Je mehr krasse Ungerechtigkeiten die Gesellschaft in Gewinner und Verlierer spalten, desto mehr werden Ressentiments gefördert, die die beschriebenen Spaltungsphänomene unterstützen und fördern. Wiederum geht es um eine Dialektik der Verletzung des persönlichen, individuellen wie des kollektiven Narzissmus. Beispiele für solche sozialen Ungerechtigkeiten, die zugleich die Ignoranz einer herrschenden Elite aufzeigen, die dann von Gruppen wie der AfD oder Pegida für ihre Zwecke genutzt werden, sind etwa:
- die kontinuierliche Absenkung der erwartbaren Rentenbezüge.
- Wohnungsnot und explodierende Mieten.
- ein Lohn bei Vollzeitbeschäftigung, der zum Leben nicht reicht und zum Gang zum Sozialamt für eine Aufstockung zwingt.

Die Liste ließe sich beliebig verlängern, der Gleichmut der bundesdeutschen Bevölkerung jedoch nicht. Denn man sollte sich nicht täuschen: »Es ist ein bequemer – und durchaus narzisstischer – Mythos, dass nur die Enteigneten und Uninformierten den Tyrannen unterstützen würden. Es ist nicht der ökonomische oder Bildungsstatus, der eine solche Anfälligkeit bestimmt, sondern der eigene Narzissmus, und der überspannt die sozioökonomischen Schichten« (Mika 2018, S. 361). Gemeint ist zweierlei: Man begibt sich in eine emotional-intellektuelle Hängematte im Glauben, nur sozial Abgehängte und Glatzköpfe jubelten Demagogen und Despoten zu, deren Aufkommen wir gegenwärtig global beobachten können. Die neuen Despoten stimulieren den Narzissmus der vielen, indem sie Unrecht aufgreifen, emotionalisieren und polemisch überzeichnen. Die Lust am entgrenzten Affekt des Hasses erfasst letztlich immer mehr Bevölkerungsschichten. Wo es kein echtes Korrektiv vermeintlicher oder tatsächlicher Ungerechtigkeiten gibt und die Aussicht auf Parteien und Politiker fehlt, die willens sind, diese Missstände auszuräumen, verfestigen sich Ressentiments und die Neigung, Demokratie und ihre Vertreter abzulehnen. Dies würde die Erosion der zivilisierten westlichen Gesellschaften und den Zerfall der Europäischen Union beschleunigen. Wertschätzen wir Ambivalenz und Kompromiss als Kern von Demokratie, Rechtsstaatlichkeit und Menschenrechten oder stürzen wir uns in den Hass auf die Zumutungen der Kultur, die Herausforderungen von Aufschub, Uneindeutigkeit und Vorläufigkeit? Verlangen wir absolute Lösungen ohne jede Kompromissbereitschaft oder ertragen wir begrenzte Ungerechtigkeiten, gegen die wir uns mit demokratischen Mitteln empören? Hier verläuft die Grenzlinie zum Totalitarismus gleich welcher Couleur, Gewaltbereitschaft gegen anders Denkende und der Sehnsucht nach den großen Führern.

Das unselige Wort von der Alternativlosigkeit sei in diesem Kontext ein letztes, bitteres Mal bemüht: Zu den Errungenschaften der Kultur, des fairen Ausgleichs von Ungleichheit und Benachteiligung, der Rücksicht auf Arme und Bedürftige und der Berücksichtigung von Universalität der Menschenrechte und damit des Erhalts der Umwelt gibt es keine Alternative – außer den Totalitarismus.

9 Ein unscharfer Tiger – Bemerkungen zum Coverbild

Der diesen Gedankengang beendet, ist nicht mehr derselbe, der ihn begonnen hat.
Lars Gustafsson

Gibt es irgendeinen Zusammenhang zwischen einem Tigerkopf, der wie verwackelt und gedoppelt daherkommt, und Psychotherapie? In der Behandlung jedenfalls geht es gerade darum, die Dinge möglichst klar zu sehen – was allerdings immer nur zu einem Teil gelingt.

Das Gemälde von Eric Peters entsteht, indem Photonen auf einen halbdurchlässigen Spiegel treffen: Die halbe Information des Bildes zeigt der Spiegel. Die andere Hälfte verschwindet hinter ihm und könnte sich auf einer dahinterliegenden Leinwand abbilden: Ein Bild hinter dem Bild. Beim Malen legt Eric Peters die Bilder versetzt übereinander. Im Ergebnis versuchen wir einen Tigerkopf klar zu identifizieren, dessen Uneindeutigkeit uns eventuell blinzeln lässt. Das Bild des Tigers ist nicht starr, scheint in Bewegung. Wir bekommen nur einen ungefähren Eindruck eines Tigers, nicht jedoch ein Bildnis.

»›Was tun Sie‹, wurde Herr K. gefragt, ›wenn Sie einen Menschen lieben?‹ – ›Ich mache einen Entwurf von ihm‹, sagte Herr K., ›und sorge, dass er ihm ähnlich wird.‹ – ›Wer? Der Entwurf?‹ – ›Nein‹, sagte Herr K., ›der Mensch.‹« (Brecht 1984, S. 36)

Das Ansinnen des Herrn Keuner muss an einem Tiger scheitern, der sich quasi in Bewegung befindet; er ist unklar. Die Bewegung rettet ihn davor, dass sich der Betrachter ein Bildnis von ihm machen könnte. Indem Eric Peters mehrere sehr ähnliche, aber nicht identische Tigerköpfe versetzt malt, changiert die Identität des Tigers. Es gibt nicht den einen, »wahren« Tiger. Insofern ist das Bild eine Zumutung: Es gelingt nicht, den Kopf des Tigers auf ein eindeutiges, klares Antlitz festzulegen.

Die Antipsychiatriebewegung der 60er und 70er Jahre des letzten Jahrhunderts stellte unter anderem die Eindeutigkeit von Diagnosen infrage, verwies auf ihre Gesellschafts- und Kulturabhängigkeit. Diagnosen täuschen eine Eindeutigkeit vor, die dem Behandler vermeintliche Sicherheit verschafft, dem Patienten jedoch wenig Entwicklungsspielraum belässt. Demgegenüber überraschen uns Patienten in glücklich verlaufenden Therapien immer wieder mit anderen, bisher unbekannten oder unerkannten Facetten, zeigen sich kreativ im Auftreten, Erleben und – wie der Tiger – in ihrem Erscheinen oder Erscheinungsbild. Damit ihnen das gelingen kann, muss sich auch der Therapeut in Bewegung befinden; seine Präsenz und seine Interventionen müssen sich sehr flexibel gestalten, sodass Patienten ihre Entwicklungsmöglichkeiten nutzen können. Ein sich starr verhaltender Therapeut ist nicht nur unendlich langweilig, er liefert auch ein miserables

Modell und zwängt durch sein Verhalten den Patienten in ein starres Muster. Daher ist auch der Patient mit der Zumutung konfrontiert, dass Menschen – stellvertretend sein Therapeut – kreativ und überraschend reagieren können. Günstigenfalls löst sich das starre, maladaptive Übertragungsmuster auf und eröffnet – für beide – das Staunen über eine Welt mit Begegnungen, die einen immer wieder von Neuem überraschen.

So verhält es sich mit dem Bild des Tigers: Man kann blinzeln, näher heranrücken oder versuchen, durch größere Entfernung zu einer eindeutigen Festlegung zu gelangen. Man scheitert.

Das Ungefähre und Unscharfe schützt in der Psychotherapie wie überhaupt in menschlichen Beziehungen. Es lässt Raum für das Bild hinter dem Bild, die Person hinter der Person, das Alter Ego, ihre Möglichkeiten, ob genutzt oder unentdeckt. In Liebesbeziehungen glückt es bisweilen, dass sich Partner gegenseitig auch diese verborgenen Seiten wachküssen.

In innigen Beziehungen erwachen jedoch nicht nur die lieblichen Seiten einer Person. Das Bild hinter dem Bild kann durchaus raubtierhaften Charakter haben. Allerdings: Das Raubtier, das wir im Gegenüber zu erkennen glauben, könnte auch eine Projektion sein: Entdeckt man im Gegenüber das Triebhafte, Tierische, das man am Ende selbst ist? Oder sind wir das beide? Das Bild von Eric Peters ist eine Zumutung, weil es mit der Vorläufigkeit von Erkenntnis schlechthin und ihrer Unvollständigkeit beim Wahrnehmen von anderen oder sich selbst konfrontiert. Es gibt immer noch ein Bild hinter dem Bild, etwas Unbekanntes, Unerkanntes, Unbewusstes. Auch ein Kunstwerk erfassen wir nie vollständig, es unterliegt unserer Rezeption. Wir können uns nur annähern. Und so bleibt auch hinter jeder Interpretation eines Bildes hinter dem Bild ein weiteres Bild.

Ohne Bilder kommen wir nicht aus. Demgegenüber ist ein Bildnis starr und unbeweglich. Wir benötigen demnach bewegliche Bilder, Bilder, die wir zu uns sprechen lassen, während wir sie betrachten, und die auf diese Weise steter Veränderung unterliegen. Was nur möglich ist, wenn wir selbst mit uns Gleiches tun: uns beharrlich verändern und neu erfinden. Wir erahnen, was wir sind oder sein könnten, im Wissen, dass uns das Letzte für immer verborgen bleibt. Weder wir noch unser Gegenüber erfassen einander jemals in Gänze und wir wissen darum.

Darin liegen – dicht beieinander – Zauber und Melancholie jeder gelingenden Liebesbeziehung, eigentlich jeder menschlichen Beziehung: Sich kein Bildnis vom anderen zu machen (Frisch 1985), ist eine der steten Herausforderungen gelingender menschlicher Beziehungen. Das Bildnis tötet die Lebendigkeit. Die lückenlose Erfassung eines Gegenübers schüfe eine gläserne Person, die schutzlos vor uns stünde, beraubt jeder Intimität und ihres für uns so wichtigen Zaubers. Die gänzliche Erkenntnis des anderen wäre tödlich: für die Liebe, für die Anziehung und für die Personen. So schauen wir nur, blinzeln, um klarer zu sehen, und erfassen doch immer nur einen Ausschnitt.

Ohnehin ist eine absolut zeitgleiche Begegnung mit uns selbst oder einem anderen, so bedrohlich sie wäre, unmöglich. Denn wir sind stets mit bereits Vergangenem beschäftigt, so intensiv unser Kontakt auch sein mag. Man stelle sich einen Moment lang einen Dialog zwischen Zivilisationen zweier Galaxien vor:

Durch Raum und Zeit getrennt, wäre er zeitgleich unmöglich, denn der, der spricht, wäre nicht mehr der, der eine Antwort in ferner Zukunft erhielte. Würden beide Zivilisationen die Lichtjahre überleben, so wären sie schon lange nicht mehr die, von denen der Kontakt ausging, auch nicht die, an die eine Nachricht gesendet wurde, und auch nicht jene, die eine Antwort erhielte. Doch solange in beiden Galaxien eine menschliche Sprache gesprochen würde, wäre Verständigung immerhin möglich.[36] Universen hingegen, die räumlich sehr eng, in Küche, Schlafzimmer oder auf der Terrasse beieinanderliegen, können sich direkt miteinander verständigen, allerdings mit jener Einschränkung, die auch für ferne Galaxien gilt: »Ich kann niemals den Augenblick mit einem anderen Lebewesen teilen. Denn jeder Informationsaustausch, der notwendig ist, um eine Gleichzeitigkeit zu erzielen, braucht Zeit« (Gustafsson 2011, S. 34). Das gilt natürlich auch für den tiefen Blick in die Augen des anderen, der mit Lichtgeschwindigkeit erfolgt. Und doch: Der, den wir sehen, ist schon vergangen, ist schon Vergangenheit. Das nicht scharfe Bild des Tigers konfrontiert uns mit unserem auf ewig unscharfen bis unklaren Blick. Dies unterstreicht nicht nur unsere Einsamkeit als Zivilisation im Universum, sondern auch unsere eigene individuelle in unserem persönlichen Kosmos.

Die Verstörung über unsere Distanz in der Zeit rückt näher, wenn wir zwischen Kontinenten skypen. Mit einem Mal wird uns die Zeitverschiebung unseres Kontakts und des emotionalen wie intellektuellen Erlebens deutlich. Je größer die räumliche Distanz, desto größer der Zeitunterschied zwischen Botschaft und Antwort: Beide reden gleichzeitig. Oder verstummen im selben Moment. Doch das scheint uns nur so. Selbst die Irritation über die Taktung des Gesprächs ist Folge der Illusion, wir seien zum exakt gleichen Zeitpunkt mit etwas beschäftigt. Reaktionslatenzen zwischen einer Person in Europa und einer in Australien verdeutlichen uns, wie schwierig gemeinsames Erleben ist und wie sehr es uns Disziplin abverlangt, einander Zeit zu geben und der raum-zeitlichen Entfernung Rechnung zu tragen. Das Skypen mit einer Person, die zehntausende Raumkilometer von uns entfernt ist, vergrößert lediglich den Grundkonflikt jeder menschlichen Begegnung: Eine allerletzte Distanz lässt sich niemals überwinden. Es gibt für uns also keinen vertikalen Schnitt auf der Zeitachse, einen Punkt, bei dem wir einander gleichzeitig begegnen (Gustaffson 2011). Das gilt sogar für unser Selbsterleben: Die klassische Frage nach der Gegenübertragung, »Was erlebe ich gerade, was wehre ich ab, was passiert mit mir?«, ist immer eine Untersuchung der gerade verstrichenen Gegenwart, die schon Vergangenheit ist.

Ist dies nun eine zutiefst traurige Erkenntnis, dass es die Gleichzeitigkeit selbst im intimsten Moment des gemeinsamen Orgasmus nicht gibt? Ganz sicher nicht. Denn wäre es anders, könnten wir gar nicht miteinander sprechen, handeln, lachen, lieben oder liebkosen. Wir reagieren aufeinander, antworten oder beantworten eine Berührung mit einer eigenen. Liebe, Hass oder Gleichgültigkeit leben von der Vergangenheit des Erlebten, das wir in diesem Moment erlebt haben (!)

---

36 Das Beispiel verdanke ich Gustafsson (2011).

und im nächsten beantworten. Gleichzeitigkeit hingegen würde zur Erstarrung, zur Regungslosigkeit führen. Denn worauf sollten wir antworten, worauf mit einer zärtlichen Geste, einer Empörung oder einem Angriff reagieren? Weil wir jedoch unsere Einsamkeit so sehr fürchten und das alles nicht so genau wissen wollen, behelfen wir uns mit dem kreativen Als-Ob menschlicher Begegnungen. Wir sind historische Wesen und nehmen jeweils auf unsere eigene wie die fremde Geschichte Bezug. In der Gegenwart, die eigentlich bereits vergangen ist. Immerhin können wir das Animalische, das Triebhafte in uns und unserem Liebespartner einen Moment lang erleben, ohne die Befürchtung, es würde uns hinwegreißen und vernichten.

Doch sind dies eher die seltenen glücklichen Momente mit unserer animalischen Seite. An Mördern, Henkern, Folterern, Sadisten und Despoten hat es in der Geschichte der Menschheit nie einen Mangel gegeben. So fürchten wir die animalische Seite in uns noch mehr als im anderen, auf den wir sie gern projizieren. Wenn wir also für einen kurzen Moment ein Raubtier beim Blick in den Spiegel zu sehen glauben, wenn auch nur verschwommen? Wenn wir selbst also das Raubtier sind – triebhaft, aggressiv und unbeherrscht? Auch dann sieht, wer in den Spiegel blickt, eine bereits vergangene Person: Das war ich. Eben noch. Darin liegt die Chance der Ungleichzeitigkeit. Wer blitzlichtartig im Halbdunkel der Selbsterkenntnis einen Tiger zu sehen glaubt, stößt auf dunkelste Seiten seiner Vergangenheit. Doch immerhin gestattet die erhellende Sicht eine geläuterte Zukunft. Wir sind der Dompteur des Tigers.

Und wo bleibt jetzt der rote Faden, von dem in der Einleitung die Rede war? Wir halten lediglich einen dünnen Faden in Händen, kein fertig gewebtes Gewand. Der Tiger, das Selbst bleibt stets verschwommen, ist nie in Gänze erkennbar. Doch der Faden besitzt den Reiz der Veränderlichkeit und Veränderbarkeit. Das genau macht Reiz und Bedrohlichkeit eines psychotherapeutischen Prozesses aus: Wir wissen nicht genau, wo wir auskommen werden, was uns unterwegs begegnen wird, und auch nicht, wer genau unser Weggefährte ist. Vieles erahnen wir nur. Der Versuch, alles ganz genau erfassen zu wollen, gleicht jenem der chinesischen Regierung, möglichst alles über ihre Bürger in Erfahrung zu bringen. Zum Preis von Demokratie und Freiheit. Sich schlicht mit der Unschärfe zufriedenzugeben, käme jedoch der Preisgabe kritischen Denkens gleich. Wir leben in einem steten Bemühen, das nie sein Ziel erreicht – in der Unschärfe unserer Relation zu uns selbst und den anderen. Doch immerhin kann aus dem roten Faden im Verlauf einer therapeutischen Beziehung so etwas wie ein zartes Gewebe entstehen, mit befreienden Erkenntnissen und Zusammenhängen, die es gestatten, darauf Schritte in die Zukunft zu wagen.

Literatur

American Psychiatric Association (2013): The Principles of Medical Ethics with Annotations Especially Applicable to Psychiatry (PDF) (2013 ed.). Arlington, Virginia: American Psychiatric Association. Retrieved April 23, 2017

Balint M. (1988): Angstlust und Regression. Stuttgart: Klett-Cotta

Beck A. P. (2001): Gruppenrollen und informelle Gruppenleitung in der Gruppenpsychotherapie. In: Tschuschke V. (Hrsg). Praxis der Gruppenpsychotherapie. Stuttgart: Thieme

Berne E. (1970): Spiele der Erwachsenen. Psychologie der menschlichen Beziehungen. Reineck bei Hamburg: rororo

Besch-Cornelius J. (1987): Psychoanalyse und Mutterschaft. Gedanken zum Problem der Analytikerin-Mutter und der Mutter als Analytikerin. Göttingen: Verlag für Medizinische Psychologie im Verlag Vandenhoeck & Ruprecht

Brecht B. (1984): Geschichten vom Herrn Keuner. Frankfurt a. M. / Olten, Wien: Büchergilde Gutenberg

Busch W. (1988): Sämtliche Werke II. Was beliebt ist auch erlaubt. Herausgegeben von Rolf Hochhuth. München: C. Bertelsmann Verlag

Chasseguet-Smirgel J. (1988): Zwei Bäume im Garten. Zur Bedeutung der Vater- und Mutterbilder. München-Wien: Verlag Internationale Psychoanalyse

Cremerius J. (1984): Die psychoanalytische Behandlung der Reichen und Mächtigen. In: Vom Handwerk des Psychoanalytikers. Das Werkzeug der psychoanalytischen Technik. Bd 2. Stuttgart: fromann-holzboog, S. 219–261

Cremerius J. (1987): Wenn wir als Psychoanalytiker die psychoanalytische Ausbildung organisieren, müssen wir sie psychoanalytisch organisieren! Psyche 41(12), 1067–1096

DAK-Gesundheitsreport (2005): Schwerpunkt Angst und Depression. DAK, Hamburg

Deutsch H. (1948): Psychologie der Frau. Bern: Huber

Deutsch H. (1954): Psychologie der schwangeren Frau. In: Giese R., Willy A. (Hrsg.): Mensch, Gesellschaft, Geschlecht. Frankfurt a. M.: Zühlsdorf

Feldenkirchen M. (2018): Die Schulz-Story. Ein Jahr zwischen Höhenflug und Absturz. München: Deutsche Verlags-Anstalt

Dreitzel H. P. (1972): Die gesellschaftlichen Leiden und das Leiden an der Gesellschaft. Stuttgart: Ferdinand Enke Verlag

Eberhard Richter H (1972): Die Gruppe. Hoffnung auf einem neuen Weg, sich selbst und andere zu verändern. Psychoanalyse in Kooperation mit Gruppeninitiativen. Reineck bei Hamburg: Rowohlt

Eberhard Richter H. (1974): Lernziel Solidarität. Reineck bei Hamburg: Rowohlt

Feldenkirchen M. (2018): Die Schulz-Sdtory. Ein Jahr zwischen Höhenflug und Absturz. München: Deutsche Verlags-Anstalt

Ferstl E. (2006): Heutzutage. Gedanken zum Leben. Neckenmarkt: edition nove

Festinger L. (2012): Theorie der kognitiven Dissonanz. Göttingen: Hogrefe

Frankfurter Allgemeine (26.09.2003). Verfassungsgericht bestätigt Schröder im Haare-Streit. https://www.faz.net/aktuell/feuilleton/kanzlerhaare-verfassungsgericht-bestaetigt-schroeder-im-haare-streit-1118045.html

Freud (1900/1982): Die Traumdeutung. Studienausgabe, Band II. Frankfurt a. M.: Fischer Taschenbuch Verlag

Freud S. (1919/1982): Wege der psychoanalytischen Therapie. Studienausgabe, Band II. Frankfurt a. M.: Fischer Taschenbuch Verlag

Freud S. (1926): Die Frage der Laienanalyse. Studienausgabe. Ergänzungsband. Frankfurt a. M.: Fischer Taschenbuch Verlag

Freud, S. (1927): Die Zukunft einer Illusion. Studienausgabe, Band IX. Frankfurt a. M.: Fischer Taschenbuch Verlag

Freud S. (1930): Das Unbehagen in der Kultur. Studienausgabe, Band IX. Frankfurt a. M.: Fischer Taschenbuch Verlag

Freud S. (1933): Neue Folge der Vorlesungen Zur Einführung in die Psychoanalyse. Studienausgabe, Band I. Frankfurt a. M.: Fischer Taschenbuch Verlag

Frisch M. (1985): Tagebuch 1946–1949. Frankfurt a. M.: Suhrkamp

Goethe J. W. (1994): Faust. Eine Tragödie. Frankfurt a. M.: Insel Verlag

Gustafsson L. (2011): Gegen Null. Eine mathematische Phantasie. Zürich: Secession

Habibi-Kohlen, D. (2019): Wege der Gegenübertragung im Analytiker. Klinische Beispiele des Durcharbeitens. In: Münch K. (Hrsg.): Internationale Psychoanalyse, Bd. 14, Gedachtes Fühlen – gefühltes Denken, S. 169–193

Hilgers M. (2013): Scham. Gesichter eines Affekts. Göttingen: Vandenhoeck & Ruprecht

Hilgers M. (2007): Mensch Ödipus. Konflikte in Familie und Gesellschaft. Göttingen: Vandenhoeck & Ruprecht

Hilgers M. (2018): Der authentische Psychotherapeut – Band I: Professionalität und Lebendigkeit in der Therapie. Stuttgart: Schattauer

Hornscheidt L. (2018): Warum überhaupt Geschlechter? Süddeutsche Zeitung vom 22.12.2019. https://www.sueddeutsche.de/kultur/drittes-geschlecht-genderdebatte-binnen-i-1.4261347

Jungclaussen I. (2013): Handbuch Psychotherapie-Antrag. Psychodynamisches Verstehen und effizientes Berichtschreiben in der tiefenpsychologisch fundierten Psychotherapie. Stuttgart: Schattauer

Kächele H., Hilgers M. (2013): Spezifische Nebenwirkungen von psychodynamischer Psychotherapie. In: Linden M., Strauß B. (Hrsg). Risiken und Nebenwirkungen von Psychotherapie. Erfassung, Bewältigung, Risikovermeidung. Berlin: Medizinisch Wissenschaftliche Verlagsgesellschaft

Kassenärztliche Bundesvereinigung (2018): Qualitätsbericht 2018. Berichtjahr 2017. Berlin: Kassenärztliche Bundesvereinigung. www.kbv.de/media/sp/KBV_Qualitaetsbericht_2018.pdf

Kernberg O. F. (1997a): Aggression, Trauma und Hass in der Behandlung von Borderline-Patienten. Persönlichkeitsstörungen 1: 15–23

Kernberg O. F. (1997b): Wut und Haß. Über die Bedeutung von Aggression bei Persönlichkeitsstörungen und sexuellen Perversionen. Stuttgart: Klett- Cotta

Kernberg O. F. (1998): Dreißig Methoden zur Unterdrückung der Kreativität von Kandidaten der Psychoanalyse. Psyche 52, 199–213

Kernberg O. F. (2000): Ideologie, Konflikt und Führung. Stuttgart: Klett-Cotta

Lee B. X. (Hrsg.) (2018): Wie gefährlich ist Donald Trump? 27 Stellungnahmen aus Psychiatrie und Psychologie. Gießen: Psychosozial-Verlag

Kernberg O. F. (2000) Ideologie, Konflikt und Führung. Stuttgart: Klett-Cotta

Kessler G., Rizzo S., Kelly M. (2019): President Trump has made more than 10,000 false or misleading claims. Washington Post vom 29. April 2019. https://www.washingtonpost.com/gdpr-consent/?destination=%2fpolitics%2f2019%2f04%2f29%2fpresident-trump-has-made-more-than-false-or-misleading-claims%2f%3f&utm_term=.1376f22d86df

Kohut H. (1971): Narzissmus. Eine Theorie der Behandlung narzisstischer Persönlichkeitsstörungen. Frankfurt a. M.: Suhrkamp

Kollegennetzwerk Psychotherapie (o. J.): www.kollegennetzwerk-psychotherapie.de

Kris E. (1936): The psychology of caricature. Int J Psychoanal 17: 285–303

Kuhn T. S. (1976): Die Struktur wissenschaftlicher Revolutionen. Frankfurt a. M.: Suhrkamp

Lee B. X. (Hrsg.) (2018): Wie gefährlich ist Donald Trump? 27 Stellungnahmen aus Psychiatrie und Psychologie. Gießen: Psychosozial-Verlag

Literatur

Levine M., Manning R. (2014) Prosoziales Verhalten. In: Jonas K., Stroebe W., Hewstone M. (Hrsg.): Sozialpsychologie, 6. Aufl. Berlin: Springer
Lohmer M., C. Wenz (2005): Psychotherapeuten und Macht. In: Kernberg O. F., Dulz B., Eckert J. (Hrsg). WIR: Psychotherapeuten. Stuttgart: Schattauer, 291–302
Marcuse H. (1973): Konterrevolution und Revolte. Frankfurt a. M.: Suhrkamp
Mentzos S. (1988): Interpersonelle und institutionelle Abwehr. Frankfurt a. M.: Suhrkamp
Mika E. (2018): Wer lässt sich auf Trump ein? Tyrannei als Triumph des Narzissmus. In: Lee B. X. (Hrsg.): Wie gefährlich ist Donald Trump? 27 Stellungnahmen aus Psychiatrie und Psychologie. Gießen: Psychosozial-Verlag, S. 329–348
Mitscherlich-Nielsen M. (1978): Zur Psychoanalyse der Weiblichkeit. Psyche 36: 669–694. Stuttgart: Klett-Cotta
Die Presse (30.09.2018). Trump über Kim: »Wir haben uns verliebt.« https://diepresse.com/home/ausland/aussenpolitik/5505258/Trump-ueber-Kim_Wir-haben-uns-verliebt
Radebold H. (1992): Psychodynamik und Psychotherapie Älterer. Berlin: Springer
Reuter T. (2019): Bald könnte es 1,2 Millionen Menschen ohne Wohnung geben. In: Die Zeit, 14.02.2019, https://www.zeit.de/wirtschaft/2019-02/obdachlosigkeit-wohnungslose-sozialpolitik-zuwanderung-wohnungsnot-deutschland-faq#wie-viele-wohnungslose-gibt-es-in-der-bundesrepublik
Richter H. E. (1972): Die Gruppe. Hoffnung auf einem neuen Weg, sich selbst und andere zu befreien. Psychoanalyse in Kooperation mit Gruppeninitiativen. Reinbeck bei Hamburg: Rowohlt
Richter H. E. (1974): Lernziel Solidarität. Reinbeck bei Hamburg: Rowohlt
Sachsse U. (2005): Sind WIR neidisch? In: Kernberg O. F., Dulz B., Eckert J. (Hrsg): WIR: Psychotherapeuten. Stuttgart: Schattauer, 490–493
Saramago J. (2011): Kain. Hamburg: Hoffmann und Campe
Schmeling-Kludas (2008): Ökonomisierung und Psychotherapie. Gesellschaftliche Einflüsse auf die Wirklichkeitskonstruktionen von psychisch erkrankten Patienten und Psychotherapeuten. Psychotherapeut 53: 349–359
Schoen, A (2017): Gefahr von Fake News. Forscher lassen Obama sagen, was sie wollen. t-online.de vom 18.07.2017. https://www.t-online.de/digital/internet/id_81680912/forscher-lassen-obama-alles-sagen-fake-news-seite-jubeln.html
Schröder, G. (1997): Gegen den Luxus der Langsamkeit. Der Spiegel vom 19.05.1997. https://www.spiegel.de/spiegel/print/d-8716668.html
Seligman M. E. P. (1979): Erlernte Hilflosigkeit. München: Urban & Schwarzenberg
Sterba R. (1934): Das Schicksal des Ichs im therapeutischen Verfahren. Internationale Zeitschrift für Psychoanalyse 20, S. 66–73
Stoller R. (1998): Perversion. Die erotische Form von Hass. Gießen: Psychosozial-Verlag
Stone L. (1973): Die psychoanalytische Situation. Frankfurt a. M.: S. Fischer
Thomä H, Kächele H. (1985): Lehrbuch der psychoanalytischen Therapie. Berlin: Springer
Süddeutsche Zeitung (11.7.2018). Söder will den Begriff »Asyltourismus« nicht mehr verwenden. https://www.sueddeutsche.de/bayern/soeder-asyltourismus-1.4051132
Thomä H., Kächele H. (1985): Lehrbuch der psychoanalytischen Therapie. Band 1: Grundlagen. Berlin: Springer
Tschuschke V. (2003): Kurzgruppenpsychotherapie. Theorie und Praxis. Wien: Springer
Tschuschke V. (Hrsg.) (2010): Gruppenpsychotherapie. Von der Indikation zu den Leitungstechniken. Georg Thieme Verlag: Stuttgart
Winnicott D. W. (1997): Hass in der Gegenübertragung. Kinderanalyse 1, 35–46
Wilde O. (1981): Das Bildnis des Dorian Gray. München: Deutscher Taschenbuch Verlag
Wöller W., Kruse J. (2010): Tiefenpsychologisch fundierte Psychotherapie. Basisbuch und Praxisleitfaden. Stuttgart: Schattauer
Yalom I. D. (2007): Theorie und Praxis der Gruppenpsychotherapie. Stuttgart: Klett-Cotta

Sachverzeichnis

A

Abbruch 79 f., 98
Abgrenzung 37, 103
Abhängigkeit 6, 37, 73
Ablehnung 25, 27, 68, 119
Abrechnung 3
Abstinenz 66, 131
Abwehr 13, 20, 62, 116 f.
ADHS 81
AfD 118, 120, 137
Affekte 14, 54, 63 f., 72 f., 125 f., 131
Affektregulation 60, 70
Aggression, aggressiv 37, 52, 55, 63, 67, 69, 78, 80, 105, 133 f.
Agieren 44, 68 f., 78, 95, 121
Akuttherapie 3
Akzeptanz 33, 55, 67 f., 94
alternative facts 127
Alternativlosigkeit 129, 138
Alternativversorgungen 10
Altersplanung/-versorgung 6 f., 9, 112
Ambivalenz 125, 127, 138
Amphetamin, Speed 81
Anfangsidealisierung 13
Angst 3, 24, 44, 51, 54, 73, 82, 102, 109, 111, 131
Anomalien 45
Anonymisierung 36
Anpassung 3, 132
Anrede 85
Antike 91
Antipsychiatrie 139
Antragsverfahren 23, 25
Arbeitsbündnis 64
Arbeitsüberlastung 7
Arbeitsunfähigkeit 28
Armut, arm 2 f., 16, 18 f., 113
Assoziation 50, 77, 131
Aufmerksamkeit 17, 49, 119
Aufnahmebereitschaft 43
Aufschub 61, 125, 138
Ausbildung 1 ff., 41, 88, 101

Ausbildungsinstitute 3, 5, 8 f., 37, 42
Ausbildungskandidat 2 f., 6, 8 f., 12, 33, 43
Ausbildungskosten 1 f.
Ausfallhonorar 11 f., 19
Ausfallkosten 3
Ausfallzeiten 8 f.
Autarkie 37
Autonomie 6 f., 37, 74, 88, 115
Autonomie-Abhängigkeits-Konflikte 37

B

Balint, Michael 59 f., 62 f., 65, 68
Barzel, Rainer 129 f.
Beck, Ariadne P. 102
Behandlungsasymmetrie 43
Behandlungsplanung 32, 34
Behandlungstechnik, behandlungstechnisch 46, 69, 90
Berne, Eric 116
Berufsethos 108
Berufsideal 10, 109
Berufssozialisation 5 ff.
Besch-Cornelius, Julia 41, 44 f., 49, 55
Bild 126, 140
Bildnis 59, 140
Bindungsverhalten, Bindungslosigkeit 76
blame the victim 118
Bohlen, Dieter 119
Bolsonaro, Jair Messias 124, 126, 131
Borderline 70, 93, 95
Borowski, Anna-Lena 75
Brandt, Elmar 131
Brandt, Willy 129 f.
Brecht, Bert 139
Brexit 124 f.
Bruttostundensatz 10
Buddha 25, 90
Bundesarztregister 42
Burn-out 8, 10, 21
Busch, Wilhelm 60
Businessplan 8

C

Camus, Albert 126
Cannabis 81
Chassequet-Smirgel, Janine 51f., 56
Coaching 12, 84, 113, 117
Conférencier-Qualitäten 109
Containment 40
Controlling 27, 29, 32
Conway, Kellyanne 127
Cremerius, Johannes 2, 6, 11, 16

D

Darlehensaufnahme 8
Darwin, Charles 128
Dauerredner 108
Dauerschweiger 108
défense à deux 11
Demokratie 116, 131
Demut 92
Dependenz 86, 89
Depotenzierung 13, 72
Designerdrogen 81
Destruktion, destruktiv 15, 19, 27, 59, 62, 69, 78, 94 f., 98, 110, 127, 131, 134
Deutsch, Helene 44
Deutung 99
Diagnostik 24, 37, 45, 75
Differentialindikation 36
Distanz, Distanzierung 64, 86, 89, 109, 141
Dreitzel, Hans Peter VI
Drittmeinung 75
Drogenkonsum 81
Drohung, Bedrohungen 118, 131f., 135
Duldsamkeit 37
Duterte, Rodrigo 126
Dylan, Bob 91

E

Eifersucht 88
Einkommen 2f., 10, 136
Ein-Personen-Psychologie 43
Einstiegskosten 8
Einzelsetting 108
Einzeltherapie 32, 66 f., 87 f.
Ekel 20, 67, 82
Elend 110
Elternzeit 58
Emanzipation 25, 72, 89, 116
Emotionen 30, 121, 133

Empathie 54, 96, 100
Encounter 88
Endlichkeit 45, 53, 56
Entertainment 109
Entfremdung 18
Entgrenzungen 117
Entidealisierung 11, 84
Entlassbericht 36
Enttäuschung 98
Entwertung 1, 13, 72, 102, 114
Erdoğan, Recep Tayyip 126
Erkenntnistheorie 112
Erlösungsideen 21
Erotik, erotisch 66, 98, 102, 106
Erstinterview 76
Ethik, ethisch 10, 45

F

Fahrtkosten 9
Fake News 134
Fallseminare 85
Fallsupervision 117
Familienplanung 41
Fantasien 17
Faust 127
Fehler 16, 66 ff., 74, 81, 84
Feindseligkeit, feindselig 11, 13, 15, 20 f., 54, 93, 98
Feldenkirchen, Markus 136
Ferstl, Ernst 104
Festinger, Leon 6
Flashbacks 63
Fokus, foki 4, 29, 83
Folgekosten 28
folie à deux 10
Fortführungsantrag 27
Fortführungsberichte 26
Framing 126
Freiheit 24, 33, 67, 73, 110 f., 116
Frequenz 69, 87, 109
Freud, Sigmund 44, 59, 62, 96, 125, 131
Frisch, Max 140
Furcht 4, 15, 50, 91 f., 102, 111, 117

G

Gauland, Alexander 126, 132 f.
Geburt 43, 45
Gegenübertragung 1f., 7, 10, 14, 43, 49, 53, 55, 81, 98, 141

Gegenübertragungs-Übertragungs-Beziehung 17, 64, 78
Gender 1, 45, 112
Generationenkonflikt 7
Gerechtigkeit 19
Geringschätzung 13
Gespräche 72
Gewalt, gewalttätig 15, 20, 45, 70, 82, 86, 95, 114, 118, 123
Gleichzeitigkeit 141
Glück 91, 93, 96, 110
Goebbels, Josef 127
Goethe, Johann Wolfgang 127
Goldwater, Barry 121
Goldwater-Regel 121
Grenzen 120
Grenzüberschreitung 20, 120
Grenzverletzung 11, 120, 132
Grenzziehungen 70
Größenidee 27
Grundkonflikt 37
Gruppenleiter 5, 88, 100, 106
Gruppentherapie 32, 88, 100
Gustafsson, Lars 127, 141 f.
Gutachten 23, 25, 28
Gutachter 23, 25, 30, 33
Gutachterbericht 29, 33
Gutachterpflicht 28 f.
Gutachtertagungen 34
Gutachterverfahren 26 ff., 30, 32, 35
Gut-böse-Raster 76

H

Habibi-Kohlen, Delaram 14, 43, 46
Halluzination, halluzinatorisch 59
Haltung, therapeutische, therapeutischer Stil 16, 63, 76
Hass 56, 65, 68, 126, 141
Heilkunde, Qualitätsmerkmal 26
Heilserwartungen 27
Hemmungen 24
Hilfestellungen 18
Hilflosigkeit 70, 99, 114, 125
Hilgers, Micha 7, 27, 46 f., 53, 88, 92, 101, 105, 131
Hiob 91, 93
histrionisch 70
Hochschuldozenten 5
Höcke, Björn 126, 132

Homosexualität 112
Honorar 1 f., 4 f., 7, 10, 12, 112
Hornscheidt, Lann VII
Huff-Müller, Monika 24
Humanität 121, 125, 131
Humor 62
Hybris 91 f.

I

Ich-Funktion 38, 60
Ich-Organisation 61
Ich-Spaltung 64, 90
Ich-Syntonie 94
Ideal, Idealisierung 13, 19, 44, 56, 75, 114
Identifikation 19, 21, 33, 43, 56, 64, 135
Identitäre, sogenannte 118
Illusionen 27
Impulskontrolle 60, 70
Indikationen 2
Infantilisierung 38
Inferiorität 14
Innovation 132
Intervision 26
Intimität 33, 40, 46, 84
Introjekt 72
irrational 92, 116 f., 124 f., 127, 131
Islam 128

J

Jahwe 91
Johnson, Boris 124 ff.
Jungclausen, Ingo 25

K

Kächele, Horst 47, 70
Kapitalismus, kapitalistisch 1 f., 4, 18, 94, 112
Kassenarztsitz, halber 8
Kassenzulassung 8
Kernberg, Otto F. 6, 16, 93
Kessler, Glenn 123
Kick 20, 62
Kim Jong-un 123
Kinder- und Jugendlichenpsychiatrie 86
Kinder- und Jugendlichenpsychotherapie 41
Klarifikation 15, 99
Klum, Heidi 119
Kohärenz 101

Kohut, Heinz 18
Kombinationsbehandlung 32, 36
Konflikte 5, 10, 16, 19, 26, 29, 37, 49, 54, 74, 76 f., 83, 91, 117, 125, 134. Siehe
Konfrontation 99
Konnektorenlösung 2
Konsiliarbericht 36
Kontakte 72
Kontrolle 117, 125
Kontrollverlust 80, 102
Konzilianz 21
Kopper, Hilmar 136 f.
Kosten 5, 8 f., 28
Kostenträger 28
Kreativität 6
Kris, Ernst 61
Kruse, Johannes 69 f., 80
Kuhn, Thomas S. 90
Kultur 117, 119, 124 f., 127
Kurzzeittherapie 78

L

Landschaftsverbände 28
Langzeitschäden 28
Langzeittherapie 5, 28 f., 33, 38, 87
Lee, Bandy X. 123, 131
Lehranalytiker, Lehrtherapeut 15, 85
Le Pen, Marine 126
Levine, Mark 102
Liebesbeziehung 46, 60, 92, 97, 140
Liebeswahn 67
Logorrhö, logorrhoisch 108
Lohmer, Mathias 2
Lösung 99
LSD 81
Lübcke, Walter 135
Lügenmedien/-presse 134, 137

M

Macht 15
Machtgefälle, untherapeutisches 30
Manning, Rachel 102
Marcuse, Herbert 18, 22
Medikamentenintoxikation 59
Meditation 59
Melancholie 96, 140
Menschenrechte 125
Mentzos, Stavros 116
Merkel, Angela 135

Migrant, Migration 1, 128, 131 ff.,
Mika, Elisabeth 138
Missbrauch 96
Missgunst 1, 11, 13 f., 16, 44, 54 f., 91, 93, 102
Misshandlung 72, 93
Misstrauen 68 f., 84, 107
Missverständnis 79
Missverständniss 81
Mister Spock 14
Mitglied 106
Mitleid 1, 11
Mitscherlich-Nielsen, Margarete 44
Mutter-Kind-Beziehung 134
Mutterschaft 40, 44, 49, 55
Mutterschutz 41, 44, 48, 50, 57
Mutterübertragung 40

N

Nahles, Andrea 135
Narzissmus, narzisstisch 20, 51, 80, 93, 96, 118, 121, 123 f., 131, 135, 137 f.
Neid 13 ff., 44, 54, 91, 102
Neugier 82
Neurotizismus 7
Nichtbefürwortungen 27
Nichtbetreuung 32
Nicht-Bezahlen 21
Nicht-Erscheinen 21
Nondirektivität 69
Normen 132
Normopathie 132

O

Obama, Barack 128
Obergutachten 28, 32
Odipus, Odipus-Konflikt 6, 51, 87, 93, 134
Ohnmacht 20, 63, 71, 80, 83, 99, 118, 125
Oknophil 59
OPD 37 f.
Opfer, hilfloses 116

P

Paarberatung/-therapie 12, 84
Pädophilie 82
Panik 111
Parallelgesellschaften 18
Paraphilie 51, 62
Parentifizierung 11, 13, 97
Patchwork 46, 52, 134

Pegida 118, 137
Performance 130
Persönlichkeitsorganisation 60
Perversion 51, 62
Philobat 59
Phobie 5
Privatliquidationen 4, 11
Probatorik 3, 74 f., 79
Prognose 24, 75
projektive Identifizierung 43
prominente Patienten 17 f.
Psychoanalyse, psychodynamisch 2, 5, 24, 26, 32, 37 f., 45, 112, 134
psychodynamische Psychotherapie 36
Psychopharmaka 26
Psychotherapiegruppe 88
Psychotherapietagungen 26
Putin, Wladimir 126

Q

Qualitätsmanagement 21
Qualitätsmerkmal, Heilkunde 26

R

Rache 126
Radebold, Hartmut 13, 15
Radikalisierung 125
Rahmenbedingungen 1 f., 4, 7, 83, 94, 112, 113, 117
Rationalität 30
Ratlosigkeit 83
Reaktionsbildung 19
Reaktionslatenzen 141
Realbeziehung 66
Realitätsanpassung 61
Realitätskontrolle 128
Realitätsprüfung 61, 134
Realitätswahrnehmung 61
Reflexion 7, 26
Regel 65, 69, 86, 88, 100
Regression 38, 59 ff., 63, 65
Regression, maligne 62, 66, 68 f.
Reichtum, reich 1, 3, 13 f.
Relotius, Claas 129
Rentenkassen 10
Rentenversicherer 28
Rentenversicherung 9
Respekt 3, 30, 38, 94
Ressentiment 12, 17 ff., 21, 120, 131, 136

Retterrolle 116
Reuter, Timo 113
Revanche 20, 126
Richter, Horst Eberhard 88
Richtliniengutachter 23
Richtlinienpsychotherapie 23
Rivalität 13, 44, 68, 102
roter Faden 110, 142
Running Gags 62

S

Sachsse, Ulrich 16
Salvini, Matteo 131
Saramago, José 92
Scham, Schamgefühl 11 ff., 15, 21, 46, 53 f., 79, 82, 92, 98, 105
Scheel, Walter 129 f.
Schicksal 21, 48, 73, 81, 91, 96, 114
Schmeling-Kludas Christoph 2
Schmidt, Helmut 129
Schneider, Jürgen 136
Schoen, A. 128
Schröder, Gerhard 129 f., 136 f.
Schuld, Schuldgefühl 12, 19, 21, 33, 50, 54, 78, 81, 92 f., 98, 108
Schulz, Martin 135, 136
Schwangerschaft 40, 41, 43, 45 ff., 49
Schweigen 46, 69, 97 f., 100, 104
Schweigepflicht 74, 117
Schwierigkeiten, finanzielle 10
Schwind, Sabine 136
Selbstbestimmung 6
Selbstbewusstsein 92
Selbstbild 105
Selbsterfahrung 27, 88
Selbsterfahrungsgruppen 88
Selbsterkenntnis 110, 142
Selbsterleben 141
Selbstobjekt 37
Selbstoffenbarung 105
Selbstöffnung 87
Selbstreflexion 64, 96, 127, 131
Selbstüberhöhung 13, 20, 91
Selbstverletzungen 69, 78, 81
Selbstverständnis 2, 112
Seligman, Martin E.P. 114, 116
sensation 20
Sexualität, Sex 44, 87, 112, 133
Sicherheit 116

Sachverzeichnis

Söder, Markus 120
Sozialanamnese 7
soziale Ausgrenzung 19
Sozialisation 2, 19, 92f.
sozialpolitische Entwicklung 18
Sozialversicherungskassen 28
soziokulturelle Benachteiligungen 44
Spahn, Jens 2
Spaltung 86, 88, 129, 137
Speed 81
Speer, Albert 133
Spiegel, Spiegelung 40, 59, 96, 99
Spiel 59, 61, 63
Sprechstunde 74f., 79
Sterba, R. 64
Sterblichkeit 45
steuerliche Abschreibung 8
Stoller, Robert J. 62
Stolz 92
Stone, Leo 46
Stresstoleranz 103
strukturelle Defizite 72
Stundensätze 7
Subjekt-Objekt-Differenzierung 27
Suchtmittel, Suchtmittelkonsum, Suchtmittelmissbrauch 69, 78
Suchtmittel, Suchtmittelmissbrauch 59, 62
Suizidalität 66f., 78, 81
Supervision, Supervisor 7ff., 12f., 23, 80, 84, 88, 113f., 117
Symbiose, symbiotisch, Symbiosebeziehung 74
Symptome 29

T

Tabu 6, 15, 45, 117, 120, 132f.
Talkmaster-Qualitäten 109
technische Neutralität 2, 16, 83
Technokraten 131
Teilbefürwortungen 27
Teilzeitarbeit 41
Terminservicegesetz 2
Terminversäumnisse 12
therapeutische Allianz 12
therapeutische Beziehung 4, 12, 17, 29, 34, 93
therapeutische Reaktionen, negative 27
Therapeut-Patienten-Beziehung 37
Therapieabbruch 79, 98

Therapieende 81
Therapieerfolg 20, 22
Therapieschäden 28
Therapieverfahren 22, 73
Thomä, Helmut 70
Thrill 62
Tiefenpsychologie 9
tiefenpsychologisch fundierte Psychotherapie 32, 36
Totalitarismus 131, 138
Tragik 98, 110
Transgender 112
Transparenz 27
Transzendenz 49
Trauer 46, 98
Trauerreaktionen 56, 60
Traum 59
Trauma 1, 22, 96
Traumdeutung 59
Traurigkeit 80
Triangulierung 134f.
Trieb, triebhaft 142
Triebverzicht 125
Triumph 63, 65
Triumph, masochistischer 94
Trump, Donald 121, 123ff., 131f.
Trumpismus 137
Tschuschke, Volker 5

U

Überforderung 70
Übergriff 13, 20, 27, 74, 93
Über-Ich 25, 48, 72, 93f.
Über-Ich-Identifikation 65
Überidentifikation 6
Übertragung 2, 11, 13, 52, 54, 67, 84, 140
Übertragungsbeziehung 13, 16, 18, 66
Übertragungs-Gegenübertragungs-Beziehung 1
Übertragungsliebe 87
Umsatzsteuer 9
Ungerechtigkeit 118, 136
Ungerechtigkeiten 114
Unglück 110
Untersozialisation 22

V

Verachtung 11, 13, 20
Veränderungsbereitschaft 77

Verantwortung 11 f., 22, 48, 65, 70, 89, 102 f., 121 f., 131
Vergangenheit 96
Vergütung 1
verhaltenstherapeutisch, behavioral 4
Verhaltenstherapie 2, 4 f., 9, 27, 36
Verlegenheit 54
Vernunft 30, 121, 124 f., 131
Verschuldung 6
Verschweigen 46
Versorgungsauftrag 1 f., 5, 8 f.
Versorgungshaltung 86
Verstrickungen 5
Vertrauen 16, 68
Verunsicherung 14
Vorbehandlung, Vorbehandler 73 ff.
Vorgeschichte 32, 73
Vorwürflichkeit 48, 65, 83
Voyeurismus 107

W

Weiblichkeit 44
Weiterbildungsrichtlinie 6
Wenz, Corinna 2
Werte 120, 132
Werteangleichung 22

Wertvorstellungen 18, 116
widening scope 112, 122
Widerstand 2, 62
Wiederholungszwang 94 f.
Wilde, Oskar 59
Willkür 30
Winnicott, Donald W. 68
Wochenarbeitsstunden 8 f.
Wöller, Wolfgang 69 f., 80
Wöller, Wolfgang 69
Wut 82

Y

Yalom, Irvin D. 105

Z

Zen 25, 90
Zertifizierungsnachweis 112
Zertifizierungspflicht 9
Zertifizierungswahn 21
Ziele 29
Zielsetzungen 29
Zwang, zwanghaft 5
Zweitgutachten/-gutachter 28, 34